세계사톡

③ 근대, 새로운 만남의 시대

무적핑크 · 핑크잼 지음 ── YLAB 기획 ── 모지현 해설

위즈덤하우스

근대, 새로운 만남의 시대

초판 1쇄 발행 2019년 8월 28일 **초판 10쇄 발행** 2023년 11월 17일

지은이 무적핑크·핑크잼
기획 YLAB
해설 모지현
펴낸이 이승현

출판1 본부장 한수미
컬처 팀장 박혜미
디자인 bigwave

펴낸곳 ㈜위즈덤하우스 **출판등록** 2000년 5월 23일 제13-1071호
주소 서울특별시 마포구 양화로 19 합정오피스빌딩 17층
전화 02) 2179-5600 **홈페이지** www.wisdomhouse.co.kr

ISBN 979-11-90182-97-3 04900
　　　　979-11-6220-571-6 (세트)

그때, 그들은 어떤 사람들이었을까

—모지현

바야흐로 지식과 정보가 넘쳐난다. 어떤 사건이 발생하면 그 사건의 배경과 진행 과정, 관련 인물들의 소소한 일화와 결과 예측까지 수많은 정보가 내 일상으로 들어온다. 외국인들이 한국에 와서 가장 놀라는 무수한 와이파이존과 데이터 전송 속도 때문일까. 매일 교실 수업으로 배운 것보다 많은 데이터들이 쏟아진다. 그러다 보니 방대한 정보 속에서 길을 잃지 않고 잘 판단하는 것이 무척 중요해지고 있다.

지식은 사건 자체를 다뤄 시간이 지나면 잊히지만 지혜는 사건이 남긴 메시지를 사람들이 각자의 삶에 녹여 시간이 묵을수록 빛을 발한다. 역사를 배운 사람들의 삶에 지식만이 아닌 그 모든 지혜들이 스며들어 때로는 개인의 작은 삶을 통해서도 역사의 흐름이 이어지거나 바뀌기도 한다. 현재 우리의 '삶'에 과거 그들의 '역사'가 중요한 의미인 이유이다.

『세계사톡』에서는 세계 역사 속에서 익숙한 장면들은 더욱 실감나게, 그동안 희미하게 보였던 모습들은 잡을 수 있을 만큼 가깝게 느껴질 것이다. 『세계사톡』은 지금껏 시험 성적 때문에 외워야 하던 내용이 아닌, 그 세계와 친해지고 싶고 그를 통해 내 우주가 넓어지는 것이 즐거워 저절로 기억되는 이야기들이다. 게임에서 아군 혹은 적군으로 만난 아메리카와 유럽의 하드 캐리Hard Carry하는 게이머들의 이야기이며, 한국에서 많이 만날 수 있는 중국인들에 관한 이야기이기도 하다. 고대 이집트의 오벨리스크가 스물아홉 개 중 아홉 개만 이집트에 남아있는 이유에 대한 이야기이며 대영 박물관, 루브르 박물관 전시품 자체가 보여주는 그들의 침략에 관한 이야기이다. 일본, 베트남 사람들에 대한 우리의 시선에 관한 이야기이고, 인디언이

나 에스키모보다 아메리카 원주민, 이누이트나 유피크라고 부르는 것이 더 아름답다는 이야기이다. 이 지구상 우리와 같은 공간을 예전에 이용했던 사람들이 먹고 자고 울고 웃고 나누던 이야기이다. 농사를 짓고 도시를 만들고 문자를 사용하며 길을 이어 서로 오가고, 예술품과 사상을 만들며 업적을 쌓기도 하고, 전쟁을 벌이고 빼앗기도 했지만 화해하고 협력하기도 한 사람들의 이야기이다.

내가 배운 것은 내 삶의 변화를 통해 확증된다. 그저 알고 기억만 하는 것은 내 삶에 흔적을 남기지 못한다. 정당성을 기반으로 하지 못한 최고의 권력이 얼마나 허무한지, 무고한 희생 위에 쌓은 업적은 그 의미가 얼마나 뼈아픈지, 느리게 가도 같이 가는 것이 멀리 보면 얼마나 빨리 가는 것인지, 눈앞의 이익만 바라보다 결국 더 큰 것을 놓치는 일들이 얼마나 가슴을 시리게 하는지. 그리스와 로마, 페르시아의 흥망성쇠를 통해, 종교의 발흥들과 십자군전쟁을 통해, 신항로 개척과 절대왕정, 아시아 국가들의 근대사를 통해, 시민혁명들과 아메리카, 아프리카, 오세아니아의 숨겨진 역사, 공황과 세계 대전 등을 통해 인간이 얼마나 한계가 많은 존재인지, 그럼에도 함께하고자 하는 인간의 모습이 얼마나 위대하고 아름다운지, 새로운 길을 내기 위해 희생하는 사람과 그로 인한 사회 변화의 물줄기는 얼마나 세차고 빛나는지. 이들을 느끼는 것이 그 변화의 시작이 되길 바란다.

누군가를 이해하고 사랑하게 되면 그 사람과 같은 공간을 나누는 것이 불편하지 않고 더 풍요로워졌다고 생각하게 된다. 우리나라를 찾아오는 많은 세계인들의 역사를 알고 이해한다면 그들과 함께하는 우리의 현재와 미래는 더욱 가치 있고 풍요로울 것이다.

"사람이 만든 책보다 책이 만든 사람이 더 많다"고 한다. 세계사를 공부한 사람과 만화를 사랑하는 사람들이 만나서 유쾌하게 그려간 『세계사톡』이, 그 여정에서 더욱 넓고 단단하고 아름다운 사람들을 책보다 많이 만들어낼 수 있길 소망한다.

대양을 넘어 세계, 만나다

-모지현

사람과 사람이 만날 때에는 보이는 둘만 만나지는 것이 아니다. 둘의 살아온 삶이, 까마득한 조상 때부터 시간을 타고 흘러온 역사들이 만난다. 그렇기에 서로 맞춰지는 과정에서 깎이는 소리가 나기 마련이며 변화 또한 필연적으로 발생한다. 사람의 만남도 그러할진대 수많은 인생들이 오랜 시간에 걸쳐 빚어낸 집합적 삶, 무려 '문화권'들이 만났다면 어떠했겠는가.

『세계사톡』 3권이 그려낸 15~17세기는 그동안 독자적 문화를 향유하던 세계인이 대양을 넘어 연결되면서 본격적으로 만나는 장면들로 가득 차 있다. 그 시작은 중세 천여 년 동안 이슬람과 몽골의 확장을 방어하기에 급급했던 유럽이 르네상스, 종교개혁, 과학혁명 등을 겪으며 급변하면서부터다. '근대'라 불리는 이 시기는 19세기까지 이어지며 세계를 뒤흔들었다.

포르투갈과 에스파냐가 대서양을 향해 선단을 띄운 신항로 개척은 근대 세계사에서 유럽을 우위에 놓은 결정적 사건이었다. 향료를 비롯한 동방물산을 향한 길을 내며 아프리카에 거점을 마련한 이들은 아라비아, 동남아시아 바다를 장악해갔고 세계를 일주했다. 인도와 중국, 일본으로 진출했고 '아메리카'라고 이름 붙인 '신'대륙을 파고들어갔다. 이로부터 유입된 은을 기반으로 절대왕정을 누린 에스파냐의 뒤를 네덜란드와 잉글랜드, 프랑스가 이어갔다.

유럽의 진출에 대한 중남아메리카의 저항은 처절했지만 짧았다. 찬란한 문명의 아즈텍 왕국과 잉카 제국은 순식간에 정복되었고, 급격한 인구감소를 겪으며 사라져갔다. 유럽인들은 사탕수수 경작과 은 채굴을 위해 아프리카에서 노예를 공급받는 '무역'을 시작했다. 동남아시아 무역 중심 기지였던 믈라카와 향료제도라고 불리던 말루쿠제도, 필리핀 같은 지역 또한 유럽 세력의 격전지가 되어갔다. 오직 향료 생산과 무역만이 강제되는 기형적 산업구조로 변모되는 등 경제적, 사회적 격변을 겪는 동남아시아의 굴곡진 역사가 시작되는 것이었다.

서남아시아와 동아시아에서의 사정은 좀 달랐다. 유럽이 이들을 무너뜨리기 위해서는 앞으로 100여 년 이상의 발전이 더 필요할 만큼 이들의 종교와 철학은 강력했고 통치체제는 견고했다. 정화의 함대와 유럽 선단들이 드나들었던 인도양에 면한 지역들에는 변화의 씨앗이 뿌려지기도 했다. 그러나 이슬람교로 묶인 서남아시아는 오스만 제국과 사파비 왕조로, 무굴 제국으로 각 왕조의 전성기를 구가하며 세력을 키워 유럽을 긴장시켰다.

동아시아에는 한중일 삼국이 조선과 명청, 센고쿠와 에도 바쿠후 시대를 지났다. 삼국은 임진왜란의 혼란을 겪기도 했지만 성리학적 질서 안에서 비교적 안정적인 체제를 유지하며 발전을 누렸다. 서양 과학기술을 반기기도 했으나 함께 유입된 기독교 평등사상 등의 교리가 통치 질서와 충돌을 일으키자 지배층은 불안해했다. 결국 삼국은 유럽인을 멀리하고 그들을 추종하던 지식인들의 날개를 꺾으며 외부로의 문을 닫아걸었다. 유럽의 도전에 대한 대답이었다.

유럽에 의해 본격적으로 시작된 대륙 간의 교류는 그 의도의 선함과 악함을 떠나 다른 대륙에는 위협적이었고 때로는 부당하게 이루어졌다. 현재 세계 부富의 지도가 불평등하게 그려지는 원인 중 하나이기도 하다. 그럼에도 세계인이 서로의 존재와 맞닥뜨리기 시작하는 진정한 세계사가 시작되었다는 역사적 의의는 여전히 그 무게가 무겁다. 세계 곳곳에서 만난 사람들이 서로 알아가고 관계를 맺으며 일어난 변화들에 대한 이야기, 그리고 이에 저항하거나 혹은 적응해가는 수많은 이야기로 일렁이는 『세계사록』 삼백여 년의 바다를 힘차게 넘어가보자.

무적핑크(변지민)

> 작가의 말

무적핑크(변지민)

> 안녕하세요, 무적핑크입니다.
> 조선시대를 다룬 『조선왕조실톡』에 이어 세계를 무대로 한 『세계사톡』 시리즈로 여러분을 뵙게 되어 정말 기쁩니다. 1권 고대세계의 탄생, 2권 중세이야기에 이어 3권 근대편을 선보입니다.
> "자존감을 높이자!"는 말이 요즘음 인기입니다. 나 스스로를 존중하는 것이 중요하다지요? 운동을 하고, 좋은 음식을 먹어 건강한 몸을 가꾸는 것만큼이나 말입니다. 근대를 맞이한 옛사람들도 같은 고민을 했답니다. "어떡하면 나 스스로를 더 사랑하고 아낄 수 있을까?"
> 중세시대, 유럽인들은 엄격한 종교생활을 한 것 기억하시나요? 타락한 자신의 영혼을 구하려고요. 그런데 문득 눈뜬 거지요. '사람은 그 자체로 아름답지 않아?' 그렇게 다시 신에서 인간으로 눈을 돌리는 르네상스 운동이 일어났습니다. 중세시대에 돈을 잔뜩 버는 건 욕심쟁이나 하는 짓이었지요. 근대인들요? '그게 왜 나빠? 열심히 일하니까 많이 번건데!' 천대받던 상인들이 새 시대의 주역으로 떠올랐고, 그들이 투자한 상단과 배가 육지와 바다를 누비게 되었지요. 탐험가들은 낯선 나라에 가서 그곳의 사람들을 만나기 시작했습니다.
> 그러면서 문물을 교류했고, 아시아에도 그 영향이 미쳤지요. 조선, 중국, 일본이 참전했던 전쟁 임진왜란을 아시죠? 당시 유럽에서 온 용병들이 명나라 군대에서 활약했답니다. 또 일본의 무장 고니시 유키나가는 기독교를 믿는 신자여서, 조선을 침략할 때도 네덜란드인 신부를 데려왔다고 해요. 이처럼 근대에는 수많은 언어와 문화, 종교가 널리 퍼지고, 서로 섞였습니다.
> 물론 그 결과가 아름답지만은 않았지요. 제국주의가 흥해 수많은 나라가 식민지가 되었고, 피지배인들이 큰 고통을 받았으니까요. 피부색, 쓰는 언어, 먹는 음식이 다르다는 이유만으로요. 차별과 편견은 우리가 사는 현대사회에서도 심각한 문제지요. 『세계사톡 3』은 여러분이 역사에서 배움을 얻고, 더 열린 마음을 갖도록 도와드릴 것입니다.
> 많은 친구들을 사귈수록 내 세계는 넓어집니다. 그래서 수많은 세계인들을 단톡방에 초대했습니다. 그분들과 우리, 한바탕 수다를 떨어보도록 하지요. 함께해요!

  feat. 무적민트, 무적그린, 무적퍼플, 무적블랙

차례

1부
근대의 서막

2부

새로운 세계와의 만남

3부
근대의 꽃을 피우다

세계사 속 그분들의 기나긴 이야기

궁금하지 않아?

우리가 사는

이 지구 어딘가에

머물렀을

그때

그시절

그 사람들의

기~나긴 이야기.

『조선왕조실톡』에 이은
역사톡 블록버스터!

이제 세계인과 톡한다!

11:55

세계사톡

카이사르 : ㅎㅇ

카이사르 : 자니...?

세계사톡 출발합니다.

근대의 서막

1400전후 》》 1500전후

역변하는 실세방

1453년 콘스탄티노폴리스가 함락되었소

 오스만
> ㅋ

 비잔티움
> ㅠㅠㅠ

비잔티움님이 방을 나가셨소

 오스만
> 유럽에서 아시아 가는길 차단합니다
> 지나가고 싶으면 통행료 내세요ㅋㅋ

 콜럼버스
> 아...앙대에...향신료 구해야되는뎅ㅜ

> 누가 저 서폿해주실 분?

금수저가문 메디치
예술가 서폿해드립니다

저희 집 담벼락에 그림 그려주실 분? 손?

 다빈치

 전송

건드리면 안 됐을 얀 후스

 교황 요한   끄응

 얀 후스   ㅜㅜ

I

면벌부

나, 로마교황.
요즘 통장 보는 재미로 산다!

엥? 뭐 어때~?
내가 성직자이긴 하지만,
사람이니까 돈 벌 수도 있지ㅋㅋ

응? 헌금받은 거냐고?
ㄴㄴ~ㅋㅋㅋ

 아멘 북

교황 요한 @Amen_1004
3일 전

〈한정판 "면벌부" 팝니다〉
그동안 헌금 한 만큼 한번에 몰아내면 '죄사함'을
받을 수 있답니다. 죄지은 어린양들이여! 천국에
갈 수 있는 단 한 번의 기회! 놓치지 않을 거에요~

코젤님 외 84.1 K

얀 후스
죄는 하나님만 용서하실 수 있져
어떻게 교황님 맘대로 면제해주나요
교황님도 그냥 인간일텐데요..

좋아요 1415개

도브리덴
엇? 맞는 말인듯?

필스너
@코젤 너 면벌부 산다했지?
다시 생각해봐;;

코젤
ㅇㅇ 이건 생각못했네;

헐 얘 뭐니 ㅡㅡ

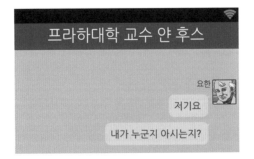

프라하대학 교수 얀 후스

요한
저기요

내가 누군지 아시는지?

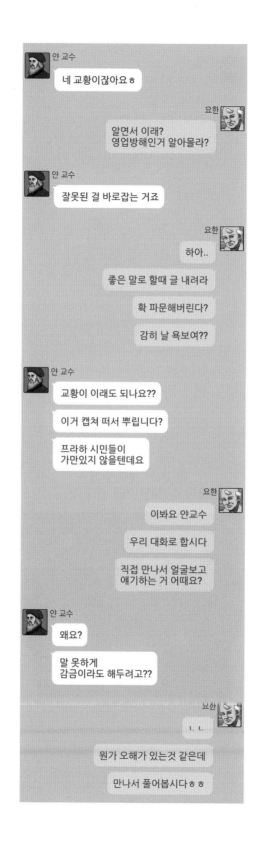

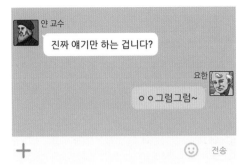

얀 몰이

훗ㅋ 순진하긴ㅎㅎ

이런 녀석들은 뻔하지ㅋ
인터넷에서나 떵떵거리는
키보드워리어잖아?ㅋㅋ

건방진 자식,
내가 아주 뜨거운 맛을 보여주마!

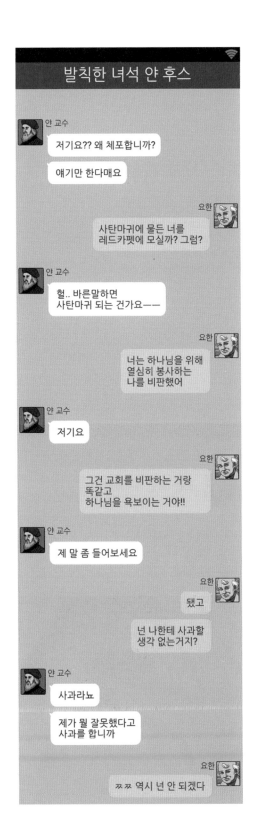

얀 교수
나한테도 해명할 기회를 줘야지!

요한
너 사이비!

땅! 땅! 땅!

얀 교수
야!!!!!!!!!!!!!

내 말도 들으라고!!!!!!!

➕ ☺ 전송

Ⅲ
후폭풍

아멘 북

교황 요한 @Amen_1004
10분 전

이단자에게 본때 보여줬습니다.
ㅉㅉ 지옥가서 반성하길!
이단자 얀 후스, "화형"… 너무 끔찍해

얀몰이 성공ㅋㅋㅋㅋㅋㅋ
내가 뜨.거.운.맛 보여준다고 했지?

대학교수 주제에
감히 교황한테 덤비다니
꼴 조오타~ㅋㅋㅋ

엄… 근데…

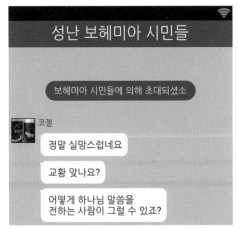

얀 후스는 명백히 무죄입니다

필스너

#무고한 얀 후스를 살려내라#
#무고한 얀 후스를 살려내라#
#무고한 얀 후스를 살려내라#
#무고한 얀 후스를 살려내라#
#무고한 얀 후스를 살려내라#

우르겔

야이 교황ㅅㄲ야!

니가 그러고도 성직자냐!!

얀교수를 살려내라!

이 악마! 사탄! 마귀!

코젤

읽씹하지 마세요

거기 있는거 다 압니다

요한

전 할말 없습니다.

얀 후스는 이단이에요.

도브리덴

여러분...

이대론 안될 것 같습니다
우리 다같이
모여서 싸웁시다!!

데쿠유

전송

그랬다고 합니다.

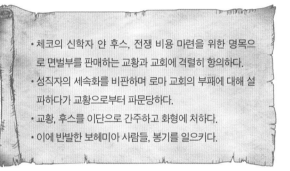

- 체코의 신학자 얀 후스, 전쟁 비용 마련을 위한 명목으로 면벌부를 판매하는 교황과 교회에 격렬히 항의하다.
- 성직자의 세속화를 비판하며 로마 교회의 부패에 대해 설파하다가 교황으로부터 파문당하다.
- 교황, 후스를 이단으로 간주하고 화형에 처하다.
- 이에 반발한 보헤미아 사람들, 봉기를 일으키다.

15세기 초 보헤미아

종교개혁의 씨가 심기다

아멘뉴스

**얀 후스, 체포 당해…
교황 측, 이단 여부 가릴 것…**

안 돼!? 놓으라고!
조용히 가시죠.

위클리프와 후스

중세 서유럽의 정치는 물론 일상에까지 지대한 영향을 미쳤던 로마 가톨릭은 200여 년간 이어진 십자군전쟁의 실패로 큰 변화에 직면했다. 교황권은 약화되고 교회의 권위가 실추되면서 유럽 곳곳에서 가톨릭에 개혁을 요구한 것이다. 그럼에도 가톨릭 내의 부정은 그칠 줄 몰랐다.

당시 교황은 유럽 각국에서 거둔 막대한 세금으로 영국에서는 국왕이 징수하던 금액의 5배에 이르는 세금을 거두어들였다 권력과 사치를 누렸다. 추기경들은 화려한 교황청 밀실에서 공작과 백조를 안주로 최고급 포도주에 취하곤 했다. 여성들에 대한 농락이 무용담처럼 오갔던 것은 물론이다.

결국 시대착오적인 행태로 일관한 교회에 맞서 권력을 강화한 유럽 군주들이 도전하기 시작했다. 그 대표적 사건이 15세기까지 이어졌던 <u>교회 대분열1378~1417</u>의 종식이었다. 교회는 아비뇽 유수1309~1377 이후 아비뇽과 로마에서 임명된 두 교황이 각기 자신이 진짜 교황이라고 주장하면서 거의 30년간 아비뇽파와 로마파로 나뉘어 갈등했다. 이를 수습하기 위해 소집된 피사 종교회의1409는 4개월에 걸친 회의 끝에 알렉산드르 5세를 교황으로 선출했다. 하지만 아비뇽의 베네딕트 13세와 로마의 그레고리우스 12세가 모두 이를 받아들이지 않아서, 오히려 3명의 교황이 존재하는 최악의 상황을 만들었다.

교회 대분열을 마감한 것은 콘스탄츠 종교회의1414~1418였다. 4년간 회의를 통해 이전의 세 교황을 모두 퇴위 또는 폐위시킨 후 마르티누스 5세를 새로운 교황으로 선출한 것이다. 신성로마 제국 황제 지그문트의 주도로 열린 이 종교회의에는 이탈리아, 영국, 프랑스, 에스파냐 등 강대국의 정치가들이 참여해 추기경과 동등한 투표권을 행사하였고 이로써 교회 대분열이 종식되었다. 이러한 교회 대분열과 그 종식 과정은 교회에 대한 불신을 확대시킨 것은 물론이고, 세속 권력의 강화된 위상을 보여줌으로써 유럽 각지에서 교회 개혁을 부르짖는 움직임이 가속화하는 계기가 되었다.

당시 교회 개혁을 외친 대표적 인물이었던 얀 후스1372~1415는 황제 지그문트의 '안전보장' 약속을 믿고 콘스탄츠 종교회의에 출석했다가 체포되었다. 후스는 보헤미아현재의 체코에서 교회 개혁 사상을 전파하던 신학 교수다. 가난한 농부의 아들로 태어나 프라하 대학 총장까지 지냈던 후스는 특히 프라하 베들레헴 성당에 주임사제로 재직했을 당시 보헤미아 독립 운동의 영향을 받아 보헤미아어로 된 찬송가와 성경의 보급을 추진했다. 그러다 면벌부 판매를 통해 보헤미아를 착취하던 신성로마 제국에 대해 "교황이 전쟁 비용 명목으로 면벌부를 판매해 엄청난 수익을 챙기고 있다"고 비판했다는 이유로, 이단으로 몰려 교회에서 파문당하고 교직도 박탈당했다. 13세기 이후 신성로마 제국의 식민화 정책으로 보헤미아에 대거 진출해 성직을 독차지한 독일인들과 대립했던 그의 개혁 운동은 보헤미아의 국왕과 귀족, 평민들의 지지를 받았다.

교회가 타락에서 벗어나 초기 기독교 정신으로 돌아감은 물론 재산권을 포기하여 청빈한 교회로 거듭나야 한다는 개혁 요구는 이미 1379년경 영국 옥스퍼드 대학 신학 교수 존 위클리프1330~1384에 의해 제기되었다. 그는 교황과 교회법, 교회 조직 등을 전면 부정했다. 또한 교황이 각국에서 세금을 징수하고 성직자들이 성직을 직업으로 여기는 교회의 세속화에 대해서도 전면적인 비판을 가했다. 교회의 권위는 오직 성경에만 나오기 때문에 성경으로 돌아가야 한다고 주장했던 위클리프를 교회는 파문시켰다. 그는 성경만이 유일한 기독교적 근원이라고 하며 성경을 영어로 번역하는 데 온 생애를 바쳤다.

존 위클리프의 사상을 이어받아 개혁을 부르짖었던 후스는 콘스탄츠 종교회의에서 체포된 뒤 결국 1415년 7월 6일 화형에 처해졌다. 온몸이 묶인 채 장작더미 위에 던져진 후스는 불꽃이 하늘로 치솟으며 몸을 감싸자 마지막으로 "살아 있는 신 예수 그리스도여, 나에게 축복을 내리소서"라는 말을 남겼다고 한다. 교회는 후스의 화형과 함께 이미 사망한 위클리프의 시신까지 처형시키며 개혁을 부르짖는 사람들의 입을 막고자 했다. 그러나 세상은 이미 변화하고 있었다. 후스의 처형을 계기로 보헤미아에서는 교회개혁을 요구하는 민중들의 반란이 확산되었다. 교회는 이를 토벌하기 위해 십자군을 조직하고 무자비하게 진압했지만 보헤미아의 종교적 저항 운동은 계속 이어져 1433년에서야 끝났다. 이는 교황권의 몰락을 증명하는 중요한 장면이 되었다.

인쇄술의 혁신

위클리프와 후스가 뿌린 종교개혁의 씨앗이 100년 뒤 발아하는 데 자양분 역할을 할 역사적 사건이 신성로마 제국에서 일어난다. 요하네스 구텐베르크1398~1468의 활판 인쇄술 발명을 통한 인쇄술의 혁신이 그것이다. 후스의 화형 30여 년 뒤인 1450년경 신성로마 제국 인쇄업자 구텐베르크는 포도즙을 짜내는 압착기에서 착안, 양면 인쇄를 할 수 있는 활판 인쇄기를 발명했다. 활판 인쇄기는 납, 안티몬, 주석의 합금을 녹인 뒤 글자 틀에 붓는 방식으로 대량 생산한 금속활자를 이용한다. 이는 쉽게 닳는 목판과 달리 내구성이 높아 아름답고 선명한 인쇄가 가능했다.

원래 구텐베르크는 각국 주교들이 면벌부를 대거 발급하자, 이를 대량으로 인쇄하면 많은 이익을 남길 것이라는 계산으로 인쇄기를 개량했다. 하지만 활판 인쇄기는 그의 생각 이상의 결과를 불러왔다. 각종 책들이 싼 값에 보급되자 유럽의 지적 풍토가 완전히 바뀌게 된 것이다.

특히 구텐베르크가 인쇄 출간한 전 2권, 총 1282쪽에 달하는 『42행 성경』은 탁월한 디자인과 레이아웃으로 베스트셀러의 자리에 올랐다. 이전까지는 성경을 만들려면 전문 필경사가 최소 4~5개월 동안 손으로 베껴야 했다. 게다가 한 마리에 4장밖에 나오지 않는 양피지를 사용했으므로 약 25마리의 양이나 송아지를 희생시켜야 했다. 이에 비해 『42행 성경』은 1쪽을 인쇄하는 데 2~3분 정도 걸려서 한 권을 만드는 데 일주일이면 충분했다. 당연히 가격도 필사본의 5분의 1에 불과했다. 더욱이 짙은 오렌지색과 검정색 2도의 아름답고 선명한 인쇄는 틀린 부분이 거의 없다는 장점까지 지니고 있었다.

구텐베르크의 활판 인쇄술이 가져온 '혁명'은 오늘날의 인터넷보다 결코 못하지 않았다. 기술의 발전뿐 아니라 사회 전반에 가져온 변화 역시 그러했다. 활판 인쇄술로 이전까지 성직자만 볼 수 있었던 '신성한 책'을 누구나 볼 수 있는 길이 열린 것이다. 자연스레 평신도 사이에 팽배해 있던 '진짜 성경을 알고 싶다'는 욕구가 충족되기 시작했다. 일찍이 위클리프와 후스 등 교회개혁의 선구자들은 '교회 상층부에서 성경 지식을 독점해 자신들의 타락과 면벌부 판매와 같은 세속적 행위를 정당화하는 구실로 악용해왔다'면서 '성경을 제대로 읽자'고 부르짖었다. 그런데 마침 성경이 인쇄되면서 본격적인 종교개혁이 일어날 지적, 사회적 기반이 마련된 것이다.

『42행 성경』은 양피지본과 종이본을 합쳐 모두 180질이 제작된 것으로 추정되는데, 오늘날 남아 있는 48질 중 상태가 완벽한 것은 21질에 불과하다. 1987년 경매에 나온 제1권 낱권종이본이 540만 달러약 65억 원에 낙찰된 것은 그 가치를 함축적으로 보여준다.

손바닥으로 눈은 가릴 수 있어도 하늘은 가릴 수 없다. 값싼 성경의 대량 출간으로 왕족, 귀족, 수도원, 교회 등이 독점해왔던 지식과 정보가 짧은 시간 동안 대중들에게 퍼져나가자 지배층의 모순과 부조리가 드러나기 시작했다. 이런 유럽 사회의 변화는 교회의 탄압에도 불구하고 100여 년 뒤 위클리프, 후스의 사상과 맥을 같이하는 루터의 「95개조 반박문」의 인쇄와 배포를 가능케 했다. 그리고 이로써 종교개혁의 막이 오르고 30년전쟁으로 이어진다. 인쇄술의 혁신은 종교개혁을 중심으로 유럽인들이 세상을 바라보는 눈이 완전히 변화되는 사회적, 문화적 빅뱅의 시작이었다. 세계사록

잔 다르크의 프랑스 하드캐리

| 잔 다르크 | ㅠㅠ |

셀럽

사람 일은 알다가도
모르는 것 같아ㅎㅎ

어제까지만 해도
시골소녀였던 내가
사랑받는 셀럽이 되다니ㅋㅋ

잔 다르크
프랑스군 대장

오를레앙에서 영국군 무찌름

연관검색어
잔다르크 영웅,
잔다르크처럼 되고 싶어요,
잔다르크 샤를 7세, 잔다르크 나이
잔다르크 계시

더보기 >

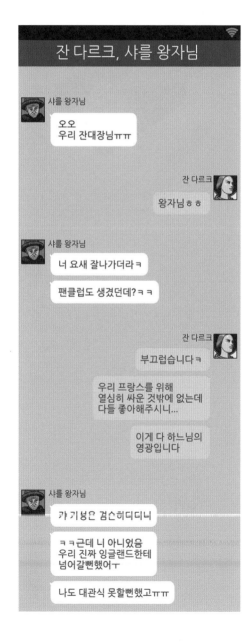

잔 다르크, 샤를 왕자님

샤를 왕자님
> 오오
> 우리 잔대장님ㅠㅠ

잔 다르크
> 왕자님ㅎㅎ

샤를 왕자님
> 너 요새 잘나가더라ㅋ
> 팬클럽도 생겼던데?ㅋㅋ

잔 다르크
> 부끄럽습니다ㅋ
> 우리 프랑스를 위해
> 열심히 싸운 것밖에 없는데
> 다들 좋아해주시니...
> 이게 다 하느님의
> 영광입니다

샤를 왕자님
> 갸 기병은 검슨히디디니
> ㅋㅋ근데 니 아니었음
> 우리 진짜 잉글랜드한테
> 넘어갈뻔했어ㅜ
> 나도 대관식 못할뻔했고ㅠㅠ

잔 다르크

맞다ㅎ

대관식 이번주죠?

샤를 왕자님

ㅇㅇ

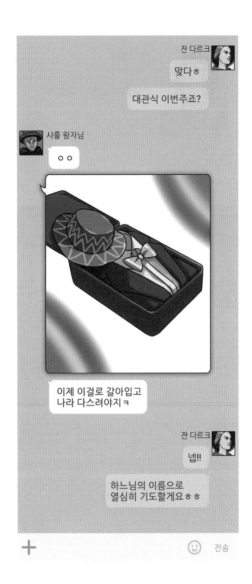

이제 이걸로 갈아입고
나라 다스려야지ㅋ

잔 다르크

넵!!

하느님의 이름으로
열심히 기도할게요ㅎㅎ

＋　　　　　　　　　　☺　전송

Ⅱ

질투

ㅎㅎ 내가 샤를 왕자… 아니…
임금님 대관식도 가고 말이야ㅋ

예전 같았음 이런 거
상상이나 했겠어?

잔 다르크 @Jeanne d'Arc ♥셀럽파티에서

♥ 48,652명이 좋아합니다.

샤임금님이랑ㅎㅎ #축하해요 #갓샤를
#오늘밤_주인공은_너야너

 소피
언니밖에 안보이뮤ㅠ 언니 날가져요ㅜ 1분 전

 빅토르
흠.. 축하받을 사람은 솔까 잔다르크 아님? 방금 전

 안느
@빅토르 ㅇㅇ 잔느님 없었음 오늘 대관식
못했음ㅋㅋ 방금 전

 쟝 피에르
ㅇㅇ잔다르크가 차려놓은 밥상 날로먹는
샤임금님~ 방금 전

음… 날 사랑해수는 건 고마운네
너무 날선 여론들이 있네?

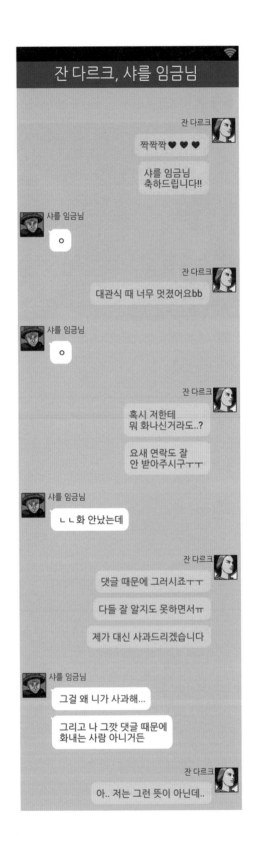

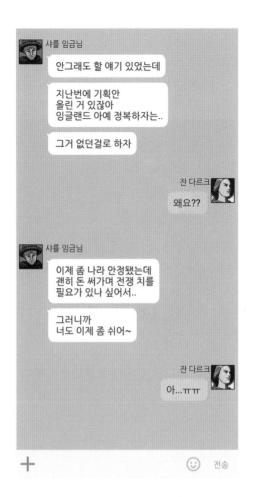

III

몸값

아니 왜??
우리가 먼저 선수 쳐야지!

잉글랜드 놈들, 우리가
방심하는 사이에 공격하면 어떡해??

······라고 열심히 설득했지만
샤를, 들은 척도 안 하더니.

프랑스뉴스

[속보] 잉글랜드와 한패 부르고뉴,
프랑스 기습 공격해…

▲ [사진] 포로로 붙잡힌 잔 다르크

출전한 잔 다르크, 끝내 포로로 붙잡혀…

씨이ㅠㅠㅠㅠㅠ

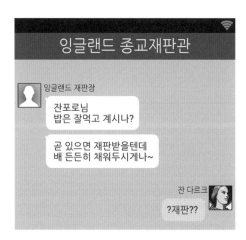

잉글랜드 종교재판관

잉글랜드 재판장

잔포로님
밥은 잘먹고 계시나?

곧 있으면 재판받을텐데
배 든든히 채워두시게나~

잔 다르크

?재판??

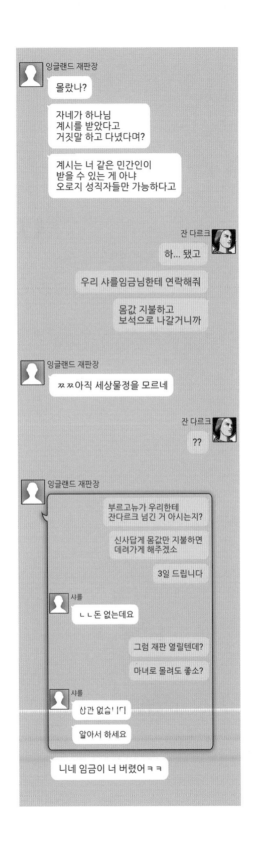

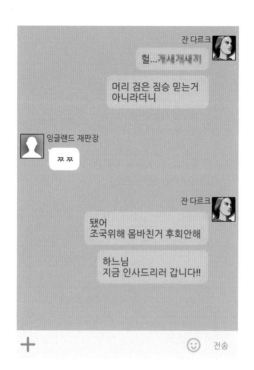

그랬다고 합니다.

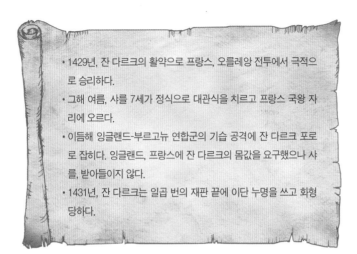

- 1429년, 잔 다르크의 활약으로 프랑스, 오를레앙 전투에서 극적으로 승리하다.
- 그해 여름, 샤를 7세가 정식으로 대관식을 치르고 프랑스 국왕 자리에 오르다.
- 이듬해 잉글랜드-부르고뉴 연합군의 기습 공격에 잔 다르크 포로로 잡히다. 잉글랜드, 프랑스에 잔 다르크의 몸값을 요구했으나 샤를, 받아들이지 않다.
- 1431년, 잔 다르크는 일곱 번의 재판 끝에 이단 누명을 쓰고 화형당하다.

1431년 프랑스

1300년 1400 1500 1600 1700 1800

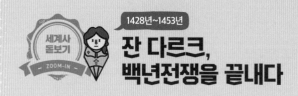

1428년~1453년
잔 다르크, 백년전쟁을 끝내다

근 7개월간 영국군에게 포위되어 함락의 위기에 처했던 프랑스 오를레앙 성이 1429년 잔 다르크가 이끄는 지원군에 의해 탈환되었다. 영국군은 퇴각했고, 그동안 식량 부족으로 아사 상태에 놓여 있던 성 주민들은 이를 기적으로 여겼다. 패배의 늪에 빠졌던 프랑스의 승리, 더구나 사령관 잔 다르크는 17세의 소녀였다. "프랑스를 구하라!"는 신의 계시를 받았다는 잔 다르크는 '왕세자 샤를만이 진정한 프랑스의 계승자'라는 확신을 심어주어 사기를 끌어올렸고 전쟁을 승리로 이끌었다.

시작부터 종결까지 100년 넘게 이어진 이른바 백년전쟁은 1337년 프랑스에 봉토를 가지고 있던 잉글랜드왕 에드워드 3세가 프랑스 왕위 계승권을 주장하면서 촉발되었다. 에드워드 3세의 선전 포고에 프랑스가 잉글랜드의 영토 몰수로 대응하며 시작된 이 전쟁은 잔 다르크의 출현 이전까지 세 차례의 국면을 맞았다.

처음에는 잉글랜드가 흑태자와 장궁대를 중심으로 공세를 펼쳐 플랑드르까지 점령했으나 1360년부터 프랑스의 반격을 허용했다. 그러다 자국 내에 흑사병과 자크리의 난, 와트 타일러의 난 등 복잡한 상황이 발생하자 1380년 휴전했다. 그러나 전쟁은 1413년 잉글랜드의 침입으로 재개되었고, 잉글랜드는 프랑스의 왕위를 둘러싼 내분을 틈타 부르고뉴파와 제휴해 파리를 포함한 북프랑스를 휩쓸었다. 프랑스 전체가 잉글랜드에 통합될 절체절명의 위기, 그때 나타난 여걸이 바로 잔 다르크였다. 그녀는 프랑스의 국민적 영웅이 될 운명이었다.

'최후 심판일의 예수'가 새겨진 깃발을 들고, 짧은 머리에 남자의 갑옷을 입은 소녀, 잔 다르크는 프랑스 북동부 지역 동레미에서 태어났다. 열세 살 무렵 "샤를이 왕이 될 것이다"라는 신의 음성을 듣고, 3년 후 오를레앙이 포위되자 샤를 왕세자를 찾아간다. 샤를은 접견을 허락하면서도 그녀를 의심하여 낡은 옷을 입고 신하들 사이에 모습을 감추고 있었다. 하지만 그녀는 접견장에 들어서자마자 가짜 왕세자는 거들떠보지도 않고 바로 샤를 앞으로 가 무릎을 꿇고, 오를레앙을 구해 샤를이 왕으로 즉위할 수 있도록 돕기 위해 왔다는 계시를 전했다.

당시는 영국왕 헨리 5세와 프랑스의 샤를 왕세자가 서로 왕위계승권을 주장하던 중이어서 프랑스의 왕위는 5년 동안 공석이었다. 잉글랜드군이 압도적 무력으로 프랑스를 압박하는 가운데 샤를 왕세자는 오를레앙 성을 최후의 보루로 삼아 항전하고 있었다. 오를레앙 탈환은 샤를로서는 전세를 뒤집을 수 있는 마지막 기회였다. 남장을 한 채 백마를 탄 진격의 잔 다르크가 거둔 승리가 국민들 사이에 알려지면서 계속되는 패전으로 싸울 힘을 잃었던 프랑스 국민들은 새로운 희망을 갖게 되었다. '영국을 몰아내자', '프랑스 왕실을 지키자'는 열기가 되살아난 것이다. 영국과 프랑스의 전쟁은 왕위 계승권 다툼으로 시작했지만, 100년간 이어지면서 국경과 국민의 소속감을 분명하게 만드는 국가 간 전쟁으로 변화했다.

샤를 왕세자는 잔 다르크의 활약에 힘입어 정식으로 대관식을 거행, 적법한 프랑스 국왕 샤를 7세가 되었다. 하지만 잔 다르크는 1430년 적대적인 브르고뉴파에게 체포, 영국 측으로 인도되어 1년간의 종교재판 끝에 '마녀'로 낙인찍힌다. 그녀는 위클리프 이후 영국에서 정통파 교리 및 지배 계급의 재산을 보호하기 위해 제정한 '이단자 화형' 법령에 따라 루앙의 광장에서 화형당했다1431. 사형 선고에 결정적 영향력을 행사한 것은 다수파였던 부르고뉴파였다. 영국 편에 서서 샤를과의 아르마냐크파와 대립한 그들은 잔 다르크를 마녀로 몰아 샤를의 동반 추락을 노렸다. 그러나 샤를 7세는 그녀의 재판에 큰 영향력을 행사하지 않았다.

이후 샤를 7세는 영국 지배하에 있던 도시들을 되찾고 노르망디 전역을 회복1450했으며, 기옌의 잉글랜드군을 격파하고 최대의 거점인 보르도를 점령함으로써 1453년 백년전쟁을 끝냈다. 이후 영국과 동맹을 맺었던 부르고뉴파의 수장 부르고뉴 공작이 샤를 7세 지지를 선언하면서 프랑스 내정은 더욱 안정되었다. 한때 프랑스 영토의 3분의 1을 섬령했던 영국은 칼레를 체외한 프랑스의 모든 영토에서 완진히 물러났다.

백년전쟁의 결과 프랑스의 <u>봉건세력은 약화</u>된 반면, 국왕은 상비군과 왕실 재정의 정비를 통해 왕권을 강화하고 중앙집권화를 가속화했다. 또한 영국군 점령지에서의 반영 감정은 프랑스인들의 자부심과 국민 감정을 고취시켜 <u>국민 국가 탄생</u>을 예고했다. 이후 프랑스는 국왕 중심의 <u>비약적인 발전</u>으로 당시 유럽의 지도자 격이었던 신성로마 제국에 비견할 정도의 국가로 성장했다. 그리고 절대왕정 시기 명실상부한 유럽 중심 국가가 될 기반을 닦았다.

잔 다르크는 이후 <u>로마 가톨릭에 의해 복권되어 성녀로 추앙</u>되고, 프랑스대혁명 때 다시 애국 정신의 상징으로 부활한다. 나아가 위기에 등장한 여성 지도자들에게 잔 다르크라는 별칭을 붙일 정도로 <u>구국의 상징</u>이 된다. 중국의 천년 지배에 저항한 쯩 자매가 베트남의 잔 다르크, 세포이 항쟁의 영웅 락슈미바이가 인도의 잔 다르크, 그리고 3·1 운동의 유관순 열사가 한국의 잔 다르크라 불린다. 세계사록

📍백년전쟁

범례:
- 백년전쟁 전의 영국령
- 1429년까지의 영국령
- 전쟁 종료시(1453)의 영국령
- ➡ 잔 다르크의 진로

영국
런던
칼레
아쟁쿠르
신성로마 제국
크레시
파리
오를레앙
부르고뉴
푸아티에
프랑스

장미들의 싸움

랭커스터 — 갓레드ㅋ

요크 — 힝ㅜㅜ

I 장미

난 랭커스터 가문의 귀족.
우리 집안 문장은?
붉은 장미♥

갓레드ㅋ

랭커스터

후… 바람 한 점 없어도
향기로운 꽃….

오늘 아침도 난 장미처럼 우아하게
홍차를 마시며 뉴스를 본다…ㅎ

어엉???
아니 이 시부럴
요크 스애끼들이 감히???

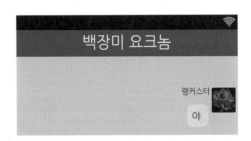

와… 개어이없네…

이런 녀석은 가만두면 안 돼!
본때를 보여줘야지!!

장미가시에 함 찔려봐야
정신을 차리지!

Ⅲ

핑꾸핑끄

쿡… 붉은 장미로
요크놈 마구마구 혼내줘따ㅋㅋ
우리가 가문전쟁에서 승☆리!

역시 장미는 빨간 장미지ㅋ

이제 다시는 왕 하겠다는
소리는 못할 거야ㅎ

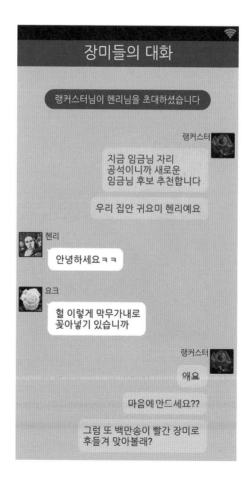

장미들의 대화

랭커스터님이 헨리님을 초대하셨습니다

랭커스터

지금 임금님 자리
공석이니까 새로운
임금님 후보 추천합니다

우리 집안 귀요미 헨리예요

헨리

안녕하세요ㅋㅋ

요크

헐 이렇게 막무가내로
꽂아넣기 있습니까

랭커스터

애요

마음에 안드세요??

그럼 또 백만송이 빨간 장미로
후들겨 맞아볼래?

요크

와ㅋㅋㅋㅋ 일진인가

말다했냐!!!

헨리

자자

우리 싸우지 말고
화해합시다

반반 어때요?

랭커스터

반반?

헨리

저 요크가 따님이랑
결혼하겠습니다.

레드반 화이트반
섞으면 핑크색~ ♥

핑크빛 장미로
함께 잉글랜드 다스려요 >.<

＋ 　　　　　　😊 전송

그랬다고 합니다.

• 요크 가문의 에드워드, 랭커스터 왕조의 헨리 6세에게 백년전쟁 패배의 책임을 물어 그를 폐위시키다. 에드워드 4세로 즉위해 요크 왕조를 열다. 랭커스터 가문, 이에 반발하다.
• 랭커스터 가문은 붉은 장미, 요크 가문은 흰 장미를 문장으로 사용한 바, 두 가문의 싸움을 '장미 전쟁'이라고 부르다.
• 결국 랭커스터 가문의 외척인 헨리 튜더가 왕위에 오르다. 요크 가문의 엘리자베스와 결혼, 랭커스터 가문과 요크 가문의 문장을 합친 장미 문양을 튜더 왕조의 문장으로 사용하다.

1455년~1485년 잉글랜드

1300년   1400   1500   1600   1700   1800

1455년~1485년

장미전쟁으로 태어난 튜더 왕조

로즈뉴스

요크가, 잉글랜드 왕권 잇겠다 선언
"랭커스터? 새빠빠빨간 아마추어들"

▲ [사진] 흰 장미를 입에 물고 있는 요크가

백년전쟁 중 헨리 5세와 격돌한 아쟁쿠르 전투에서 많은 프랑스의 귀족들이 사망했다. 그 결과 샤를 7세 이후 왕권 강화를 향한 길에 놓여 있던 장애물이 사라졌고 백년전쟁의 승리는 왕권을 강화시켰다. 한편 영국은 백년전쟁의 패배로 영토가 축소되었지만 왕실 종친이나 귀족들의 세력은 여전히 강력했기 때문에 영토를 둘러싼 충돌은 필연적이었다. 게다가 종전 후 돌아온 병사들 중 자신의 농지로 복귀하지 못한 자들이 귀족의 사병이 되면서 충돌의 가능성은 더욱 커졌다.

결국 영국에서는 백년전쟁 패배에 대한 책임 소재를 둘러싸고 귀족 세력 간에 대립이 벌어졌다. 당시 왕이던 랭커스터가의 헨리 6세1422~1461, 1471~1483재위는 이미 1440년에 이튼 칼리지의 설립과 케임브리지 대학 내 킹스 칼리지의 예배당 건립을 강행하다가 파산했고, 1453년경에는 정신 이상 증세마저 보였다. 이에 헨리 6세의 조카뻘인 19세의 젊은 요크 공은 워릭 백작의 지지하에 그를 감금함으로써 에드워드 4세1461~1470, 1471~1483재위로 등극한다. 헨리 6세에게 불만을 가졌던 귀족들이 백년전쟁 패배의 책임을 지라며 요크가를 중심으로 결집한 것이다. 이는 두 가문 간의 왕위 쟁탈전인 '장미전쟁'의 시작이었다.

두 가문 모두 에드워드 3세의 혈통이었다. 에드워드 4세 집안은 흰 장미 문장을 쓰는 요크 가문이었고, 감금된 헨리 6세 집안은 붉은 장미 문장을 쓰는 랭커스터 가문이었다. 전쟁을 불사한 두 왕실 가문의 대립은 1485년까지 이어졌다. 한편 에드워드 4세는 그를 왕위에 올려준 워릭 백작이 다시 헨리 6세를 왕위에 올릴 의도로 반란을 일으키자 1471년 그를 제거하고, 헨리 6세와 왕세자까지 런던탑에서 살해했다. 권력을 위해 잔혹한 일도 서슴지 않았던 에드워드 4세는 어린 아들 에드워드 5세에게 왕위를 물려주고 동생인 글로스터 리처드에게 섭정을 부탁한 후 세상을 떠났다. 하지만 글로스터 리처드는 에드워드 5세와 그의 동생을 런던탑에서 살해한 후 리처드 3세1483~1485재위로 권좌에 오른다. 영국 국민들은 요크가 두 형제의 비도덕적인 행태를 지켜보며 왕실을 둘러싼 전쟁에 염증을 느끼기 시작했다.

장미전쟁을 끝낸 이는 리치먼드 공 헨리 튜더였다. 그의 어머니 마거릿은 랭커스터가의 직계 혈통이었다. 그는 평판이 나빴던 리처드 3세를 징벌한다는 명목하에 전쟁을 일으켰고, 보즈워스 전투에서 대승함으로써 전세에서 우위를 차지했다. 그리고 마침내 리처드 3세를 제거했다. 이로써 왕위는 다시 요크가에서 랭커스터가로 옮겨갔고 장미전쟁은 막을 내렸다.

헨리 튜더는 에드워드 4세의 딸인 엘리자베스와 결혼함으로써 두 가문의 화합을 확고히 하는 현명함을 보였다. 헨리 7세1485~1509재위로 등극한 그는 붉은 장미에 흰 장미를 겹친 도안으로 왕실의 새로운 문장을 만들었으며, 귀족들의 사병을 폐지하고 왕권 강화를 추진했다. 그가 '전쟁을 잊고 사회 재건에 힘을 모으자'며 왕권을 강화할 수 있었던 것은 장미전쟁으로 왕실 귀족의 주요 인물들이 거의 사라졌기 때문이었다. 중앙집권화를 통해 절대왕정을 수립함으로써 대영제국의 기초를 닦는 튜더 왕조1485~1603가 탄생한 것이다.

사실 장미전쟁은 백년전쟁 이후 프랑스에서 돌아온 귀족들의 생존 경쟁이었다. 하지만 도리어 그들이 몰락하는 결과를 가져왔고, 덕분에 헨리 7세는 중앙집권화를 이뤘다. 영국은 백년전쟁 패배로 프랑스 내의 영토를 상실함으로써 내전에 휩싸였지만, 결과적으로는 유럽에서 벌어지는 복잡한 문제들에 휩싸이지 않고 독자적인 행보를 보임으로써 국민 국가로 발돋움한다. 또한 플랑드르의 모직물 기술자들이 전쟁을 피해 영국으로 이주해오면서 플랑드르를 능가하는 모직물 공업이 발전하게 되었고, 이는 영국 경제 발전의 기초가 되는 긍정적 결과를 낳았다. 세계사록

talk 4

예술가를 사랑한 가문

 로렌초   예술가는 사랑입니다

 피에로   어때요? 참 쉽죠?

I

메디치와 아이들

나는 메디치금융 회장 로렌초!

돈이 많아도 넘~흐 많다 보니까
다들 날 악착같이 돈만 밝히는
속물로 생각하더라?

금융잡지 포천지   21,000

TIME

왕보다 더 부자!
메디치 가문

근데 난 사실,
문화예술인을 사랑하는
매우 교양 있는 남자야!

내가 후원하는 예술가들이 몇 명인데.
이름만 들어도 다 알걸?

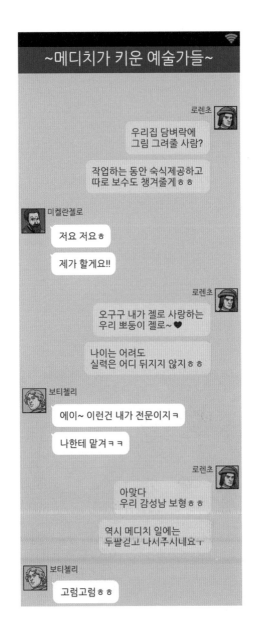

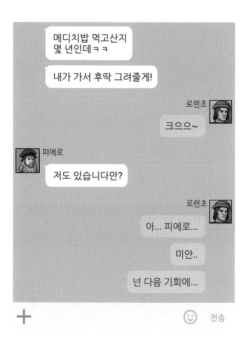

II

물론 후원하는 예술가 중에
별로 안 유명한 애도 있긴 해.

솔직히 좀 별나단 말이지.

재주는 있는데,
늘 항상 2% 부족해서
에로…아니…
애로사항이 싹트는 피에로ㅠㅠ

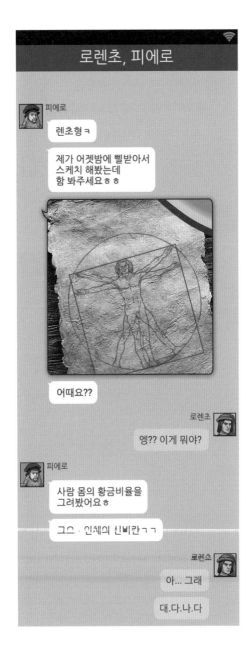

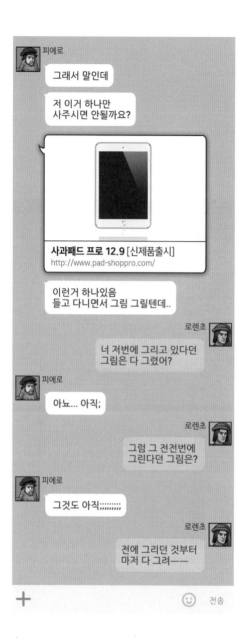

피에로

그래서 말인데

저 이거 하나만
사주시면 안될까요?

사과패드 프로 12.9 [신제품출시]
http://www.pad-shoppro.com/

이런거 하나있음
들고 다니면서 그림 그릴텐데..

로렌초

너 저번에 그리고 있다던
그림은 다 그렸어?

피에로

아뇨... 아직;

로렌초

그럼 그 전전번에
그린다던 그림은?

피에로

그것도 아직;;;;;;;;;

로렌초

전에 그리던 것부터
마저 다 그려――

＋   😊 전송

III

그 녀석

내가 숙제 안 하는 자식
감독하는 엄빠냐고오~~

안 되겠다, 강하게 키워야지.

마침 밀라노에서 사람 구한다니까
거기로 보내야겠어ㅎ

[추천서] 로렌초_다빈치_추천.mwp

그런데 보내고 나니까
가끔 생각나더라ㅎㅎ

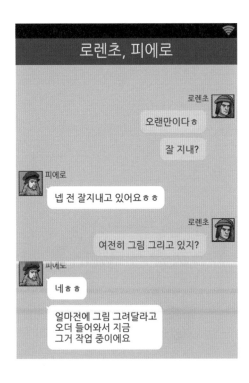

그랬다고 합니다.

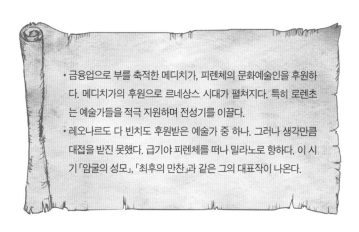

- 금융업으로 부를 축적한 메디치가, 피렌체의 문화예술인을 후원하다. 메디치가의 후원으로 르네상스 시대가 펼쳐지다. 특히 로렌초는 예술가들을 적극 지원하며 전성기를 이끌다.
- 레오나르도 다 빈치도 후원받은 예술가 중 하나. 그러나 생각만큼 대접을 받진 못했다. 급기야 피렌체를 떠나 밀라노로 향하다. 이 시기 「암굴의 성모」, 「최후의 만찬」과 같은 그의 대표작이 나온다.

15세기 후반 이탈리아

1300년 1400 1500 1600 1700 1800

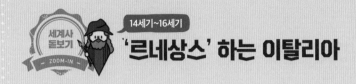

'르네상스' 하는 이탈리아

이탈리아의 중세

서로마 제국이 멸망한 뒤 주인을 잃은 이탈리아반도는, 일부는 비잔티움 제국이 되었고 나머지는 동고트족, 롬바르드족을 거쳐 프랑크족의 지배를 받았다. 한편 이탈리아 내 교황령에 머물던 교황이 로마의 실질적이고 유일한 권력자였던 때도 있었다. 961년 오토 1세912~973가 교황의 요청으로 이탈리아 원정에 성공한 후부터는 독일과 함께 신성로마 제국의 통치를 받게 된다962. 고대 로마의 지배권을 이어받았음을 표방한 황제의 국가에 '기독교 수호자'의 뜻이 더해진 신성로마 제국의 일부가 된 것이다. 이후 11세기 노르만족은 이탈리아 남부에 시칠리아 왕국을 세웠고, 북부는 프랑스와 독일, 합스부르크오스트리아 세력의 각축장이 되면서 권력의 공백이 생겼다. 그 틈에서 베네치아, 베로나, 피렌체, 피사, 제노바, 밀라노 등의 도시는 지방 영주가 통치하는 도시국가로 발전해 정치적, 상업적으로 치열한 경쟁을 벌였다.

이탈리아는 이처럼 중세 수세기 동안 정치적으로 분열되어 있었다. 그러나 십자군전쟁 경로의 요지였던 이탈리아는 지중해 무역의 중심지로 성장했고, 이로 인해 상인의 세력 또한 급속도로 커졌다. 특히 피렌체는 교황청과 가까워 상인들이 교황의 권위를 등에 업고 세력을 키울 수 있었다. 이로 인해 상업과 금융업에 최적의 조건이 마련되면서 엄청난 양의 금은화를 주조하여 유럽 최고의 부를 누렸다.

피렌체의 상인들은 정치 세력으로까지 성장했다. 이들은 겔프당교황파이라는 상인 정권을 수립해 귀족의 공직 금지, 직능 조합의 활성화, 농노 해방 등 파격적인 정책을 내놓았다. 겔프 당원 중 다수는 교황청의 재정과 관련된 금융업에 종사하는 자들이었다. 교황과 신성로마 제국 황제가 대립하자 교황 편에 서서 귀족인 기벨린당황제파과 치열한 정쟁을 벌여 승리한다. 이후 겔프당은 다시 상인파 비앙키당백색당과 귀족파 네리당흑색당으로 갈라져 대립했다.

이 무렵 피렌체에는 중세인이지만 근대를 향한 시선으로 새로운 시대의 도래를 알린 위대한 지성들이 등장했다. 중세의 대미를 장식하는 작품인 『신곡』을 저술한 단테 알리기에리1265~1321가 그 대표적 인물이다. 피렌체의 약제사 조합에 가입하며 정치에 입문한 단테는 탁월한 지성과 언변으로 두각을 나타냈고, 피렌체 행정부 최고위원 3인 중 1인이 되어 비교적 공평한 정치를 펼쳤다. 겔프당에 속했고 비앙키당을 지지했던 그는 네리당 인사들이 정권을 장악했을 때 누명을 쓰고 피렌체에서 추방되었다. 체포시 화형에 처한다는 통고와 함께.

이후 단테의 유랑생활은 자신을 주인공으로 삼아 사후 세계를 순례하는 대하 서사시 『신곡』을 탄생시켰다. 『신곡』은 중세 기독교 지식의 백과사전이라고 칭송받을 만큼 중세적 세계관으로 무장한 명저다. 동시에 신에게 예속된 중세적 인간에서 탈피해 주체적으로 세계의 비밀에 다가가려는 근대적 인간의 모습이 드러난 걸작이기도 하다. 『신곡』은 이후 다양한 예술 작품의 모티브가 되었으며, 단테가 집필할 때 사용한 토스카나 방언은 이후 이탈리아 표준어가 되었다.

단테는 라벤나에서 『신곡』의 「천국」을 저술하는 동안에도 피렌체가 자신을 받아들이기를 기다렸다. 그러나 라벤나의 외교 사절로 베네치아에 다녀오다 말라리아로 사망하여 결국 피렌체 땅을 밟지 못했다. 100년 뒤에야 실책을 깨달은 피렌체가 단테의 유골을 돌려받으려 했지만 라벤나의 거절로 뜻을 이루지 못했다. 이후 교황이 피렌체 편을 들자 라벤나는 유골을 은닉하기도 했다. 1865년, 단테는 사후 500년이 넘어서야 라벤나 작은 교회에 안치되어 유랑을 끝냈다.

단테 사망 후 30여 년 뒤, 피렌체와 인연이 있는 두 작가의 작품이 르네상스의 티저가 되었다. 페트라르카1304~1374와 보카치오1313~1375가 이탈리아어로 소네트 『칸초니에레』와 소설 『데카메론』을 집필한 것이다. 페트라르카는 피렌체 혁명가 집안에서 자랐고, 보카치오는 나폴리 대은행가의 후원하에서 성장했다. 이들은 삶의 배경이 서로 달랐지만, 중세 문학의 전통에서 벗어나 현실 그대로 인간이 갖는 감정을 서술함으로써 단테의 뒤를 이어 <u>인문주의의 지평</u>을 열었다.

르네상스, 고대에서 찾아낸 근대

'부활', '재생'이라는 뜻의 르네상스Re:다시, Naissance:탄생는 <u>14세기부터 16세기까</u>지 유럽에서 일어난, <u>고대 그리스와 로마의 고전 문화를 되살려 새로운 문화를 창</u>조하려는 문화운동이다. <u>이탈리아에서 시작해 알프스를 넘어 유럽 전체로 확산되</u>는데, 그 정신적 특징은 '인문주의휴머니즘'다. 신이 세상을 지배한다는 신본주의와 대비되는 인문주의는 인간의 존엄과 가치를 중요시하는 근대적 의식의 기본이 되었다. 사실 초기 르네상스는 그리스와 로마의 예술작품을 수집하고 정리하는 경향을 의미했다. 그러다 점차 지적, 정서적, 미적 활동에서 중세의 틀을 벗어나 <u>인간의 개성과 능력을 강조하는 인간중심주의운동</u>으로 변모했다.

르네상스가 이탈리아에서 일어난 것은 필연적이었다. 다른 어느 곳보다 풍부한 <u>고전 문화유산이 남아 있는 로마</u>가 속해 있었고, 지중해 건너 이슬람이나 비잔티움 문화권과도 빈번하게 접촉함으로써 당시 유럽보다 선진적 문화를 누리던 <u>동방의 영향</u>을 받기가 쉬웠다. 그리고 1453년 콘스탄티노폴리스 함락 후 많은 <u>비잔티움 학자들</u>이 그리스 고전 문화를 가지고 이탈리아로 망명하면서 문화적 역량은 더욱 커졌다. 게다가 교황과 도시국가의 군주들은 <u>학문과 예술을 보호</u>하고 장려했으며, 지중해 무역을 통해 부유해진 시민과 정치가들은 예술가들이 자신의 실력을 펼칠 수 있도록 적극적으로 후원했다.

그중 피렌체가 유독 예술과 문화의 도시로 꽃필 수 있었던 데는 <u>메디치 가문</u>의 힘이 컸다. 이름이 '메디코약사'에서 유래된 만큼 독약 분야가 장기였던 메디치가는 13세기부터 17세기까지 피렌체에서 그 영향력이 막강했다. 그들은 세 명의 교황레오 10세, 클레멘스 7세, 레오 11세과 피렌체의 통치자특히 르네상스 예술의 후원자로 가장 유명한 로렌초 데메디치는 사후 '위대한 로렌초'로 불렸다를 배출했고, 결혼을 통해 프랑스와 영국 왕실의 일원이 되어 이탈리아의 선진적인 문화를 전파했다.

약업藥業으로 축적한 재산을 바탕으로 프랑스, 에스파냐와 함께 모직물 교역으로 성장한 메디치가는 그 유명한 <u>메디치 은행</u>을 설립하면서 유럽의 이목을 집중시킨다. 1397년 10월 조반니 디 비치 데메디치에 의해 세워져 17세기 페르디난도 2

세 데메디치 시대까지 존재한 메디치 은행은 유럽을 통틀어서 가장 부유하고 훌륭한 은행이었다. 그 덕분에 메디치 가문은 유럽에서 가장 유복한 가문으로 평가받아 피렌체에서 막강한 정치적 영향력을 획득했다. 그리고 이 영향력은 이탈리아 전역을 넘어 유럽에까지 확대되었다.

동서 무역을 중계하며 많은 현금을 보유했던 이탈리아에서 은행업은 이미 일반화된 사업이었다. 당시의 은행은 규모가 작거나 돈 많은 무역상들이 부수적으로 운영하곤 했다. 메디치가는 무역의 발달로 전문화된 은행이 필요할 것을 예상, 은행업에 본격적으로 뛰어들면서 교회의 수금과 송금 업무를 담당했다. 이를 통해 축적된 부는 많은 예술가들을 후원하는 데 사용되었다. 덕분에 쟁쟁한 거장들이 피렌체에서 많은 작품을 남기며 르네상스 미술을 탄생시킬 수 있었다.

르네상스의 선구적 역할을 한 중세인 단테, 페트라르카, 보카치오의 뒤를 이어 『군주론』의 마키아벨리1469~1527 같은 사상가, 「아테네학당」 등의 라파엘로 1483~1520, 「다비드」, 「천지창조」 등의 미켈란젤로1475~1564, 그리고 「성모상」, 「최후의 만찬」 등의 레오나르도 다 빈치1452~1519, 「비너스의 탄생」의 보티첼리 1445~1510와 같은 미술가가 이탈리아 르네상스를 구가한 인물들이다. 특히 레오나르도 다 빈치는 대표적인 르네상스인으로 미술뿐 아니라 발명, 건축, 해부, 천문 등 다양한 방면에서 재능을 발휘한 그야말로 천재였다. 비록 당시 레오나르도를 고용했던 이들은 약속하고 미루기를 반복하는 그의 작업방식 때문에 함께 일하기를 꺼렸다고 하지만 말이다. 중풍으로 오른팔을 쓸 수 없게 되자 왼손을 사용하는 기술을 익혀 시대를 통틀어 가장 유명한 왼손잡이가 되었던 레오나르도. 임종 때 "아무 것도 끝내지 못했다"고 탄식할 만큼 시작한 일을 끝까지 마무리한 경우가 드물었다. 어쩌면 다양한 방면에 대한 무궁한 호기심에서 비롯되었을 것이다.

르네상스가 탄생한 시대적 배경의 변질이 르네상스의 쇠퇴로 이어지는 것은 당연한 일이었다. 16세기 동방으로 향하는 신항로가 개척되면서 무역의 중심이 지중해에서 대서양 연안으로 옮겨가자 이탈리아 경제도 흔들리기 시작했고, 결국 문화운동을 이끌어가던 이탈리아 도시들도 쇠락했다. 또한 정치적 분열과 갈등으로 혼란에 빠진 이탈리아는 문화운동을 안정적으로 유지하고 발전시키기에 적합한 환경이 될 수 없었다. 왕권을 강화하여 강대국으로 변신한 프랑스의 침입 등도 이탈리아 르네상스를 급속도로 쇠퇴하게 만들었다.

　이탈리아에서 탄생한 르네상스에 대해 비판적인 목소리가 존재하는 것도 사실이다. 일반 대중은 소외된 채 교황과 군주, 대상인 중심으로 발전해 보수적이고 귀족적인 성격을 가졌으며, 사회적·정치적 성격이 약하여 교황과 교회로 대표되는 중세에 대한 부정이 불철저했다는 것이다. 그러나 이탈리아 르네상스가 '신' 중심의 유럽에 '사람' 중심의 근대적 사고를 확산시키는 시작점이었고, 16세기 유럽을 뒤흔드는 종교개혁의 기반이 된 알프스 이북이 르네상스북유럽 르네상스의 출발점이었다는 것 역시 부인할 수 없는 사실이다. 세계사록

📍 13세기 이탈리아의 도시국가

베네치아 공화국

밀라노 공국

베네치아

밀라노

만토바

제노바

페라라

피렌체

아드리아 해

피렌체 공화국

교황령

로마

나폴리

나폴리 왕국

티레니아 해

시칠리아 섬

신대륙이 왜 거기서 나와

 콜롬버스　　지금 만나러
　　　　　　　　　갑니다 >.<

 인도　　※인도 아님 주의※

I

드림스 컴 트루

나, 콜롬버스.
어릴 때부터 품어왔던
오래된 꿈을 이루려고 해ㅎㅎ

향신료의 땅!
인도를 찾아서
대서양을 횡단할 생각이야ㅋ

하지만 혼자 하기엔 스케일이 넘 크네.
이럴 땐 도움을 받아야지?

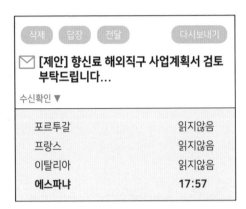

쯔쯔다들 나님을 몰라보다니…!
딱 한 나라만 똑똑하군??

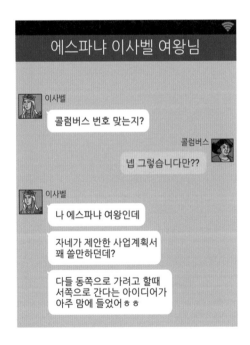

드디어 나 같은 인재를 알아봐준
고마운 투자자께서 나타나셨네ㅜㅜ

크으으~ 역시 배운 사람은 다르다니까!

지구는 둥그니까
서쪽으로 계속 가다보면
인도가 나오게 되어 있다구!!

콜럼버스타그램

콜럼버스 @Columbus 📍망망대해에서

♡ 354명이 좋아합니다.

항해 49일째. 지금까지 날 반긴 건 물고기와 끝없는
바다뿐. #인도야 #어디있니 #육지밟고싶다

콜럼버스타그램

콜럼버스 @Columbus 📍망망대해에서

♡ 897명이 좋아합니다.

항해 70일째. 저 멀리 육지가 보인다.
#찾았다 #인도

콜럼버스타그램

콜럼버스 @Columbus 📍인도에서

♡ 2,678명이 좋아합니다.

드디어 인도 도착. 인도인과 인증샷 남겨요 ㅠㅠ
#감격 #바다_건너길_잘했어 #셀프칭찬

Ⅲ 응아냐

흑흐규ㅠㅠㅠㅠㅠ
드디어 내 꿈이 이루어졌구나!!

이제 꽃길 걸을 일만
남았다구ㅜㅜㅜㅜ

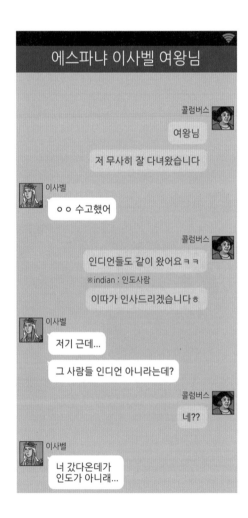

에스파냐 이사벨 여왕님

콜럼버스
여왕님

저 무사히 잘 다녀왔습니다

이사벨
ㅇㅇ 수고했어

콜럼버스
인디언들도 같이 왔어요ㅋㅋ
※indian : 인도사람
이따가 인사드리겠습니다ㅎ

이사벨
저기 근데...

그 사람들 인디언 아니라는데?

콜럼버스
네??

이사벨
너 갔다온데가
인도가 아니래...

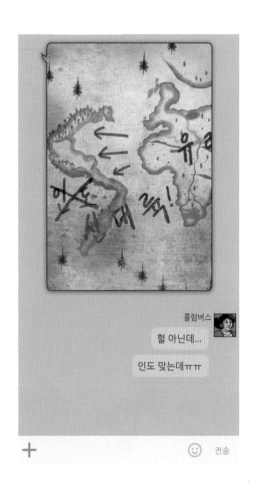

그랬다고 합니다.

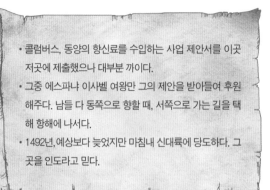

- 콜럼버스, 동양의 항신료를 수입하는 사업 제안서를 이곳 저곳에 제출했으나 대부분 까이다.
- 그중 에스파냐 이사벨 여왕만 그의 제안을 받아들여 후원 해주다. 남들 다 동쪽으로 항할 때, 서쪽으로 가는 길을 택 해 항해에 나서다.
- 1492년, 예상보다 늦었지만 마침내 신대륙에 당도하다. 그 곳을 인도라고 믿다.

1492년 에스파냐

1300년   1400   1500   1600   1700   1800

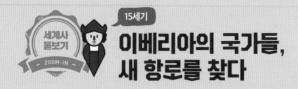

이베리아의 국가들, 새 항로를 찾다

콜럼버스타그램

🧑 **콜럼버스** @Columbus 📍망망대해에서

♡ 354명이 좋아합니다.

항해 49일째. 지금까지 날 반긴 건 물고기와 끝없는 바다뿐. #인도야 #어디있니 #육지밟고싶다

신항로 개척의 배경과 출발

모든 역사적 사건에는 그럴 만한 이유가 있다. 아무런 연관 없어 보이는 사건들도 그 인과관계가 드러나지 않을 뿐, 그 시작에는 그럴 만한 이유가 있기 마련이다. 신항로 개척이 다른 유럽 국가들이 아닌 이베리아 반도를 중심으로 시작된 데에도 타당한 이유가 있다.

이베리아 반도의 국가들은 다른 유럽 국가과는 다른 독특한 역사를 가지고 있다. 유럽 국왕들이 교황과 대립하는 과정에서 힘을 키워간 것에 비해, 포르투갈, 레온, 카스티야, 나바라, 아라곤 왕국 등은 서아시아와 아프리카로부터 온 이슬람교도들과의 싸움으로 잔뼈가 굵었다. 특히 12세기 이래 이슬람교도로부터 국토를 회복하기 위해 벌인 재정복 운동레콩키스타은 로마 가톨릭이 이들 국가의 뿌리임을 확인하는 것이었다. 8세기부터 이베리아 반도를 지배해온 후 우마이야 왕조가 1031년에 멸망한 뒤 그라나다 왕국에는 마지막 이슬람 왕조인 나사리 왕조가 들어섰다1232. 그들까지도 정복하는 데 성공하는 상황에서 이베리아 국가들이 항해를 통해 가톨릭을 포교하고자 하는 강한 열망을 가진 것은 지극히 자연스러운 일이었다.

또한 이베리아 국가들은 당시 중국, 인도 등 동방에서 향신료 등을 들여오는 지중해 무역에서 소외되어 있었다. 이탈리아를 중심으로 지중해 무역을 통해 막대한 이익을 거두어들이던 대열에 동참할 수 없었던 이들이 아랍과 이탈리아 상인들이 요구하는 세금이나 막대한 중개 수수료 없이 대서양을 통해 대량의 향신료를 수입할 꿈을 꾼 것 역시 당연한 결과였다.

이렇게 탄생한 국가적인 신항로 개척 의지에 『동방견문록』이 불러일으킨 동방에 대한 호기심, 나침반과 아스트롤라베 등 천문관측기구의 개량과 선박 개조, 대포 장착 등 항해 기술의 발달, 그리고 수많은 탐험가들의 목숨을 건 노력이 합쳐지면서 이베리아 반도 국가들은 결국 동방으로 가는 새로운 길을 찾아냈다.

그 선두주자는 이베리아 반도 서남쪽 끝에 위치한 포르투갈이었다. 포르투갈은 주앙 1세1385~1433재위의 통치하에 중앙집권적인 통일국가로 성장하며 해외 진출을 본격화했다. 그의 셋째 아들인 엔히크 왕자1394~1460는 몸이 약해 직접 배를 타진 못했으나 해상 탐험의 기반을 마련해 항해 왕이라고 불린다. 고대의 지리서, 지도, 항해 관련 서적을 수집한 엔히크는 유럽과 이슬람의 조선 기술 중 장점만을 취해 선박을 개량했고, 마침내 원양 항해가 가능한 카라벨 선을 고안했다. 또한 사그레스 지역에 항해 연구소 겸 해양 학교를 설립하여 우수한 항해자를 양성했으며, 대서양 및 아프리카 서해안으로 떠난 시험 항해를 통해 지도의 해안선을 수정했다.

포르투갈은 1415년 세우타를 점령한 뒤로 아프리카의 서해안을 노크하기 시작했다. 당시는 명나라가 아프리카 동쪽 해안을 드나들던 때였다. 카라벨 선을 타고 탐사에 나선 포르투갈 함대는 카나리아 제도와 마데이라 섬을 발견1418해 남진을 위한 교두보를 확보했다. 적자로 시작했던 서아프리카 항해는 1434년 북회귀선의 보자도르 곶을 지나는 남쪽 길이 개척되면서 손익분기점을 넘어섰다. 이후 발견된 아프리카 극서단의 베르데곶1444은 아프리카 유럽 무역의 중요한 기지가 되었다. 포르투갈 정부가 개인에게 아프리카 통행권을 발부하기 시작1446한 뒤로는 금과 직물, 바다표범 가죽 등 아프리카 특산품이 유럽에서 인기를 얻은 덕분에 아프리카 무역에 대한 관심은 더욱 높아졌다.

한편 1453년 비잔티움 제국의 멸망으로 오스만이 지중해를 장악하면서 베네치아가 독점하던 동방무역에 문제가 생길 수밖에 없었다. 유럽에서는 육류를 저장하고 맛을 내는 향신료의 수요가 많았기 때문에 공급에 차질이 생길지도 모른다는 불안감은 향신료 가격을 천정부지로 치솟게 만들었다. 이 때문에 향신료의 주요 생산지와의 직접 무역을 위해 인도로 통칭되는 동방의 신항로를 찾으려는 유럽인들의 열망은 더욱 불타올랐다.

신항로 개척의 선두주자들

포르투갈의 바르톨로뮤 디아스1450~1500는 항해가로 이름을 날린 가문 출신이다. 잉글랜드에서 장미전쟁이 끝난 직후인 1487년 8월, 엔히크 왕자의 해외 진출 정책을 계승한 주앙 2세1481~1495재위는 그에게 전설에 등장하는 프레스터 존이 다스리는 기독교 국가의 발견을 명령한다. 명령에 따라 보급선까지 갖추고 베르데곶을 출발해 아프리카 서해안을 따라 남쪽으로 향하던 선단은 풍랑을 만나 계획한 항로에서 벗어나 아프리카의 남동쪽 끝에 이른다. 그는 인도양으로 향하려 했지만, 선원들의 반대에 부딪혀 결국 본국으로의 귀환을 결정했다. 하지만 귀환 도중 아프리카 최남단의 '폭풍의 곶나중에 희망봉이라 개칭'을 발견했는데, 이는 훗날 인도 항로 발견까지 이어지는 중요한 전환점이 된다. 16개월에 걸친 항해를 마치고 이듬해 12월 리스본에 돌아온 디아스는 아프리카 무역에 종사하다 1500년 인도로 항해하던 중 폭풍우를 만나 사망했다.

이베리아 반도의 신흥 강국으로 떠오르던 아라곤과 카스티야의 신항로 개척 의지도 만만치 않았다. 특히 1469년 아라곤의 왕위 후계자 페르난도 2세와 카스티야의 왕위 계승 후계자 이사벨 1세의 결혼으로 공동 국왕이 지배하는 왕국이 탄생하며 신항로 개척의 신호탄을 쏘아 올렸다. 이사벨과 페르난도는 왕권을 강화하는 과정에서 고대 이 지역을 지칭하던 라틴어 히스파니아에서 유래된 에스파냐Espaňa : 스페인은 영어식 표기를 아라곤 왕국과 카스티야 왕국을 통합한 새로운 왕국의 이름으로 사용했다. 에스파냐는 이후 종교, 정치, 군사 등 국가 전반에 걸쳐 빠르게 발전했고 이를 기반으로 수많은 식민지를 복속시킨 강대국이 되었다.

1492년은 에스파냐 역사에 있어 중요한 의미를 지닌 해다. 이슬람교도들의 마지막 보루이던 그라나다를 정복해 781년 동안 이베리아 반도에서 지속된 무슬림 지배를 종식시키고, 이사벨 여왕이 후원한 크리스토퍼 콜럼버스1451~1506가 대서양 횡단에 성공한 해이기 때문이다. 3척의 배에 나누어 탄 90명의 콜럼버스 선단은 '지중해도, 아프리카 남단도 거치지 않고 인도로 가는 제3의 뱃길'을 찾아 1492년 8월

3일 에스파냐의 팔로스항을 떠났다. 서아프리카 카나리아 제도에 잠시 정박했다 9월 6일부터 한 달 이상을 서쪽으로 항해한 이들은 10월 12일 새벽 2시 2000킬로미터에 이르는 항해 끝에 대서양을 횡단하여 '인도'로 추정되는 육지를 '발견'한다.

현재 바하마 제도의 와틀링 섬추정에 도착한 이들은 쿠바 히스파니올라아이티에 정박한 후 현지인을 만났다. 그는 그곳이 '과나하니 섬'이고 더 큰 대륙에 이어져 있다고 말했다고 한다. 하지만 콜럼버스는 그곳이 '서인도'라고 주장했고, 이후 4차례에 걸친 항해 중에도 그리고 사망할 때까지도 자신은 인도에 다녀왔다고 믿었다. 물론 그가 도착한 곳은 인도가 아니었다. 콜럼버스의 대서양 횡단 성공 이후, 포르투갈과 에스파냐는 신항로 개척을 둘러싸고 빈번한 충돌을 일으켰다. 결국 교황의 중재로 1494년 토르데시야스 조약Treaty of Tordesillas을 체결했고, 지구상에 가상의 선을 그어 포르투갈은 인도산 후추를 독점하는 동시에 브라질과 아프리카 대륙을, 에스파냐는 아메리카 대륙의 소유권을 가지게 되었다.

사실 정확한 '인도 신항로 발견자'는 포르투갈의 바스쿠 다가마1469~1524였다. 그는 국왕 마누엘 1세의 명을 받고 1497년 7월 4척의 배에 168명을 태우고 리스본을 출발, 11월 말에 희망봉을 돌아 이듬해 초에 아프리카 동해안 말린디에 도착한다. 여기에서 아라비아의 뱃길 안내인 이븐 마지드를 고용하여 아라비아 해를 횡단하고, 1498년 5월 20일 목적지인 인도의 캘리컷코지코드의 옛 이름에 도달했다. 이곳은 당시 남인도 비자야나가르 왕국의 무역항이었다. 아프리카 남단을 우회하는 10개월, 시에라리온 앞바다에서 아프리카 해안을 따라 남하해 아프리카 남단 희망봉을 도는 데만 무려 6400킬로미터, 콜럼버스의 대서양 횡단 거리의 3배가 넘는 대장정 끝에 진짜 인도에 도착한 것이다.

이곳에 정박한 바스쿠 다가마는 캘리컷의 지방 영주들과 통상 교섭을 벌였으나 물산이 풍부했던 이들은 쉽게 받아들이지 않았다. 험난한 항해 끝에 그는 많은 선원들을 잃은 채 포르투갈로 귀환1499했다. 3년 뒤 그는 20척의 무장한 전함을 이끌고 다시 항해에 나서 교역을 거부하는 인도의 도시를 무차별 폭격하는 방법으로 결국 인도와의 무역을 시작한다. 이는 엔히크 왕자에게서 시작된 포르투갈 70년의 숙원을 푼, 동방무역의 개막을 알리는 항해이자 서세동점西勢東漸의 시작이었다.

한편 1497년 영국도 신항로 개척에 합류했다. 이탈리아 베네치아 상인 출신 존

카보트존 캐벗1450~1499가 영국의 지원을 받아 매튜 호를 타고 북방 항로를 통해 현재 캐나다의 뉴펀들랜드 지방인 래브라도 반도에 도착한 것이다. 답사 결과 해안에서 사람이 살았던 흔적을 발견했고, 최초로 북아메리카가 영국 땅임을 주장했다. 토르데시야스 조약으로 고심하던 끝에 북방 항로를 통해 대서양을 건너는 모험을 시도한 헨리 7세는 이러한 결과에 만족했다. 이후 북아메리카 대륙은 유럽인들의 관심 밖에 머물렀다. 그러다 16세기 에스파냐가 중남아메리카 대륙의 식민지에서 귀금속을 실어 나르는 것을 본 프랑스가 북아메리카 탐험에 뛰어들며 유럽 역사 속으로 다시 들어왔다.

　남북 아메리카 대륙의 존재가 유럽에 알려지고 동방으로 향하는 신항로가 개척되며 15세기는 마무리되었다. 그리고 16세기에는 유럽인들의 해외 진출과 식민지 개척이 본격화된다. 그 과정과 결과가 이전 역사에서는 상상도 할 수 없는 거대한 '근대'라는 바람이 되어 각 대륙에 휘몰아쳤음을 우리 모두는 알고 있다. 세계 사록

동방 무역로와 포르투갈의 신항로 개척

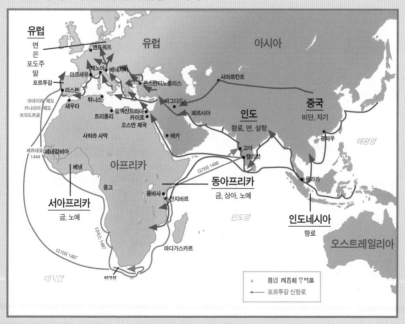

개박살난 콘스탄티노폴리스

 콘스탄티누스 　　살까 말까

 우르반 　　에누리ㄴㄴ

 메흐메트 　어머 이건 사야돼>.<

I
깎아줘

여기는 콘스탄티노폴리스.

화려했던 과거의 영광은
사라진 지 오래인 이곳.

하지만 나, 황제 콘스탄티누스!
사악한 적들 손에서
이 도시를 지키리라!
어떤 비싼 값을 치르더라도!

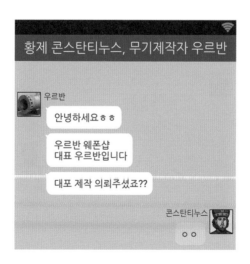

뭐 왜 뭐?
나 짠돌이 아니거든?

쳇 무기빨 좀 받으려 했더니.

하긴 뭐~ 어차피 천년 동안
한번도 무너진 적 없으니까~
별일 없을 거야ㅋㅋㅋ

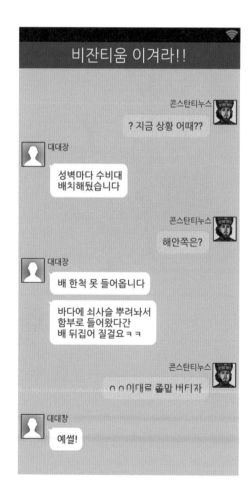

피융
쾅!

와… 육지로 배 타고
들어올 줄은 상상도 못했네…

아… 어뜩하냐…
오스만놈들 진짜 작정했나봐ㅜㅜ

괜찮아… 떨지 말자…
성벽 안에서 존버하다 보면
놈들도 지쳐서 돌아가겠지…

쾅!

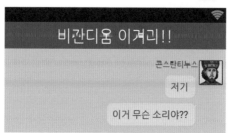

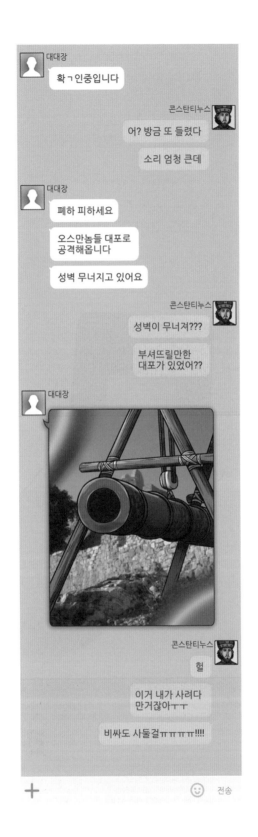

그랬다고 합니다.

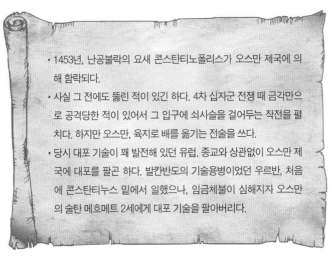

- 1453년, 난공불락의 요새 콘스탄티노폴리스가 오스만 제국에 의해 함락되다.
- 사실 그 전에도 뚫린 적이 있긴 하다. 4차 십자군 전쟁 때 금각만으로 공격당한 적이 있어서 그 입구에 쇠사슬을 걸어두는 작전을 펼치다. 하지만 오스만, 육지로 배를 옮기는 전술을 쓰다.
- 당시 대포 기술이 꽤 발전해 있던 유럽. 종교와 상관없이 오스만 제국에 대포를 팔곤 하다. 발칸반도의 기술용병이었던 우르반, 처음에 콘스탄티누스 밑에서 일했으나, 임금체불이 심해지자 오스만의 술탄 메흐메트 2세에게 대포 기술을 팔아버리다.

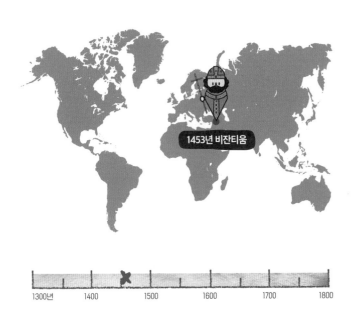

1453년 비잔티움

1300년   1400   1500   1600   1700   1800

비잔티움 제국의 멸망, 근대로 향하는 유럽

CAM1

1453·04·22 03:49:25

콘스탄티노폴리스 함락되다!

1453년 5월 29일 젊은 술탄 메흐메트 2세1451~
1481재위는 천년의 고도 콘스탄티노폴리스에 들
어섰다. 하기야 소피아 성당 정문으로 걸어가
흙 한 줌을 자신의 터번 위에 부으며 신 앞에서
자신을 낮춘 그는 이맘이슬람교 지도자과 친위부
대를 거느리고 성당 안으로 걸어 들어갔다. 그
후 1100년 동안 존속하던 하기야 소피아 성당
은 모자이크 그림들이 회칠되고 기도 시간을 알
리는 미너렛이 세워지면서 무슬림을 위한 모스크로 개조되었다. 6월 초하루 금요
일. 유럽 역사상 최초로 기독교 성당 안에서 이슬람 기도문이 낭송됨으로써 기독교
의 비잔티움 제국이 이슬람교의 오스만 제국의 지배하에 들어갔음이 확인되었다.

오스만 튀르크는 동서교역로를 장악하고 유럽 진출의 교두보를 확보하기 위해
비잔티움 제국을 공략하려 했다. 하지만 1402년 티무르 제국에 패한 후 콘스탄티
노폴리스 진공은 계속 늦춰졌다. 게다가 세계적인 도시로 성장하며 비잔티움 문
화를 꽃피운 천년 고도는 제4차 십자군전쟁의 어이없는 함락을 제외하고 훈족, 사
산 왕조 페르시아, 우마이야 왕조 등 외세의 침입을 23차례나 격퇴한 난공불락의
요새였다.

콘스탄티노폴리스가 이처럼 수많은 침략을 물리치고 천년의 영화를 누릴 수 있

었던 것은 5세기 초413부터 시가지를 방어하기 위해 쌓은 테오도시우스 성벽 덕분이었다. 이는 수 미터에 이르는 해자에 흉벽과 외성벽, 내성벽으로 콘스탄티노폴리스 전체를 삼중으로 감싸는 구조였다. 마르마라해에서 골든 혼금각만에 이르는 7킬로미터의 테오도시우스 성벽 덕분에 제국의 영토가 유린되는 상황에도 수도는 무사했다.

중세의 국가가 이 성벽을 넘어 콘스탄티노폴리스를 점령한다는 것은 사실상 불가능한 일이었다. 오스만 제국 또한 신무기와 기발한 전략이 아니었다면 불가능했을 것이다. 15만의 대군이 불과 7000명 남짓한 군대를 상대로 53일을 고전해야 했다는 사실이 이를 증명한다.

메흐메트 2세는 수도인 에디르네를 출발하여 4월 5일, 콘스탄티노폴리스에 도착했다. 술탄은 이슬람 전통에 따라 비잔티움 황제 콘스탄티누스 11세1448~1453 재위에게 유혈 충돌 없는 항복을 요구했으나 거절당했다. 4월 12일, 최전선에 배치된 69문의 포들이 일제히 불을 뿜으면서 역사적인 콘스탄티노폴리스 공성전이 시작되었다. 이날은 새로운 공성 수단으로 앞으로의 전쟁 판도를 바꾸게 되는 엄청난 위력의 거포 바실리카가 세계사에 등장한 날이다. 개발자의 이름을 따 우르반포라고도 불린 바실리카는 1453년 1월 메흐메트 2세가 참석한 가운데 실시된 사격 시험에서 돌 포탄이 1.6킬로미터를 날아가 무른 땅을 2미터나 파고들어가는 위력을 발휘했다. 그 후로 다양한 구경의 사석포가 양산되었고, 완성된 순서대로 200킬로미터나 떨어진 콘스탄티노폴리스 부근에 속속 배치되었다. 무게가 16.8톤에 이르는 바실리카는 200명의 인부와 60마리의 황소에 의해 하루 5킬로미터씩 천천히 옮겨졌다.

그러나 당시 철강재의 내구성 문제 때문에 바실리카는 하루에 7발밖에 발사할 수 없었다. 콘스탄티노폴리스는 그 틈을 타 무너진 성벽을 급하게 복구하며 필사적인 저항을 계속했다. 강력한 적과 싸우는 비잔티움 황제 콘스탄티누스 11세를 도울 수 있는 이는 어디에도 없었다. 로마 교황은 돕고는 싶었지만 마음뿐이었고, 신성로마 제국 황제는 술탄에게 공허한 최후통첩만을 보냈을 뿐이다. 베네치아는 오스만 제국과 무역을 지속해야 하는 처지였고, 프랑스와 영국은 백년선생이 막 끝난 무렵이었다. 포르투갈도 이베리아반도의 무슬림과 전쟁 중이었다. 그림에도 비잔티움 제국은 '기독교 세계의 방파제'로서 마지막 소임을 다하듯 50여 일 동안 홀로 막강한 이슬람 대군을 막아냈다.

육지의 저항이 예상보다 거세자 오스만은 성벽의 유일한 약점인 해상의 골든 혼 진입을 시도했다. 하지만 이를 예상한 비잔티움이 이미 골든 혼 입구에 배가 진입할 수 없도록 쇠사슬을 설치해놓은 상태였다. 메흐메트 2세는 포기하지 않고 배가 들어갈 방법을 강구해냈다. 야음夜陰을 틈타 밤새 67척의 전함을 육지로 이동시켜 갈라타 지구 뒤쪽 언덕으로 넘겼는데, 이는 골든 혼 입구의 쇠사슬과 대포 공격을 따돌린 기발한 방법이었다. 그는 전함 아래에 기름을 바른 둥근 목재를 깔아 언덕을 넘어 골든 혼 내해에 함대를 진입시켰다.

5월 29일 새벽 1시 30분, 오스만의 공격이 시작되었다. 콘스탄티노폴리스 주민들은 북과 나팔 소리에 놀라서 잠에서 깼다. 군인들은 곧 전투태세를 갖추었고 전투에서 제외된 이들은 교회로 달려가서 간절하게 기도했다. 강력한 삼중 벽 위에 배치된 방어군은 필사의 저항을 했지만 50일 넘게 5000여 발의 포탄을 두들겨 맞은 테오도시우스 성벽에 뚫린 9개의 커다란 구멍을 막을 수는 없었다. 결국 콘스탄티노폴리스는 무너졌다.

파도처럼 밀어닥치는 공격을 앞장서 막던 콘스탄티누스 11세는 전투 도중 목숨을 잃었다. 황제의 옷을 벗고 평범한 차림으로 죽은 그의 시신은 끝까지 확인되지 않았다. 성벽이 무너지고 벌어진 이른 아침 공방전은 오스만의 승리로 이어졌고, 성 안으로 밀어닥친 무슬림 군대의 살육과 약탈로 공포 분위기가 조성되었다.

콘스탄티노폴리스의 함락은 배를 타고 탈출한 사람들에 의해 유럽 곳곳에 전해졌다. 지중해 동쪽부터 지브롤터 해협까지 순식간에 비보가 전달되었고 소식을 들은 유럽 각국은 경악을 금치 못하며 눈물을 흘렸다. 오스만 군대의 사악함과 폭력성에 대한 반감이 다시금 반이슬람 정서로 일어나기도 했다.

점령된 콘스탄티노폴리스는 오스만 군대의 전통 군율에 따라 3일간 약탈이 허용되었다. 그 후 메흐메트 2세에 의해 비잔티움 시민의 생명과 종교의 자유 보장이 공표되면서 이 모든 무질서는 종식되었다. 술탄은 콘스탄티노폴리스가 정복자들을 위한 도시가 아니라 정복자와 비잔티움 시민이 공존하는 국제적인 도시가 되기를 원했다. 이에 조세 제도를 확립해 비잔티움의 장인들과 무역상들의 이익을 보장했고, 밀레트를 인정해 비튀르크인, 비무슬림 주민들이 그들의 종교 지도자를 중심으로 종교 의식, 언어, 관습을 보존할 수 있게 했다. 또한 파괴된 비잔티움 건축물은 복구되었고, 이슬람 건축물은 신축되었다.

330년 5월 11일 월요일, 창건된 이래 88명의 황제가 다스렸던 동로마 제국은 1453년 5월 29일 화요일 역사에서 완전히 사라졌다. 기독교의 공인을 선포한 콘스탄티누스 황제에 의해 건설되었던 고도 콘스탄티노폴리스는 이스탄불이슬람의 도시이라는 새로운 이름을 가지게 되었고, 동방 정교회는 무슬림의 지배하에 들어갔다. 그러나 성직자들은 밀레트에서 동방 정교회를 보전할 것이며, 그리스 고전을 숭상하는 이슬람 학자들은 동로마 1000년의 정신적 유산인 그리스 문화를 지켜줄 것이다. 그리고 400여 년 뒤 동방 정교회 국가들이 독립을 선포하는 19세기를 맞게 될 것이다.

유럽, 근대의 바다로 항로를 잡다

비잔티움 제국의 아름다운 수도 콘스탄티노폴리스를 오스만 제국에 빼앗긴 지식인들은 줄지어 이탈리아로 망명했다. 이들은 콘스탄티노폴리스가 함락당한 1453년 전후 당시 베네치아가 지배하던 크레타섬을 통해 망명했고 그 대열은 계속 이어졌다.

비잔티움 학자들은 탈출하면서 값을 따질 수 없는 그리스어 저작물들을 가져오는 것을 잊지 않았고, 이는 이탈리아에서 고대 그리스의 철학, 수사학, 예술에 대한 관심을 불러일으켰다. 그리스 고전 문화가 서유럽에 이식되기 시작한 것이다. 페트라르카와 보카치오 이후 고전 문화에 대한 관심이 높아졌던 이탈리아 도시에서는 새로 유입된 수준 높은 저작물들로 인해 연구 열기가 고조되었다. 그리고 이런 흐름은 인쇄술의 발달과 맞물려 그리스 고전 문학 전집과 호메로스 저작집 등의 간행으로 이어져 르네상스가 꽃피는 결과로 이어졌다.

한편 콘스탄티노폴리스 점령 이후 오스만의 확장이 계속되는 동안 유럽에서는 '후추전쟁'이라는 말이 나올 만큼 향신료 가격이 치솟았다. 아시아의 향신료들이 유럽으로 들어오는 관문인 콘스탄티노폴리스가 이슬람 세력에 점령되면서 유럽에 대한 향신료 배급을 독점하다시피 했던 베네치아 상인들에게 비상이 걸렸기 때문이다.

사실 중국의 계피, 인도의 후추, 몰루카 제도의 정향 등이 서아시아로 들어오는 인도양 항로는 오래 전부터 이슬람 상인들의 무대였다. 그러나 맘루크 왕조나 튀르크 국가에게 비싼 세금을 지불하고 일단 물건을 받으면 콘스탄티노폴리스부터는 베네치아와 제노아 상인들이 마음 놓고 유럽으로 가져와서 장시를 할 수 있었다. '여섯 척의 배에 상품을 싣고 오다 다섯 척을 잃고 한 척의 물품만 팔아도 이익'이라고 할 만큼 남는 장사였다. 그런데 오스만 제국이 에게해와 아드리아해까지 파고들자 이 지역 무역에 대한 베네치아의 독점 이익은 타격을 받을 수밖에 없었고 그에 대한 불안감이 가격 폭등으로 이어졌다.

바로 이 때문에 대서양을 통한 새로운 무역 항로 개척에 유럽인이 관심을 갖게 되었다. 지중해 무역에서 소외되었던 이베리아반도의 포르투갈에서 가장 먼저 신항로를 개척하려는 움직임이 시작되었다. 아프리카 남단을 돌아서 인도양으로 나갈 수만 있다면 이슬람을 통하지 않고도 인도, 중국 등과 직접 교역할 수 있다는 생각 때문에 새로운 항로를 찾는 열풍은 점점 거세졌다. 이른바 '신항로 개척'의 시대가 열린 것이다.

서로마 제국이 멸망한 뒤에도 1000년 넘게 유지됐던 비잔티움 제국. 오스만에 의한 그들의 멸망은 중세의 막을 내린 결정적 장면이었다. 이스탄불로 수도를 이전한 오스만 제국은 16세기 말까지 서아시아에서 유럽에 걸친 세계사의 주연 자리를 차지했다. 하지만 오스만의 세력 확장은 유럽에서 근대적 정신이 형성되는 결과를 초래했고, 신항로 개척이라는 배가 정박한 항구에 물을 넣어준 셈이 되었다.

결국 근대를 향한 이러한 변화가 유럽을 성장시켜 오스만 제국을 무너뜨린 것을 보면 세계사에 절대적이고 영원한 승자는 없다는 교훈은 유효해 보인다. 세계사록

talk 7
흙수저에서 예니체리까지

오스만 술탄 　호랑이 조ㅑ식——

예니체리 　데헷>.<

I
취직

나, 발칸인 유로비안…
힘 없고 가난한 나라에서 태어나면
뭐가 서글픈지 알아?

다른 나라가 침략해도
맥없이 당한다는 거야…

그래서 난,
돈 많이 벌어서 힘 키울 거야!

취업 준비의 시작!

오스만잡

	검색

채용정보

술탄 직속 보디가드 모집

-상세 모집 요강-

모집분야 : 예니체리

모집인원 : 00명 (※발칸반도 백성 환영※)

학력 : 무관

경력 : 무관

담당업무 : 술탄 호위 담당

 글쓴이 : 고용주 (술탄)

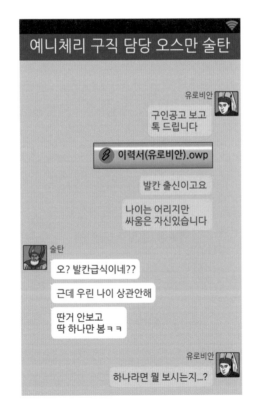

세계사록

96

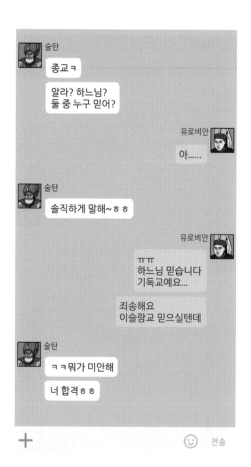

술탄
종교ㅋ

알라? 하느님?
둘 중 누구 믿어?

유로비안

아......

술탄
솔직하게 말해~ㅎㅎ

유로비안

ㅠㅠ
하느님 믿습니다
기독교예요...

죄송해요
이슬람교 믿으실텐데

술탄
ㅋㅋ뭐가 미안해

너 합격ㅎㅎ

+   ☺ 전송

Ⅱ

조건

엥?? 헐….
오스만 = 이슬람교인데,
기독교 신자를 뽑네ㅋㅋ

암튼 취직해서 개꿀ㅎ
열일해서 초고속 승진해야지ㅋㅋ

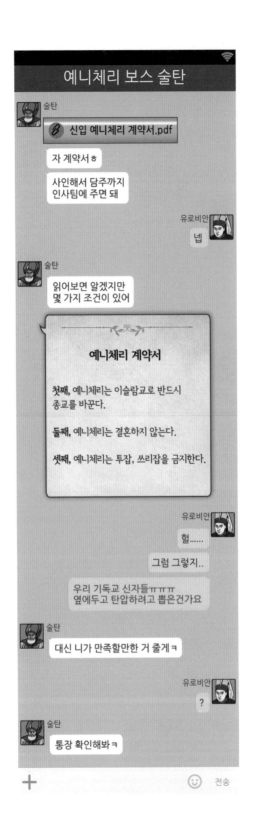

크킥킥 으헤헤헤ㅎㅎ
통장에 찍힌 숫자들을 보니
절로 마음에 평화가 찾아오는 구나ㅋㅋ

왠지 어깨에도
힘이 빵빵 들어간 것 같기도??

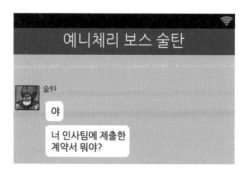

예니체리 계약서

무슬림지원 가능
첫째, 예니체리는 ~~이슬람교로 반드시 종교를 바꾼다.~~

결혼 가능
둘째, 예니체리는 ~~결혼하지 않는다.~~

투잡, 쓰리잡 가능
셋째, 예니체리는 ~~투잡, 쓰리잡을 금지한다.~~

유로비안

슬슬 갱신할 때 됐잖아요ㅋ

술탄

아주 막나간다??

유로비안

아! 바꿀거 또 있는데!!

이참에 술탄도 바꿔야징ㅋㅋㅋㅋ

술탄

이런 배은망덕한 놈!

내가 너한테 얼마나 잘해줬는데!!

유로비안

에이ㅋㅋㅋ
뒤로 호박씨 깠으면서ㅋ

우리 예니체리들 다
죽이려고 했으면서~??

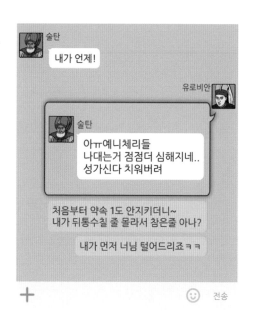

그랬다고 합니다.

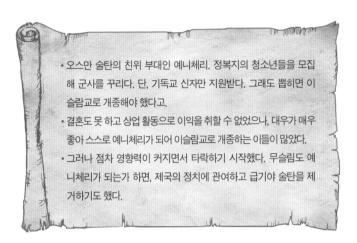

- 오스만 술탄의 친위 부대인 예니체리. 정복지의 청소년들을 모집해 군사를 꾸리다. 단, 기독교 신자만 지원받다. 그래도 뽑히면 이슬람교로 개종해야 했다고.
- 결혼도 못 하고 상업 활동으로 이익을 취할 수 없었으나, 대우가 매우 좋아 스스로 예니체리가 되어 이슬람교로 개종하는 이들이 많았다.
- 그러나 점차 영향력이 커지면서 타락하기 시작했다. 무슬림도 예니체리가 되는가 하면, 제국의 정치에 관여하고 급기야 술탄을 제거하기도 했다.

15세기 오스만 튀르크

1300년   1400   1500   1600   1700   1800

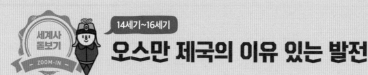

오스만 제국의 이유 있는 발전

취업 준비의 시작!
오스만잡 [   ] 검색

채용정보

술탄 직속 보디가드 모집

-상세 모집 요강-
모집분야 : 예니체리
모집인원 : 00명 (※발칸반도 백성 환영※)
학력 : 무관
경력 : 무관
담당업무 : 술탄 호위 담당

글쓴이 : 고용주 (술탄)

오스만 제국은 1299년부터 1922년까지 6200여 년간 지속된, 특히 15세기에서 16세기 말까지 전성기에는 서아시아, 북부 아프리카, 동유럽에 이르는 넓은 영토를 지배하며 부와 영광을 누렸던 제국이다. 한국을 형제의 나라로 여기는 터키 공화국의 위대했던 과거이기도 하다. 이러한 오스만 제국은 근대와 현대 유럽사에서 빼놓고는 이야기를 전개할 수 없을 정도로 중요한 나라다. 전성기에 3개 대륙에 걸쳐 20여 개 민족의 6000만 인구를 통치했던 대제국 오스만.

이 때문일까? 제1차 세계대전 이후 유럽 국가들은 오스만이라는 이슬람 제국을 쪼개고 약화시키기 위해 몸부림쳤다. 오늘날의 팔레스타인 문제 역시 오스만 제국을 무너뜨리기 위해 대영제국이라는 근현대사의 주연급 국가가 유대인과 아랍인을 이용한 데 기인했다. 이는 유럽이 오스만 제국을 얼마나 두려워하고 불편해했는지 추측케 하는 사실이다.

오스만 제국은 아나톨리아 북서부에서 오구즈족의 오스만 1세가 소구트를 수도로 하는 이슬람 독립 국가를 선포하면서 시작되었다. 중앙아시아 튀르크계 유목민족이었던 그들을 지배하던 셀주크 튀르크가 몽골의 침입으로 약화된 틈을 이용해 건국자의 이름을 따 오스만 튀르크를 세운 것이다. 오스만 1세는 건국 이후 비잔티움 제국, 몽골과 전쟁을 벌이며 주변 세력을 통합하여 제국 건설의 야망을 키웠다. 오스만이 점령했던 아나톨리아는 유럽과 아시아가 만나는 접점으로 동서양 무역의 중심지였기 때문에 주변국들이 탐내던 지역이다. 오스만은 티무르 제국과의 전투에 패하면서 한때 영토 확장이 주춤하기도 했으나, 지정학적 위치를 이용한 국력 신장과 쇠퇴기에 접어든 비잔티움의 상황을 이용해 광활한 영토 확장을 이뤄냈다.

오스만이 거대 제국으로 발전하는 데는 내부의 정치적 제도도 큰 역할을 했다. 1453년 콘스탄티노폴리스 공략에 나선 오스만의 15만 병력 가운데는 튀르크계가 아닌 병사들이 꽤 있었다. 움푹 들어간 날카로운 눈에 큰 키, 콧수염을 기른 큰 코를 가진 그들은 그리스인과 세르비아인들이었다. 발칸 계통 유럽인임에도 튀르크인보다 더 맹렬한 공격을 펼쳐 비잔티움 군대를 당황시킨 이들은 '예니체리신군'로 오스만 특유의 '데브쉬르메'라는 제도를 통해 선발된 군사였다.

데브쉬르메는 점령지의 기독교 소년들을 이슬람으로 개종시킨 뒤 예니체리나 공무원으로 양성하는 제도다. 술탄에게 충성을 바치는 친위부대인 예니체리는 평생 결혼이 금지되었으며 사소한 잘못으로도 사형에 처해졌다. 대신 국가의 최고 엘리트 지위를 보장받았다. 이를 위해 오스만의 관리들은 5년마다 기독교 점령 지역에서 10~20세의 건장한 기독교도 소년들을 징집했다. 이들은 이스탄불에 도착하는 즉시 할례를 받고 이슬람교로 개종한 뒤 부모와의 연락도 끊은 채 궁중학교에서 엄격한 규율 아래 쿠란과 인문학, 군사전략 등을 철저히 교육받았다. 다른 국가에서 보기 힘든 독특한 이민족 등용 정책인 데브쉬르메는 사회적 출세를 보장해주는 대신 기독교에서 이슬람으로 개종을 유도한 종교 정책이기도 하다.

오스만 제국은 정복지 주민들에 대한 제도로 '밀레트'를 두었다. 밀레트는 오스만 내 비이슬람교도들을 종교와 민족에 따라 구분하고 자치를 인정한 제도로 술탄 메흐메트 2세 시대에 창설되었다. 제국이 급속하게 세력을 확장하면서 편입된 다양한 거주자들 사이의 평화를 유지하기 위한 것이었다. 동방 정교회, 아르메니아 기독교, 유대교 등의 밀레트가 있었는데, 이들은 교육, 언어, 결혼 등 일상생활 거의 모든 분야에서 자치가 허용되었다. 능력에 따라 신분 상승도 가능했으며 원칙적으로는 개종해서 다른 밀레트로 갈 수도 있었다. 그러나 납세와 병역의 의무가 있어 인두세인 지즈야가 부과되었고, 공동체 내의 문제라도 이슬람교도와 관계된 소송에는 국가가 개입했다.

오스만 제국은 튀르크, 타타르, 보스니아, 그리스, 불가리아, 헝가리, 슬라브, 루마니아 등 다양한 국가와 민족이 뒤섞인 광대한 지역을 통치했다. 밀레트를 통한 비이슬람교도에 대한 포용 정책은 종교와 문화가 다른 사람들이 질서를 유지하며 조화를 이루는 사회를 가능케 했다. 또한 다양한 민족들이 아랍어, 페르시아어, 그리스어 등 자신의 언어를 튀르크어와 동시에 사용할 수 있어 공존하기가 한층 쉬웠다.

이러한 제도들은 데브쉬르메와 함께 오스만 제국을 비약적으로 발전, 유지시킨 내적 원동력이었다. 이를 기반으로 콘스탄티노폴리스 정복1453부터 술레이만 1세 사망1566까지의 전성기를 누린 오스만 제국은 227만 3720제곱킬로미터의 영토를 지배한 최강국이었다. 세계사록

📍오스만 제국의 건국과 전성기의 영토

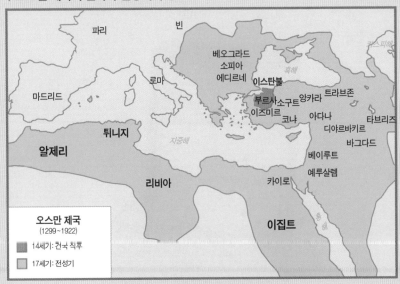

파리 · 빈 · 베오그라드 · 소피아 · 에디르네 · 이스탄불 · 카스피해 · 흑해 · 앙카라 · 트라브존 · 로마 · 부르사 · 소구트 · 이즈미르 · 코냐 · 아다나 · 타브리즈 · 마드리드 · 디야르바키르 · 바그다드 · 튀니지 · 지중해 · 베이루트 · 예루살렘 · 알제리 · 리비아 · 카이로 · 이집트

오스만 제국
(1299~1922)
■ 14세기: 건국 직후
□ 17세기: 전성기

사랑에 나이가 있나요

만두하이	오구오구
다얀	내 여자라니까♡

하나요

연하남

연하남 만나본 사람?

나보다 나이 어린 남자 만나면
누나 누나~ 하면서
애교도 부리고 귀여울 것 같지?

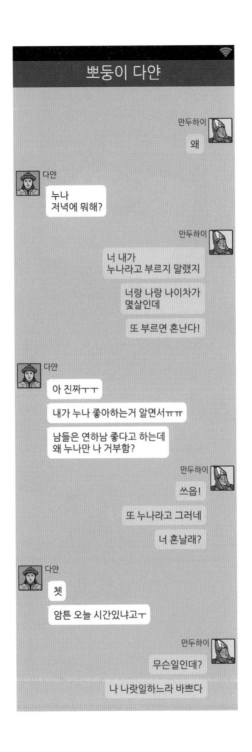

그래, 연하남 좋지.

근데 쟤랑 나랑
열여섯 살 차이거든?

쟤… 내가 업어 키웠어ㅎㅎ
똥기저귀 갈던 게 엊그제 같은데.

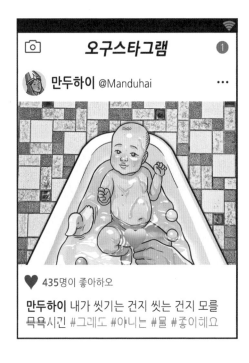

근데 내가 봐도
참 잘 컸어ㅋㅋㅋ

제법 태가 난다니까??

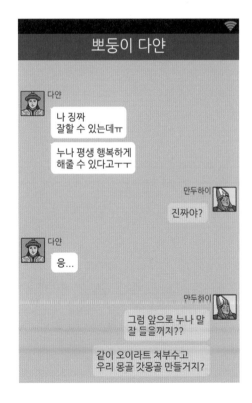

뽀둥이 다얀

다얀
나 징짜
잘할 수 있는데ㅠ

누나 평생 행복하게
해줄 수 있다고ㅜㅜ

만두하이
진짜야?

다얀
응...

만두하이
그럼 앞으로 누나 말
잘 들을꺼지??

같이 오이라트 쳐부수고
우리 몽골 갓몽골 만들거지?

그랬다고 합니다.

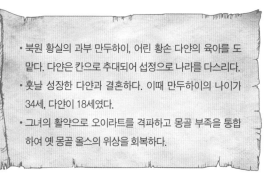

- 북원 황실의 과부 만두하이, 어린 황손 다얀의 육아를 도맡다. 다얀은 칸으로 추대되어 섭정으로 나라를 다스리다.
- 훗날 성장한 다얀과 결혼하다. 이때 만두하이의 나이가 34세, 다얀이 18세였다.
- 그녀의 활약으로 오이라트를 격파하고 몽골 부족을 통합하여 옛 몽골 올스의 위상을 회복하다.

15세기 후반 북원

| 1300년 | 1400 | 1500 | 1600 | 1700 | 1800 |

조공 여행을 떠나요

정화	이얏호	
기린	꿈뻑꿈뻑	

하나요 크루즈 투어

난, 명나라 황제폐하의
최애 신하, 정화ㅋ

폐하께서 날 얼마나 좋아하시냐고?
휴가로 #호화 #크루즈여행
보내주실 만큼ㅋㅋㅋ

명스타그램

정화 @j.h　　📍아라비아 앞바다

❤️ 8,564명이 좋아합니다.

반짝반짝 빛나는 밤하늘을 그대에게❤️
#크으 #폭죽감성 #팡팡

오해 마! 마냥 놀라고
보내주신 건 아니야.

나름 출장이라구!
우리 명나라랑 친하게 지낼 만한
나라들과 친구먹기!

그래서 가끔씩 배에서 내려
다른 나라에 머물곤 하지ㅎㅎ

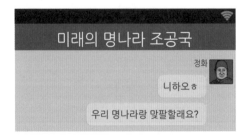

미래의 명나라 조공국

정화

니하오ㅎ

우리 명나라랑 맞팔할래요?

아프리카 술탄

헐? 다짜고짜??

죄송 우리가 아무나 친구삼고 그런
나라가 아니라서ㅋ

미안ㅋㅋ

정화

힝ㅜ 정화무룩ㅜㅜ

그럼 며칠만
묵고가게 해주세요

배를 넘 오래타서
육지가 그리워요ㅠㅠ

아프리카 술탄

그 정도쯤이야ㅎㅎ

혼자왔어? 아니지?

일행 총 몇명이나 되는지?

정화

27000명이요

아프리카 술탄

엥?ㅋㅋㅋㅋㅋ

0이 두세개
잘못 붙은 것 같은데ㅋㅋ

배 한 척에
어떻게 다 타ㅋㅋㅋㅋ

정화

한 척 아닌데

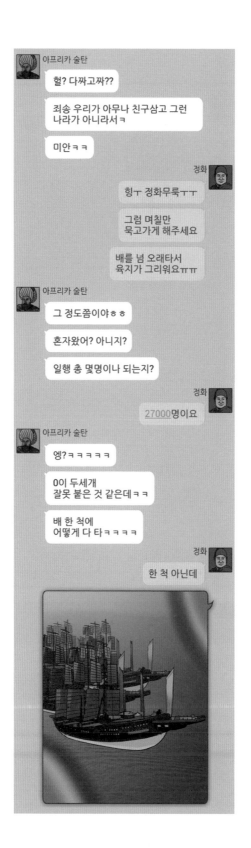

육십 척에
나눠타고 왔어요ㅎㅎ

아프리카 술탄

야

아니 님

나랑 친구 안할래?

요???

전송·

셋이요

지라프

ㅋㅋ뭐지?
갑자기 엄청 앵기네???
선물도 막 준다 하고ㅋㅋㅋㅋㅋ

잘됐다ㅎㅎ
황제폐하께 드릴 거 필요했는데ㅋ

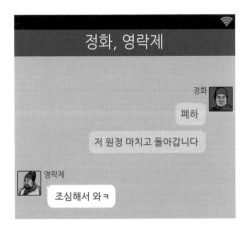

정화, 영락제

정화

폐하

저 원정 마치고 돌아갑니다

영락제

조심해서 와ㅋ

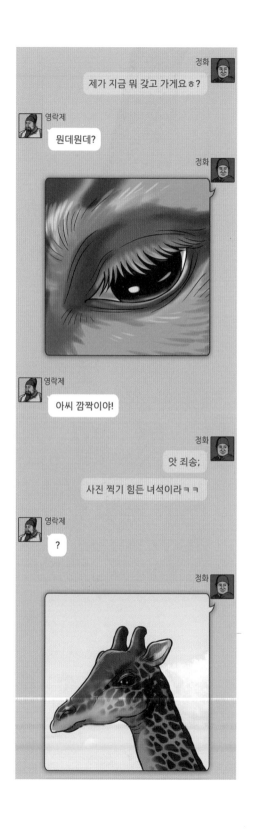

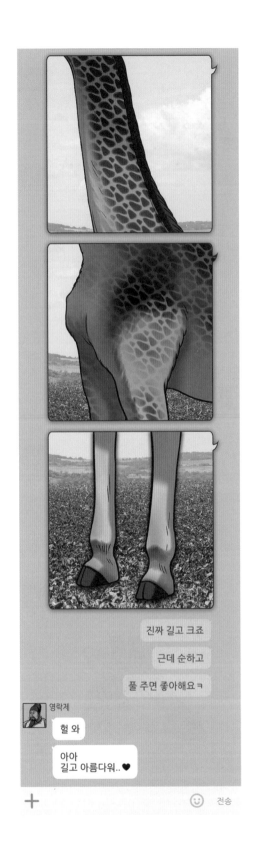

그랬다고 합니다.

- 영락제, 조공 체제의 확산을 위해 색목인 출신 환관 정화를 필두로 남해원정을 보내다. 1405~1433년까지 7차례에 거쳐 대규모 항해가 이루어지다. 대형 함선만 60여 척에 항해 인원은 2만 7000명 정도.
- 영락제, 아프리카에서 조공된 동물을 보고 매우 좋아하다. 상상 속의 동물인 '기린'이라 이름 붙이다.
- 그러나 명나라는 자급자족이 가능할 정도로 산업이 매우 발달한 나라였고, 원정 때마다 막대한 재정 부담으로 인해 장기적으로 이어지진 못하다.

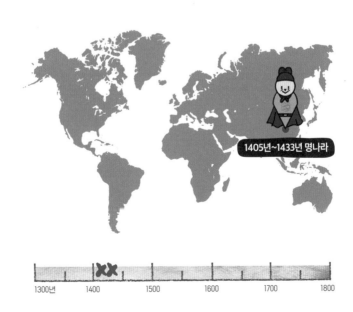

1405년~1433년 명나라

1300년 1400 1500 1600 1700 1800

넌 나의 바지황제

	영종	믿을게♥
	왕진	빌리브 미 ㅋ

하나요 결재 좀

강 대리, 박 대리…

이 세상에 수많은 대리들이 있지만,

대리 중의 대리는
나, 왕 대리지 ㅋ

난 황제폐하 대신에
대리 결재하거든ㅋㅋ

폐하께서 날
워낙 신임하셔야 말이지ㅋㅋ

아예 국새 맡기셨음ㅋㅋㅋㅋ

내가 거시기는 없지만ㅠ
권력은 가졌다 이거야!

King 진의 영종폐하

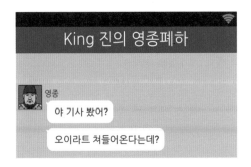

영종
야 기사 봤어?

오이라트 쳐들어온다는데?

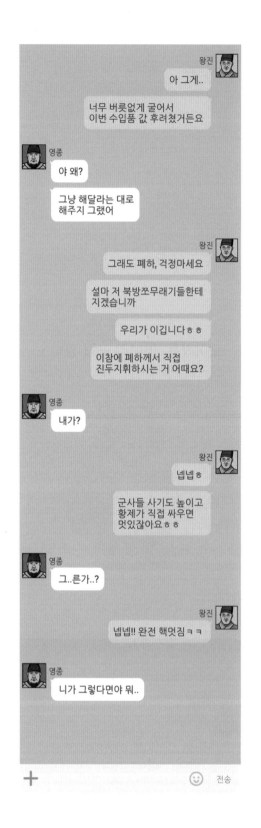

폐하는 원래 내 말이라면
뭐든지 ㅇㅋ시니까ㅋㅋㅋㅋ

그런데.

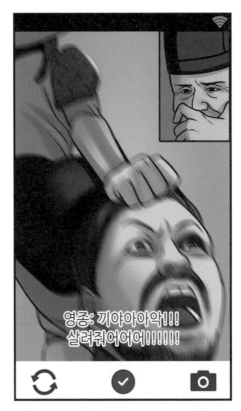

그랬다고 합니다.

• 영종, 아홉 살의 나이로 황위에 오르다. 태자 시절 스승인 왕진을 환관으로 삼고, 각종 정사를 일임하다. 왕진의 말이라면 죄다 찬성하다. 그로 인해 왕진이 손쉽게 권력을 장악하다.
• 1449년, 오이라트가 명나라를 공격하다. 왕진, 다른 신하들의 반대를 무릅쓰고 황제가 직접 군사를 이끌고 출정해야 한다고 고집을 부리다. 이번에도 영종은 왕진의 말을 따르다. 결국 오이라트에 패하고 포로로 붙잡히는 수모를 겪다.

1449년 명나라

1300년 1400 1500 1600 1700 1800

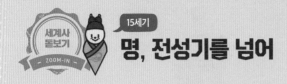

15세기

명, 전성기를 넘어

성조 영락제와 정화의 남해원정

명스타그램

정화 @j.h   📍아라비아 앞바다

❤️ 8,564명이 좋아합니다.
반짝반짝 빛나는 밤하늘을 그대에게❤️
#크으 #폭죽감성 #팡팡

1415년 정화1371~1433의 서양취보선서양의 보물을 모아오는 배이 인도양을 돌아 아프리카까지 다녀오는 대항해를 마치고 황도 남경난징으로 개선했다. 이 배에는 아프리카 말린디에서 바치는 목이 긴 짐승이 타고 있었다. 명의 관리들은 이를 보고 지혜와 덕을 갖춘 성인이 나오면 세상에 모습을 드러낸다는 전설의 일각수 '기린'이라며 황제에게 아부했다. 황제는 "짐은 성인이 아니고 이것도 기린이 아니다"라며 손사래를 쳤지만 그 짐승의 이름은 기린이 되었다.

사실 명의 3대 황제 성조 영락제1360~1424는 명을 전성기로 이끈 위대한 황제였을지언정 성인이라고 할 수는 없었다. 손에 피를 많이 묻힌 군주였기 때문이다. 유라시아 대륙을 호령했던 몽골 올스의 뒤를 이어 중화를 차지한 명은 태조 홍무제1328~1398에 의해 부활한 한족의 왕조였다. 2대 황제 혜종 건문제1377~?는 태조의 장손으로 16세에 황위에 올랐다. 태조의 넷째 아들이자 당시 북경베이징의 번왕이었던 영락제는 조카인 건문제가 자신을 제거하려 하자 "간신을 제거하고 명 황실을 난으로부터 구한다"는 명목하에 반란을 일으키고 왕위를 찬탈했다. 3년간의 격전1399~1402 속에서 수많은 인명이 살상된 이 사건을 '정난의 변靖難之變'이라 한다. 남경 함락 당시 건문제는 황궁이 불타는 가운데 사라졌다.

즉위한 영락제는, 재위 당시 수차례에 걸쳐 잔인한 옥사와 탄압을 통해 강력한 군주 독재 체제를 이룩했던 홍무제의 정책을 이어 황제독재권을 강화하고 자문기구인 내각대학사의 보좌를 받았다. 대외적으로는 정복사업을 펼쳐 만주를 안정시키고 몽골북원을 공격했으며 대월베트남과 티베트를 조공국으로 삼았다. 아시카가 요시미쓰를 일본 국왕에 봉하여 왜구를 누르고 감합 무역감합부라는 입국 확인 문서에 맞춰 무역을 허가한 일종의 조공 무역의 길을 연 것도 그였다. 내정 면에서는 문화 정책에 힘을 기울여 2만여 권에 이르는 『영락대전』1408 외에 『사서대전』, 『오경대전』, 『성리대전』을 편찬해 성리학을 국가 교학으로 삼았다.

또한 황도를 남경에서 하북성 중앙의 북경으로 이전1421했다. 북경은 황제의 정치적 고향이었으므로, 이곳에서 나라의 안정을 꾀하고 북방의 원 잔재 세력을 평정하는 한편 강남에 치우친 경제 개발을 전국적으로 확대하려는 목적이었다. 영락제는 천도 후 자금성을 건설한다. 현재 중국의 고궁박물관인 자금성은 청대까지 황궁으로 쓰였는데, 동서 760미터, 남북 960미터로 넓이가 72만 제곱미터에 이르렀다. 또한 높이 11미터에 사방 4킬로미터의 담, 800채의 건물, 일명 9999개의 방실제로는 8707칸이 배치된 세계 최대 규모의 성이다.

명에 입공하는 조공국이 30여 개국에 달해 한과 당을 능가하는 국력을 보였던 것도 영락제 시기였는데, '정화의 남해원정1405~1433'이 이를 뒷받침했다. 즉위 후 영락제는 대제국 건설을 위해서 내치의 안정과 함께 해상 교역로의 주도권을 장악하는 것이 필수라고 판단했다. 그리고 배의 주조와 함대 조직을 명령한 뒤 그 책임을 당시 35세였던 정화에게 일임했다. 또한 '중국은 모든 것을 가지고 있으므로 많은 비용을 들여 변방으로 진출하는 것은 낭비'라고 주장하는 고립주의자들의 반발을 누르며, 항해에 정치적·재정적 지원을 아끼지 않았다. 삼보태감 정화를 사령관으로 한 명의 함대는 홍무제 때부터 축적된 경제적, 군사적 힘을 기반으로 28년 동안 일곱 차례에 걸쳐 동남아시아에서 아프리카에 이르는 대항해를 이뤄냈다.

정화는 색목인으로 원래 이름은 무함마드를 한자로 읽은 '마화'였다. 그의 가문은 원에서 우대를 받았는데 마지막까지 원의 편에 섰던 아버지는 사망하고 정화는 환관이 된 후 영락제의 반란에서 세운 공으로 태감이 되었다. 당시 유럽과의 무역을 주도했던 이늘은 아랍인, 이란인, 인도인 등 이슬람 세력이었다. 때문에 이슬람인이자 아라비아어에 능통한 정화를 명 함대의 사령관으로 임명한 것은 적절한 선택이었다.

정화의 원정은 전쟁이나 침략이 아닌 명이 세계의 중심이라는 점을 외교적으로 주지시키는 한편 교역을 다시 시작하려는 것이 목적이었다. 즉 중화 질서에 입각해 중국의 위용을 과시함으로써 조공 책봉 체제에 참여할 것을 요구하기 위함이었다. 조공 책봉 체제는 식민지와는 다른 개념이었다. 즉 중국과 주변국이 차등적이지만 독립된 관계를 유지하며 문화나 경제 교류에 집중하는 것이었다. 그랬기 때문에 정화의 원정은 서양 함대와 같은 충돌을 일으키지 않았고, 대신 화교 진출의 시작이 되었다.

해금 정책과 북로남왜

정화의 함대는 규모와 시기 면에서 제1차 세계대전 전까지 역사상 최고의 함대였다. '대항해' 하면 콜럼버스나 마젤란, 바스쿠 다가마 등을 떠올리지만 그들 모두 정화의 함대에 비할 바가 아니다.

총 7차례에 걸쳐 항해에 나선 정화의 함대는 매회 60여 척의 대범선과 그를 따르는 수십 척의 함정으로 이루어졌던 반면, 콜럼버스는 산타마리아 호를 포함 모두 3척의 배로 항해를 떠났다. 정화의 서양취보선은 각각 길이 120미터, 폭 45미터에 이르는 1500톤급 선박이었지만, 산타마리아 호는 길이 27미터, 폭 9미터에 불과했고 3척을 다 합쳐도 400톤을 밑돌았다. 선원의 수도 정화의 함대가 2만 7000여 명이었던 데 비해 콜럼버스는 90여 명에 불과했다. 정화 함대의 배 한 척에 콜럼버스의 선단을 다 실을 수 있을 정도였다. 이런 규모는 500년 후 제1차 세계대전 이전까지는 어디서도 볼 수 없다. 시기로도 다가마보다 80여 년 앞서 인도양에 도달했는데, 포르투갈이 아프리카 서해안을 탐험할 때 그들은 이미 아프리카 동해안을 수시로 드나들었다.

그럼에도 세계 역사에서 이들이 잊힌 것은 명이 영락제 사후 막대한 재정 부담을 이유로 해상 원정을 중단했기 때문이다. 여기에는 북의 몽골과 장기간 전쟁을 치르는 한편 남의 왜구를 퇴치해야 하는 '북로남왜'의 상황 속에서 밖으로 눈을 돌릴 여력이 없던 이유도 컸다. 특히 15세기 중반 이후 왜구의 창궐은 '해금海禁 정책'을 불러왔고 이로 인해 명은 고립주의로 돌아서며 외부와 통하는 문을 굳게 닫아버렸다.

영락제 이후 명은 정치에 관심 없는 무능한 황제들이 등장하며 서서히 쇠퇴의 길을 걷기 시작한다. 특히 영락제 시기부터 권력 가까이 머물던 환관은 이후 명 정치 혼란의 큰 요인이 된다. 세력이 커진 환관의 횡포와 관료들의 당쟁은 정치 체제를 뒤흔들었고, 이로 인해 명은 이민족과의 잦은 대립에 적절히 대응하지 못했다. 심지어 6대 영종 정통제1435~1449재위는 몽골오이라트을 치기 위해 50만 대병을 일으켰으나 형세가 불리해 퇴각하던 중 토목에서 대패하여 포로가 되었다. 일명 '토목의 변土木之變, 1449'이라 불리는 이 사건 이후 몽골은 조건부로 황제를 송환하려 했지만, 명은 이를 거부한 채 정통제를 상황죽거나 선양한 황제으로 추대하고 그의 동생을 경태제로 즉위시켰다. 조건 없이 송환된 정통제는 유폐되었다가 경태제가 위독한 사이 '탈문의 변奪門之變, 1457'으로 황위를 되찾고 8대 황제인 천순제1457~1464재위로 복위했다. 일세일원제한 황제가 하나의 연호만을 사용하는 것를 원칙으로 삼았던 명에서 두 개의 연호를 사용한 유일한 황제가 탄생한 것이다.

16세기 중반 신종 만력제1572~1620재위가 즉위 초기 장거정을 등용하며 이룩한 '만력중흥'으로 명은 다시금 발전하는 듯했다. 하지만 결국 16세기 말 일본이 일으킨 임진왜란조일 7년전쟁에 휘말린 뒤 명의 국력은 급속도로 약화되었다. 세계사록

15세기 세계와 정화의 남해원정

스코틀랜드왕국

모스크바대공국

오

위

잉글랜드왕국

리투아니아

신성로마
제국

폴란드왕국

유럽

프랑스
왕국

헝가리
왕국

베네치아

카
스
피
해

사마르칸트

아라곤

교황령

흑해

티무르제국

카스티야

오스만제국

콘스탄티노폴리스

포르투갈왕국

델리술

지중해

바ㅎ

그라나다

나폴리왕국

호르무즈

몸바이

맘루크왕조

메카

홍
해

제다

주파로

비ㄱ

캘리컷

아프리카

아덴

라사

코찬

퀼론

아라비아해

모가디슈

브라바

주부

말린디

킬와

인

모잠비크

대서양

정화의 남해원정

영락 환관 정화는 7차에 걸친 남해원정(1405~1433)을 지휘했다. 성조 영락제의 후원 하에 시작된 1차(1405~1407), 2차(1407~1409), 3차(1409~1411) 항해 항로는 대체적으로 중국에서 동남아시아를 거쳐 인도에까지 이르렀다. 중국 소주, 남경에서 출발, 북주를 지나 현재 베트남인 참파의 비자야를 거쳐 인도네시아 마자파힛의 수라바야와 사무드라, 팔렘방, 순다 등에 머물렀고, 말레이시아의 믈라카를 통과, 스리랑카의 실론을 거쳐 인도의 퀼론, 코친, 캘리컷에 도착했다.

4차(1413~1415), 5차(1417~1419), 6차(1421) 원정은 아라비아와 아프리카에까지 범위가 확대되었다. 남경 등에서 출발, 북주를 지나 비자야를 거쳐 인도에 도착, 뭄바이에서 이란의 호르무즈, 오만의 주파르, 예멘의 무칼라와 아덴에서 머물렀으며 서남쪽으로 항해 아프리카 소말리아의 모가디슈, 브라바(바라위)를 지나 케냐의 말린디(모잠비크까지 갔다고 보기도 한다)까지 항로가 이어졌다.

영락제 사후 홍희제(1424~1425재위)는 해금령을 선포, 원정 기록도 폐기시키며 원정은 중단되었다. 그러나 영락제 손자 선덕제(1425~1435재위) 시기 행한 7차(1431~1433)원정, 고령으로 고사했음에도 다시 지휘를 맡게 된 정화는 아덴에서 홍해로 들어가 메카 근처의 제다까지 이르렀던 항해 도중 사망(1433)한다.

타타르

아시아

북경(베이징)

한양 ● 조선

무로마치

교토

남경(난징) ●

북주(푸저우) ●

류큐왕국

광주(광저우) ●

야유타야왕조

대월

비자야

야유타야

참파

무드라

믈라카왕국

라카

팔렘방

마자파힛왕국 수라바야

태평양

오스트레일리아

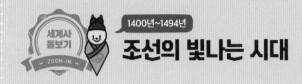
한반도에서는 10세기부터 14세기까지 500여 년을 이어온 고려를 무너뜨리고 1392년 새로운 왕조가 개창되었다. 국호를 '조선'으로 정한1393 뒤 한양서울을 도읍으로 삼은1394 새 왕조는 15세기 100년 동안, 이르지만 찬란하게 빛나는 시대를 맞았다.

황제국이라 칭했음에도 결국 원의 부마국이 되었던 고려와 달리 조선은 태종 이후 명에 대해 사대事大를 취했다. 국력이 컸던 중국을 천자로 인정하고 조공 책봉 체제 내의 제후국이라는 조선의 위치를 받아들임으로써 성리학적 질서를 구현한 것이다.

15세기는 태조 이성계의 다섯째 아들이자 조선 통치의 밑그림을 완성한 태종 1400~1418재위의 치세로 시작된다. 태종 이방원은 1차 왕자의 난으로 재상 중심 정치를 추구했던 정도전 등을 제거한 뒤 형 정종1398~1400재위을 세우고, 2차 왕자의 난을 통해 왕의 자리를 양위받았다. 태종은 이 과정에서 중국의 정황을 기민하게 이용한다. 1차 왕자의 난이 일어났던 1398년 이후 명에서는 정난의 변이 일어났다. 이때 연왕의 우세와 건문제의 수세를 파악한 태종은 즉위 직후 명에 사신을 파견해 정종의 양위와 자신의 왕위 계승 사실을 알리고 조선왕의 '고명외국 국왕의 책봉문서'과 '인신인장'을 내려 달라고 요청했다.

명 황제가 부여하는 조선왕의 고명과 인신은 왕조 수립의 완성과 즉위의 합법성을 대내적으로 공인받는 의미가 있었다. 그런데 명은 조선 왕조 개창 이후에 이를 계속 주지 않고 있었다. 하지만 연왕과의 내전에 전념하기 위해서 조선과의 관계

안정이 필요했던 건문제는 마침내 조선의 요청을 들어준다. 또한 조선이 명에 파견하는 정기 사신의 횟수도 조선의 요청대로 1년에 3회로 확정, 조선과 명 사이의 조공 책봉 체제가 완전한 모습을 갖추게 되었다. 조선은 제후국의 위치를 인정하면서 명의 내전에 발 빠르게 대처해 실리를 얻은 것이다.

태종은 정난의 변이 이어지는 동안 중립을 지키다 연왕의 승리1402가 확정되자 즉시 연호 '건문'을 정지했다. 이에 영락제는 태종에게 '조선국왕지인'의 금인인신을 내렸는데1403, 이는 1636년까지 대중국 외교문서에 사용되었다. 왕권을 공인받은 태종은 개인 사병들을 강제 해산하여 중앙군에 편입시키고 호패법을 실시했으며, 의정부 서사제 대신 육조 직계제를 시행하는 등 왕권을 대폭 강화했다. 이로써 다음 보위에 오르는 세종이 안정적인 치세를 꾸릴 바탕을 마련한 것이다.

태종의 피땀 어린 통치 기반 위에 셋째 아들 이도가 약관의 나이로 조선의 4대 국왕에 오른다. 현재까지도 한국인들에게 존경과 사랑을 받는 대왕 세종1418~1450재위이다. 쓰시마섬을 정벌기해동정, 1419하면서 조선왕으로서의 첫 해를 시작한 세종은 왜구의 소굴 쓰시마섬을 수직왜인조선의 벼슬을 받고 조선과 교역할 수 있는 신분을 얻은 일본인의 본거지로 바꾸어놓았다. 또한 사망 1년 전인 1449년까지 여진족을 정벌, 6진을 설치함으로써 4군 6진 개척을 통해 두만강과 압록강을 국경선으로 완성했다.

남북으로 외침을 진정시키고 국경을 안정시키는 와중에 세종은 나라 안에서도 빛나는 업적을 남겼다. 조선은 정치나 외교적으로는 제후국임을 인정했으나, 문화는 성리학적 강대국으로서 자존심을 세울 정도여서 15세기 조선의 문화유산들은 천자국의 그것을 뛰어넘는 수준이었다. 특히 중국의 것을 수용한 후 조선의 실정에 맞게 발전시킨 민족 문화유산은 세종 대에 이룩된 것들이 많았다. 조선의 풍토와 실정에 맞는 농사법을 기록한『농사직설1429』, 한양을 기준으로 하는 천문 데이터를 담은 독자적 역서『칠정산442』이 대표적이다.

세종의 업적에는 백성들을 위한 애민정치의 결과물도 많았다. 세종이 장영실을 등용하여 아들 문종1450~1452재위과 함께 혼천의, 앙부일구, 자격루, 측우기 등을 만들게 하여 과학기술을 발전시킨 것은 유명하다. 그런데 해시계인 앙부일구는 시 반면에 시각을 표시하는 한자 대신 12지신의 동물을 그려 궁궐 바깥의 혜정교와 종묘 앞에 두었다. 이는 알기 쉬운 그림으로 표시해 백성들이 많이 다니는 곳에 설치함으로써 보다 많은 사람들이 시각을 알 수 있도록 하기 위한 것이었다.

또한 세종은 집현전을 궁내에 설치1443해 학문을 장려하고 유교정치의 기반이 되는 의례와 제도를 정비했으며 방대한 편찬 사업을 진행했다. 특히 세종이 후손들에게 남겨준 가장 위대한 선물인 훈민정음 창제1446는 그의 애민정신과 천재적인 능력의 집약체이다. 중국과 다른 말을 씀에도 한자를 써야 하는 백성들의 어려움을 불쌍히 여겨 만든 훈민정음은 당시 사대부들의 극렬한 반대를 물리치고 반포되었다.

조카 단종1452~1455재위을 계유정난으로 몰아낸 세조1455~1468재위는 정통성에 이의를 제기하는 세력을 제거한 뒤 태종처럼 육조 직계제를 채택, 왕권을 강화한다. 세조가 단종을 사사한 데에는 당시 중국에서 일어났던 '탈문의 변'의 영향도 있었다고 한다. 정통제가 복위하고 재위에 있던 경통제가 한 달 만에 급서한 명의 상황은 세조와 그 측근들에게 불안감을 심어주었고, 결국 어린 조카를 죽이게 만들

📍**세종의 국토 회복**

었다. 세조는 왕위 계승의 정통성을 세우기 위해 많은 공신들을 임명했는데, 그 과정에서 '훈구'라는 이름의 권력층이 형성되었다. 이후 단명한 예종1468~1469재위의 뒤를 이어 즉위한 성종1469~1494재위은 치국의 근본이 되는 『경국대전』을 편찬하는 등 국가의 근간을 바로잡고 문물제도를 정비했다. 특히 언론기관으로서의 삼사를 키워 국왕의 눈과 귀가 되게 했고, 정승과 판서는 왕의 손과 발로 삼아 조선의 통치에 힘썼다. 그러나 사림과 훈구로 불리는 두 세력 사이의 긴장은 연산군의 등장으로 '사화'로 충돌할 것이고, 그렇게 시작된 16세기 이후에 조선은 사림을 중심으로 하는 성리학의 시대를 맞이하게 될 것이다.

서양에서는 근대로 가는 길을 바다를 통해 열어가던 15세기, 조선은 건국 후 왕조가 안정되면서 문화가 발전하던 시기였다. 성리학적 질서하에서 자족과 안정을 누리던 명과 조선은 16세기를 지나면서 서서히 외부의 바람에 흔들리게 되고 그 바람은 포르투갈, 일본, 여진 등 이들이 오랑캐로 여겼던 곳에서 불어올 것이었다. 세계사록

새로운 세계와의 만남

1500전후 ≫ 1600전후

교황청

> 면벌부 팔아요
> 에눌 가능 제시요ㅋㅋ

 루터/부패종교 개혁하라

> ㅉㅉ개노답
> 여러분 사지마세요 소용없어요

 칼뱅

> ㅇㅇ천국갈지 말지는
> 하느님께서 정해놓으심ㅋ

잉카

> ㅅㅂ다ㅈ까라그래
> 특히 피사로 개객끼야!!!

 피사로/금찾아 항해중/인생한방

> 왜그래~우리 친구하자니까?
> 소통해요~ㅋㅋㅋ

잉카

> 내 금 노리는거잖아——
> 이 망할 사기꾼아!!

 명나라 진진룡 스토어/햇고구마 팔아요

> 와...여기도 개노답이네ㅋㅋㅋ

   전송

마르틴 루터의 개혁 파워

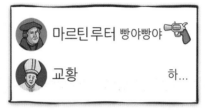

I

까글

SNS 하다 보면
마음 수에 집착하게 되곤 하지ㅎ

솔직히 많이 받으면
짜릿하잖아?

로마교황 지금 지르면, 당신은 천국행ㅎㅎ
#이건_꼭_사야해
#면벌부 #출시 #절찬리_판매중

♥ 923명이 좋아하오

나도 그런 적 있지ㅎㅎ
짜릿하다 못해
아주 식겁했다니까?

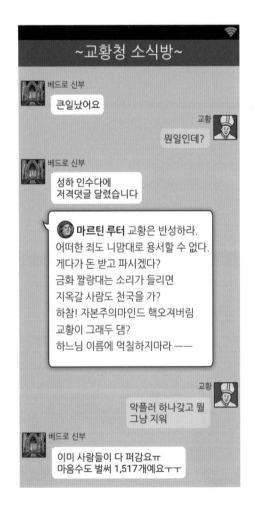

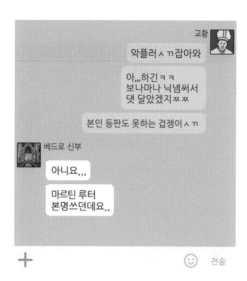

파워 인수다 그래머

마르틴 루터?
첨 들어보는 이름인데??

분명 듣보잡 머글이겠지
…라고 생각했는데.

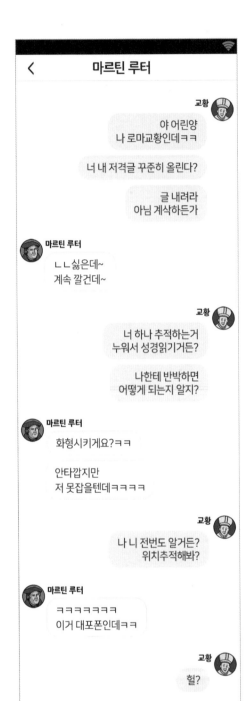

마르틴 루터
제 주변에
돈 많고 능력있는
친구들이 많아서요

나 잡을 생각 말고
본인 회개나 하세요ㅇㅋ?

교황

III 저항하는 사람들

하씨~ 이 자식!!!
오프라인으로는
잡을 방법이 없네ーー

그냥 무시할까 했는데
이 녀석 SNS 파급력이…

고발스타그램

 마르틴 루터 @Martin Luther · · ·

♥ **1,517명이 좋아하오**

마르틴 루터 교리 새로 팠습니다.
딴거 안보고 그리스도만 보고 갑니다.
같이 가실 분들만 마음꾹♥
#나랑_같이_갈래?

댓글 1,555개 모두보기

 신자 요셉 마르틴 루터를 지지합니다

 신자 임마누엘 저도 루터를 지지합니다

 신자 요셉 가톨릭은 물러가라!!

 신자 임마누엘 @카를5세 @교황
루터파 인정해주시죠?

 신자 에스더 @카를5세 @교황 루터파ㅇㅈ?

 신자 아이작 @카를5세 @교황 뎀 확인해주세요

 카를 5세 하아...

 카를 5세 @마르틴루터@교황루터파 인정! 땅땅땅!!!

 카를 5세 그러니까 이제 뎀 그만 보내ㅜㅜ

 교황 엥????

 마르틴 루터 오예에!!!!

그랬다고 합니다.

- 1517년 로마 교황, 성 베드로 성당의 개축 비용을 마련하기 위해 면벌부를 판매하다.
- 마르틴 루터, 95개조 반박문을 작성하며 면벌부 판매를 비판하다. 인쇄술의 발달로 그의 저서가 사람들에게 급속도로 퍼지고 많은 이들의 지지를 받다.
- 결국 1555년 아우크스부르크 회의에서 루터파가 인정되다.

16세기 신성로마 제국

1300년 1400 1500 1600 1700 1800

1500년경~1555년
루터, 신교를 탄생시키다

교황스타그램

로마교황 @Pope0101

♥ 923명이 좋아하오

로마교황 지금 지르면, 당신은 천국행ㅎㅎ
#이건_꼭_사야해
#면벌부 #출시 #절찬리_판매중

1520년 12월 10일, 젊은 가톨릭 신학자 마르틴 루터1483~1546는 학생들과 함께 교황의 파문장과 교회 법규집을 불태우는 화형식을 거행했다. 소소한 이단 사건으로 치부될 수 있었던 이 일은 로마 가톨릭 저항 세력에 힘을 불어넣었고, 그 영향이 일파만파로 확산되면서 '종교개혁'이라는 16세기의 시대적 특징이 되었다. 이는 루터 개인의 저항심에서 우발적으로 시작된 것이 아니라 변화하던 서유럽 사회가 빚어낸 필연적 산물이었다.

알프스 이북북방 르네상스

15세기까지 이탈리아에 머물렀던 르네상스는 16세기에 알프스산맥을 넘어 북상한다. 그러나 이탈리아의 르네상스와 달리 알프스 이북 르네상스는 신성로마 제국과 네덜란드, 프랑스, 영국 등지로 퍼지면서 '종교개혁을 위한 사상 및 사회운동'으로 방향을 바꾸었다.

북방 르네상스가 이런 특징을 갖게 된 이유는 알프스 이북 유럽의 상황이 도시를 중심으로 발달한 이탈리아와 달랐기 때문이다. 이 지역들은 장원을 기반으로 하는 중세의 봉건제가 뿌리 깊은 곳이었고 가톨릭교회가 이 주종관계를 강력하게 뒷받침하고 있었다. 따라서 이곳에서 새로운 세상이 탄생하려면 먼저 가톨릭의 지배를 뛰어넘는 개혁이 필요했다. 북방 인문주의자들이 성경 연구를 선택한 것도 바로 이런 이유 때문이었다. 이들은 인문학과 성경 연구를 중심축으로 구약성경 해석을 위한 히브리어 연구, 그리스 원전과 신약성경 연구 등에 집중하면서 초기 기독교 시대의 소박한 공동체에서 개혁의 실마리를 찾았다. 그리고 인쇄술의 혁신으로 『성경』을 비롯한 서적이 대량 보급되면서 이런 경향은 더욱 촉진되었고, 이 무렵 탄생한 작품에도 반영되었다.

1511년 네덜란드의 에라스뮈스1466~1536가 절친 토머스 모어1478~1535 집에 머물면서 저술한 『우신예찬愚神禮讚』은 이 시기 가장 대표적인 작품이다. "세상은 온통 어리석음으로 가득 차 있어요. 모든 게 어리석은 사람이 한 일이거나 어리석은 사람을 위해 이루어진 일이랍니다." 바보 여신 모리아는 타락한 교회와 어리석은 인간들을 이야기한다. "교황은 재산과 권력에 탐욕을 부리고 학자들은 공허한 논의로 밤을 새우며 대중은 미신에 빠져 있다"고 한 에라스뮈스는 "성경 속 초기 기독교회의 소박하고 인간적인 공동체로 돌아갈 것"을 역설했다.

영국 대법관이었던 토머스 모어는 1516년 『유토피아』를 발표해 봉건적 폐습과 성직자들의 횡포를 고발했다. '모든 사람이 교대로 농사를 짓되 똑같이 하루 6시간 노동하며, 필요한 물건은 공동 창고에서 자유로이 가져다 쓰는' 사회는 그가 나아가고자 한 새로운 공산 사회였다. 모든 사람의 행복과 복지가 보장되며 종교적 관용과 평화와 평등이 넘치는 사회, 말 그대로 현실에는 '없는ou- 곳toppos'이었다. 모어는 이 같은 이상향을 묘사하며 순수한 기독교 신앙으로의 복귀를 주장했다.

로마 가톨릭에 대한 개혁 열망은 중세의 보편 언어였던 라틴어 대신 모국어로 저술한 '국민 문학'의 출현을 가져오기도 했다. 에스파냐의 세르반테스는 『돈키호테』를, 영국의 셰익스피어는 『햄릿』을 비롯한 여러 희곡들을 알프스 이북 르네상스의 뚜렷한 궤적으로 남겼다.

루터의 저항, 신성로마 제국을 전쟁으로

북방 르네상스를 통해 가톨릭에 대한 비판이 일어나는 상황에서도 교황을 비롯한 각국의 주교, 수도원 등의 면벌부 판매는 도를 넘어섰다. 그중 교황 레오 10세가 산 피에트로성 베드로 대성당의 증축 비용 마련을 위해 대량의 면벌부를 발행하고 판매를 공인하자 루터가 그 부당성을 지적하는 「95개조 반박문」을 발표하면서 종교개혁의 깃발이 오른다. 1517년 10월 31일 비텐베르크 대학교 부속 교회당 정문에 내걸린 이 반박문에서 루터는 "인간의 죄를 사하는 것은 오직 신만이 할 수 있는 일로, 사고파는 것이 결코 아니다"라고 규정했다.

루터는 독일 작센주에서 태어났다. 아들을 법률가로 만들고 싶어 했던 아버지의 권유에 따라 에르푸르트 대학에 입학해 법률 공부를 시작한다. 그러다 1505년 집에서 에르푸르트로 돌아가는 길에 벼락이 바로 옆에 떨어져 목숨을 잃을 뻔한 사건을 겪는데, 그 순간 그는 강하고 은혜로운 힘을 느껴 수도사가 되기로 결심한다. 사제가 된 루터는 1511년 비텐베르크 대학교로 옮겨 이듬해 신학박사가 되었고, 1513년부터 성서학 강의를 시작했다.

「95개조 반박문」은 본래 학자들 간의 토론을 위해 발표한 것이었다. 하지만 바로 팸플릿으로 대량 인쇄되어 15일 만에 독일 전역에서 읽혔고, 한 달 뒤에는 독일을 넘어 유럽 전역으로 퍼져나갔다. 이것은 당시 로마 가톨릭과 그의 세속 대리자인 신성로마 제국의 지배 아래 신음하던 유럽에 엄청난 충격을 주었다. 당연히 면벌부 판매는 급감했다. 그리고 마그데부르크 교구의 면벌부 판매 설교사 테첼이 「106개조 반박문」을 내걸면서 치열한 유인물 공방전이 펼쳐졌다.

루터는 이 같은 신학자들과의 논쟁 과정을 통해 자신의 입장을 가다듬었고, "모든 권위는 성경에서만 나온다. 따라서 교황청을 비롯한 교회 조직과 수도원은 존재 이유가 없다. 세례와 영성체 이외 모든 성사는 폐지해야 한다"는 주장에 이르게 된다. 1520년까지 그가 쓴 30종의 저술은 30만 권 이상 팔려나갔다. 이로써 각 계층의 종교개혁을 향한 의지가 고무되었음은 물론이다.

'오직 믿음'을 앞세운 루터의 신학은 로마 가톨릭의 종교적 권위에 심각한 타격을 입혔다. 격분한 교황은 1520년 발표한 교서에서 60일 안에 루터가 자신의 주장을 철회하지 않으면 그와 그의 동료를 모두 파문할 것이라고 위협했다. 하지만 루터는 이에 굴하지 않았다. 오히려 학생들과 함께 교황의 교서뿐 아니라 로마 교회 법전을 불태우는 화형식을 거행하며 종교전쟁을 알리는 봉화를 올렸다. 결국 루터는 교황으로부터 파문을 선고받았다[1521].

이후 신성로마 제국에서 추방당한 루터는 9개월 동안 선제후 프리드리히의 보호 아래 바르트부르크 성에 숨어 지내면서 신약성경을 독일어로 번역했고, 이로써 성경의 대중화뿐 아니라 독일어 통일에도 지대한 공헌을 하게 된다. 게다가 루터는 16세 연하의 전직 가톨릭 수녀 카타리나 폰 보라와 결혼식을 올린다[1525]. 금욕적 세계관을 가졌고 이에 철저했던 루터의 결혼에 대해 동료들은 세상이 비웃을 것이라며 걱정했지만, 종말이 다가오는 시대에는 자신의 자리를 지키며 결혼하고 자녀를 낳는 것이 승리하는 것이라는 자신의 신념에 따라 그는 결혼을 감행했다. 이 같은 루터의 행동은 이후 가톨릭 신부와 달리 개신교 성직자들이 결혼을 당연시하는 결과를 낳았다.

루터의 주장에 공감하는 사람들은 새로운 기독교를 지향하며 가톨릭 세계에 도전했다. 이로써 '트집이나 잡고 반항을 일삼는다'는 경멸적 의미에서 생긴 '프로테스탄트저항하는 자'라는 이름을 얻은 신교 세력과 구교로마 가톨릭 세력은 이후 1세기에 걸쳐 사활을 건 싸움을 벌인다.

그 싸움의 최초 무대는 루터의 고향 신성로마 제국이었다. 루터를 옹호하는 제후들과 로마 가톨릭을 지원하는 카를 5세[1500~1558] 사이에 무력 충돌이 일어난 것이다. 가톨릭에 입각한 보편적 세계 제국을 건설한다는 목표를 가졌던 신성로마 제국 황제는 집요하게 루터와 영주들을 탄압했고, 결국 반기를 든 영주들에게 칼을 빼들었다[1546]. 1531년 슈말칼덴 동맹을 통해 연합한 '루터파' 영주와 도시들은 분전했으나 역부족이었다. 루터의 사망[1546] 이후에도 지속적 단결을 과시해왔던 이들이지만 결국 와해되고 말았다. 그러나 가톨릭으로 돌아선 영주는 하나도 없었으며 오히려 황제에 대한 반감은 더욱 커졌다.

이후에도 루터파 세력의 저항은 계속되었다. 결국 카를 5세의 재정적 후원자인 푸거가마저 타협을 종용, 아우크스부르크 화의에서 "각 지역은 그 지역의 종교를 가진다"는 선언을 하기에 이른다[1555]. 이에 따라 독일의 각 영주들은 가톨릭과 루터파 가운데 자유롭게 자신의 종교를 선택할 수 있었으며, 영주가 다스리는 지역 주민은 그 영주의 종교를 믿어야 했다단 칼뱅파는 과격파로 지목돼 선택에서 제외됐다.

이로써 40여 년간 독일을 내전으로 몰아넣은 종교 갈등은 일단 봉합되었다. 이후 카를 5세는 동으로는 오스만 제국, 서로는 프랑스와의 대외경쟁에 주력할 수 있었다. 그러나 독일에서 시작된 종교의 충돌은 스위스, 프랑스, 네덜란드, 영국 등을 거쳐 다시 독일로 돌아와 30년전쟁과 함께 완전히 마무리될 것이다. 이 과정에서 1500년간 서유럽의 정신세계를 지배해왔던 로마 가톨릭 또한 자체 개혁과 '예수회'를 통한 선교로 새로운 길을 모색하게 된다. 세계사록

르네상스의 확산

talk 12
예수님 믿고 부자 되세요

칼뱅　　　오늘도 열심히:)

I
창피해

직업에 귀천이 없다지만
자신의 일을
부끄러워하는 사람들이 있곤 해

(주)스윗스미스

마 테 ㅎ 르

155

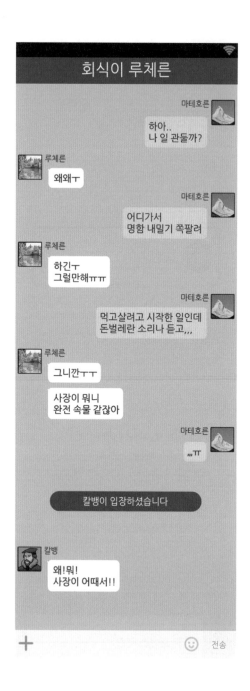

II

신이 내린

이게 다 가톨릭 때문이야

돈 좀 있으면
속물로 속단하고
천국 못 간다고 하니깐 그렇잖아ㅜㅜ

M 지식iN

←   Q 질문하기

질문 〉 천국   +

Q **소위 말하는 부잔데, 천국 가려면 어떻게 해야죠?**

`50` **파리빵집사장** 모바일로 작성

교회 다닌지 얼마 안 된 새신잔데요,,,
충격적인 얘길 들어서요ㅜ

사업템 잘 골라서
수중에 돈 좀 있는데
돈 많은 사람들은 구원 못 받는다네요,,,

이거 실환가요?

답변 4개

 하느님은내삶   신고
네 이제부터라도 물질에 연연하지 마시구요
십일조랑 헌금 많이 내세요
회개히셔서 천당 가시길 바랄게요ㅉㅉ

덧글   칼뱅

돈 많은 거랑 천당 가는 거랑
무슨 상관이죠?

 칼뱅 　　　　　　　　　　　 신고

작성자님
본인 직업에 자부심을 가지세요

지금 하고있는 일은 모두 하나님께서 주신겁니다
성실하게 일해서 번 돈인데
단순히 돈 많다고 다 속물인가요,,

그거 다 가톨릭에서 부자들한테
헌금 받아낼라고 지어낸 거예요~

덧글 파리빵집사장

정말요?
하느님께서도 그렇게 생각하실까요?

덧글 칼뱅

ㅇㅇ그럼요!
더 자세한 말씀 정보는 여기로 톡 주세요
칼뱅교 열린대화방 http://JobiSm.on2y

Ⅲ
부자들

잘못된 건 바로 잡아야지!

근데 나만 느끼고 있던 건 아닌가 봐
사람들 사이에서
내 이름 딴 교리가 인기래ㅋㅋ

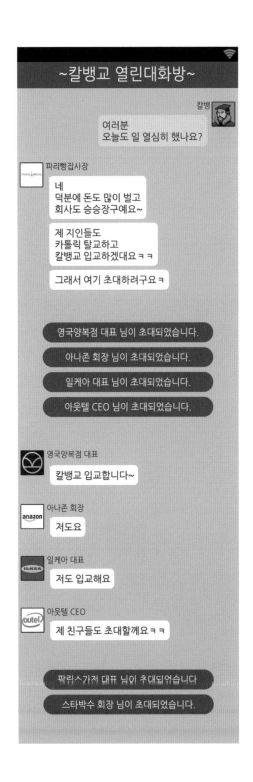

그랬다고 합니다.

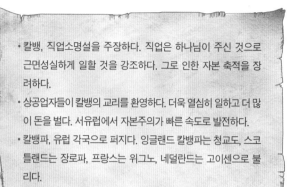

- 칼뱅, 직업소명설을 주장하다. 직업은 하나님이 주신 것으로 근면성실하게 일할 것을 강조하다. 그로 인한 자본 축적을 장려하다.
- 상공업자들이 칼뱅의 교리를 환영하다. 더욱 열심히 일하고 더 많이 돈을 벌다. 서유럽에서 자본주의가 빠른 속도로 발전하다.
- 칼뱅파, 유럽 각국으로 퍼지다. 잉글랜드 칼뱅파는 청교도, 스코틀랜드는 장로파, 프랑스는 위그노, 네덜란드는 고이센으로 불리다.

16세기 유럽

| 1300년 | 1400 | 1500 | 1600 | 1700 | 1800 |

세계사
돋보기
ZOOM-IN

1542년~1648년

유럽 사회를 바꾼
칼뱅의 종교개혁

17세기 위대한 음악가였던 바흐와 헨델은 자신의 악보 맨 아래에 서명과 함께 'S. D.G.'라고 적어 넣었다. '오직 하나님께만 영광을Soli Deo Gloria'을 뜻하는 이것은 칼뱅 사상 중 오직 성경으로만Sola Scriptura, 오직 그리스도로만Solus Christus, 오직 은혜로만Sola Gratia, 오직 믿음으로만Sola Fide과 함께 5가지 솔라Five Solas로 알려진 것이다. 루터와 츠빙글리의 이론을 완성한 사상을 현실에서 펼친 장 칼뱅1509~1564. 그는 16세기 서유럽에서 일어난 종교 대립의 중심에 서 있던 강력한 종교개혁가였다.

프랑스 북부 지방에서 태어난 그는 신학교육을 받았으나 법학으로 진로를 바꾼 뒤 라틴어와 그리스어 등을 배우며 인문주의의 영향을 받았다. 루터파의 이론을 접한 칼뱅은 1535년 프랑스 정부와 가톨릭의 박해를 피해 스위스 제네바로 망명, 『기독교 강요』를 저술1536하고 신정 정치 체제를 수립했다. 그를 종교 지도자로 위촉한 제네바는 이후 종교개혁의 중심지가 됐다.

칼뱅의 노선은 전투적이고 근본주의적이라고 평가된다. 그는 시의 평의회를 움직여 제네바를 신이 다스리는 신정 국가로 선포하고, 일반 시민들에게 엄격한 신앙생활을 요구했다. 그래서 모든 시민에게 "신의 말씀에 따라 산다"는 신앙 고백을 의무로 부과하고 이 고백을 어긴 시민은 추방했다. 그의 목표는 세속 권력과 밀착된 가톨릭의 부정적인 면들을 없애고 초기 기독교회를 닮은 소박한 신앙공동체를 부활시키는 것이었다. 미사는 폐지되었으며 예배는 설교 위주로 개편되었고, 교회 조직에는 초기 기독교의 '장로'를 부활시켜 교인들의 대표 역할을 맡겼다. 그에 비하면 아우크스부르크 화의를 통해 로마 가톨릭에 화해의 손길을 내밀었던 루터파는 온건하고 타협적으로 보일 정도였다.

이와 같은 엄격함에도 불구하고 칼뱅파는 프랑스, 영국, 북유럽의 대중들과 상인 계층에게 엄청난 환영을 받는다. 부자는 천국에 가기 힘들다며 무소유의 미덕을 주장하던 로마 가톨릭과 달리, 칼뱅은 '열심히 일하고 검소하게 생활해 부자가 된 것이라면 그것은 하나님의 축복'이라는 교리를 내세웠기 때문이다. 막스 베버의 저서 『프로테스탄티즘 윤리와 자본주의 정신』에서는 이러한 이유로 서유럽의 상공업 발전에 칼뱅의 교리가 긍정적인 영향을 미쳤다고 설명했다.

그러나 더 근본적인 인기의 배경이 있다. 유럽은 그동안 흑사병, 백년전쟁, 이탈리아전쟁, 오스만 제국의 팽창과 이슬람의 위협 등 많은 사회적 격변을 겪어왔다. 그럼에도 로마 가톨릭은 평화를 찾는 대중들의 갈망에 부응하지 못했고, 루터의 개혁은 이런 대중적 열망과 맞아떨어져 성공했다. 그러나 루터는 스스로를 '하나님의 참된 말씀을 전하는 신학자'로만 생각해서 종교 문제와 연관된 정치 사회 문제에 대해 입장을 표명하지 않거나 보수적인 모습을 보였다.

로마 가톨릭의 세속적 대리인을 자처했던 신성로마 제국은 봉건 영주와 농민의 갈등이 그 어느 곳보다 첨예했다. 이곳에서는 가톨릭의 독점적인 신앙과 착취 구조를 무너뜨리고 개인 신앙의 자유를 찾자는 종교개혁 구호가 농민들을 움직였는데, 이것은 봉건제도에 대한 투쟁이기도 했다. 1524년 독일 서남부의 슈바벤 지역에서 농민들이 자신들을 상징하는 '얼룩신발'을 그린 깃발을 들고 일으킨 봉기가 급속히 확산된 것도 같은 이유에서다. 프랑켄, 슈바벤, 알자스 지역의 수도원과 영주의 저택이 불타거나 점령당했고, 뮐하우젠에서는 농민들이 의회를 해산시키고 자신들의 의회를 수립했다. 특히 과격한 사제 토마스 뮌처가 이끄는 봉기군은 '농민 12조'를 발표해 '농노제 폐지, 세금과 부역 거부, 영주의 처벌권 폐지' 등 사실상 체제를 전면 부정하는 요구를 제시하기도 했다.

그런데 종교개혁을 주도해온 루터는 오히려 농민봉기에는 반대하는 입장을 표명했다. "지상의 왕국은 그리스도의 정신적 왕국과 달라 불평등이 있을 수밖에 없다"고 밝힌 루터는 봉건 영주들에게 "반란군은 유해하며 악마의 화신이다. 이들은 미친개처럼 목매달아 죽여야 한다"고 말해 농민들의 분노를 샀다. 그리고 이는 교황청과 황제의 권위는 타파하면서도 기존 질서는 유지하고 싶어 했던 봉건 제후들의 기호와 딱 맞아떨어졌다.

그에 비해 칼뱅은 예정설의 교리에 따라 가톨릭뿐 아니라 계급 사회와 봉건 질서 자체를 부정했다. 특히 "하나님 아래 인간은 신분의 차이와 상관없이 모두 죄인일 뿐"이며, "구원 역시 현세에서 아무리 존귀하든 비천하든 하나님의 미리 정해놓은 언약에 따라 이루어질 뿐"이라고 주장했다. 또한 국가권력을 영광시했던 루터와 달리 국가에 대한 교회의 자유를 확보하고자 저항권을 주장했다. 이러한 칼뱅의 신앙관은 수많은 대중, 특히 도시의 자치권을 위협하는 봉건 귀족들의 권력 팽창에 불안감을 느끼던 도시민들에게 열광적인 지지를 받는다. 그리고 같은 이유로 봉건 귀족의 극심한 탄압도 받았다.

칼뱅파는 스위스뿐 아니라 유럽 각지로 확산되어 독일 등 여러 국가의 개혁파, 네덜란드의 고이센, 프랑스의 위그노, 스코틀랜드의 장로파, 잉글랜드의 퓨리턴청교도 여러 파장로파, 독립파 등를 탄생시켰다. 16~17세기 유럽을 휩쓴 이들과 로마 가톨릭의 충돌은 유럽 역사를, 나아가 세계 역사를 뒤바꿔놓는다. 세계사록➡

🔾 16세기 신교 전파

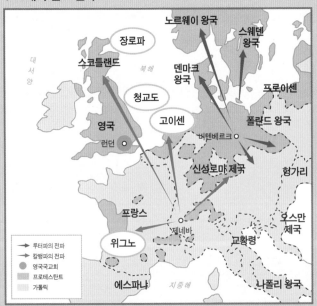

도밀맨과 마카오

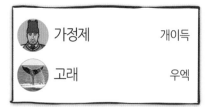

가정제		개이득
고래		우엑

I

번달번줌

뭐든지 한번 빠지면
물불 안 가리고 달려들게 되잖아?

나도 요즘
깊이 빠진 게 있어♥♥

165

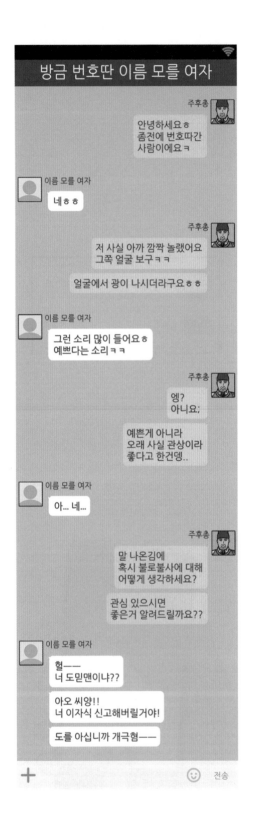

고급진 선물

내가 뭐 어쨌다고ーー
어디까지나 순수한 마음으로
도가의 가르침을 주겠다는 건데.

방법이 어려워 그렇지.
#그것만 있으면
영원히 살 수 있다고!

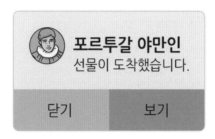

포르투갈 야만인
선물이 도착했습니다.

| 닫기 | 보기 |

포르투갈 야만인

포르투갈 야만인

[한정판] 용연향 1kg

※ 썩은내가 진동하오!

※ 잔액은 돌려주지 않소이다!

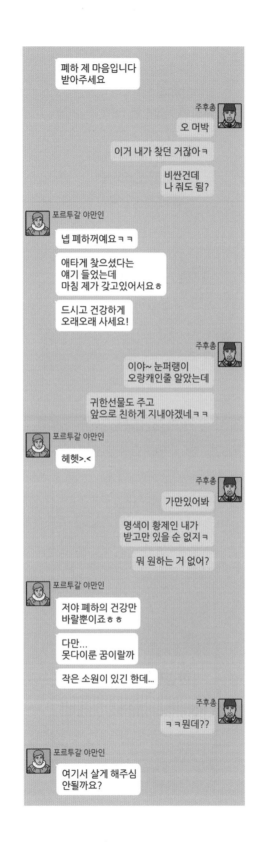

III

마카오

용연향이 뭔데
땅도 내주고 집도 내주냐고?

응ㅋ
#고래 #토사물

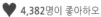
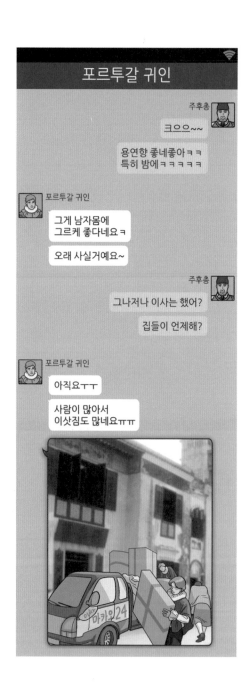

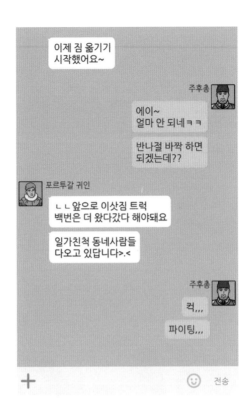

이제 짐 옮기기
시작했어요~

주후총

에이~
얼마 안 되네ㅋㅋ

반나절 바짝 하면
되겠는데??

포르투갈 귀인

ㄴㄴ 앞으로 이삿짐 트럭
백번은 더 왔다갔다 해야돼요

일가친척 동네사람들
다오고 있답니다>.<

주후총

컥,,,

파이팅,,,

+   ☺ 전송

그랬다고 합니다.

뿌직

- 명나라 가정제, 도가에 빠져 정치를 나몰라라 하고 여색을 매우 탐하다.
- 무역하기 좋은 거섬인 마카오를 넘보던 포르투갈 상인, 가정제에게 향유고래 토사물인 용연향을 제공하다. 가정제는 희귀템 용연향을 받고 마카오를 내주다. 포르투갈인들은 마카오에서 살 수 있는 거주권을 얻다.

16세기 중반 마카오

1300년   1400   1500   1600   1700   1800

포르투갈, 동방으로 동방으로

먹스타그램

가정제 @Emperor_Jiajing_of_Ming ···

♥ **4,382명이 좋아하요**

가정제 #양 다 먹어버릴테다 #무병장수
#불로불사 #남자는힘 #울끈불끈

1498년 바스쿠 다가마가 아프리카 남단을 돌아 캘리컷에 이르는 인도 항로를 개척한 이후, 포르투갈 상인들은 향료를 구하고 가톨릭을 전파하기 위해 동방으로 향했다. 인도양 항로를 따라 자주 모습을 드러낸 포르투갈 선단은 당시까지 향료 무역의 80퍼센트 이상을 차지하며 상권을 독점하던 이슬람 상인들과의 충돌을 피할 수 없었고, 결국 승리는 포르투갈에 돌아갔다.

마누엘 1세의 명으로 인도 총독이 되어1505 21척의 함대를 이끌고 파견된 프란시스쿠 드알메이다1450~1510는 인도 남부의 코친을 본거지로 몸바사를 점령하고 고아 근처에 요새를 구축했다. 그 후 인도양을 장악하고 있던 이집트 왕조인 맘루크 왕조와 인도양의 주권을 두고 협약을 하는 중에 아들이 살해되자 맘루크 왕조의 함대를 전멸시켜1509 중계 무역의 이권을 빼앗는다. 이로써 포르투갈은 인도양 무역에서 유리한 고지를 차지했고 고아 등을 점령1510해 동방무역의 전진기지로 삼았다.

1511년 포르투갈은 믈라카 왕국1402~1511도 정복했는데, 이는 동방무역에 있어 결정적인 한걸음이 되었다. 중국으로 가는 가장 빠른 바닷길은 믈라카 해협을 통과하는 것으로, 이곳에 부는 무역풍 덕분에 배가 항해하는 것이 용이했다. 원래 믈라카는 인도에서 이주한 사람들이 사는 작은 마을이었다. 그런데 15세기 스리비자야의 한 왕족이 건너와 지배층이 되면서 무역항으로 급속히 성장한다. 믈라카왕은 바닷길을 독점하던 이슬람 상인들과 손잡기 위해 스스로 이슬람교로 개종하고 이슬람 국가라고 선포했다.

지리적 장점과 이슬람 국가로의 전환 덕분에 믈라카 왕국은 15세기 이후 최대의 무역 국가가 되어 중국, 베트남, 자바, 인도, 페르시아, 아라비아 상인들로 북적거렸다. 말레이반도와 수마트라섬 일대를 지배하며 동서 무역의 교차로에서 해상 무역의 중요한 거점으로 번성한 믈라카는 정화의 원정으로 명과 우호적 관계를 맺기도 했다. 이곳이 포르투갈의 손에 넘어가면서 정화의 원정로 일대가 포르투갈의 세력권이 되었고, 덕분에 포르투갈은 명과 직접 교류할 통로를 확보할 수 있었다.

당시 명은 포르투갈인을 '불랑기'라 불렀다. 중국에 입국한 최초의 불랑기는 1513년 중국 광동 지역에 들어온 알바레스 일행이었다. 이들은 명에 무역을 제안했고, 그 이후 불랑기는 1517년 마카오를 점령한 후로도 내항과 무역을 계속 요구했다. 하지만 명은 해금 정책을 더욱 강화할 뿐이었다. 불랑기가 무역 질서를 어지럽히고 왜구와 결탁해 행패를 부린다는 것이 이유였다. 그러나 포르투갈인은 명과의 무역으로 얻을 수 있는 이익을 포기할 수 없었다. 그들은 상륙이 금지된 광동 지역을 떠나 복건, 절강 연안으로 이동해 명의 연해민과 밀무역을 벌였다.

1550년대 들어서도 포르투갈인은 명의 지방관들에게 뇌물을 제공하면서까지 통상의 문을 계속 두드렸다. 결국 명은, 포르투갈인이 해적을 소탕하고 바다의 안전을 보장한다는 조건으로 마카오를 그들의 특별 거주 지역으로 조차했다1557. 포르투갈인들에게 거주와 무역이 허가된 이후 마카오는 대중국 수출입과 동아시아 무역의 거점이 되었다.

포르투갈인들이 마카오에 자리 잡기 10여 년 전인 1543년, 시암타이을 출발해 명으로 가던 배 한 척이 표류하다 일본 규슈 근처 다네가시마에 도착한 일이 있었다. 당시 이 배에 타고 있던 포르투갈 상인은 영주에게 조총을 선사했고, 이 새로운 무기는 곧 일본 각지로 퍼져나갔다. 그리고 일본의 전투 양상을 바꾸기 시작했다. 특히 조총의 위력을 누구보다 절감했던 오다 노부나가1534~1582는 조총

수 양성에 주력, 1575년 나가시노 전투에서 당시 전국 최강의 기마 군단이었던 다케다 군대에 대승을 거두었다. 그 승리를 시작으로 그는 경쟁자들을 차례로 제압해 일본의 패권 장악에 한발 더 다가섰다. 그리고 20년 뒤 명을 정벌하기 위한 조선 침략 전쟁에서 조총은 엄청난 위력을 발휘한다.

사실 일본이 포르투갈로부터 받은 영향은 조총뿐이 아니었다. 포르투갈어가 일본어에 반영되고 그것이 한국으로 건너오기도 했다. 아메리카에서 넘어온 '타바코'를 포르투갈인이 일본인들에게 전했고 그것이 한국으로 넘어와 '담배'가 되었다. 일본어로 '튀김'을 뜻하고 한국인들도 익히 알고 있는 '덴뿌라'는 포르투갈어 '양념하다Temoero'에서 유래한 것이다. '카스텔라'나 '빵'도 포르투갈어가 일본을 통해 한국에 그대로 전해진 것이다.

포르투갈은 16세기 전반 마카오를 거점으로 향료와 은을 중국에 수출하고, 중국산 비단과 생사, 도자기 등을 서구와 일본 등지로 수출하는 동방무역을 독점한다. 거대한 부를 얻은 포르투갈의 수도 리스본은 한때 세계 상업의 중심지가 되었다. 그러나 포르투갈의 영광은 오래가지 못했다. 1580년 에스파냐 펠리페 2세가 왕을 겸하며 형성된 이베리아 연합에 속하게 되면서 세력이 약화되었고, 결국 에스파냐에게 동방무역의 패권을 내준다.

에스파냐는 필리핀 마닐라를 거점으로 중남아메리카의 은과 중국의 비단, 도자기를 교환하는 동방무역을 장악하며 포르투갈의 뒤를 이어 호황을 누린다. 중남아메리카라는 거대한 대륙을 지배하는 한편, 유럽과 아시아의 무역을 주도해 엄청난 부를 쌓은 것이다. 이러한 부를 바탕으로 전성기를 맞이한 에스파냐는 유럽 최초로 절대왕정을 이룩한다. 세계 사록

지구 한 바퀴 선착순

마젤란	개꿀
엘카노	1빠
엔리케	1

I

엘
카
노

청춘의 로망 하면
세계여행이지ㅋ

배낭 하나 메고
떠나는 여행이라… 크으~

여행스타그램

엘카노 @elCano

엘카노 3년동안 스탬프 투어 ㅋㅋ
#세계일주 #도장 #꾹꾹

나도 프로여행러야 ㅋㅋ
엘.카.노!
다들 내 이름은 들어봤겠지??

…뭐? 처음 듣는다고??

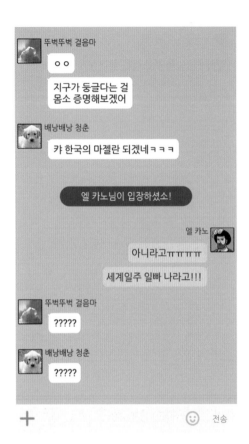

뚜벅뚜벅 걸음마
ㅇㅇ
지구가 둥글다는 걸
몸소 증명해보겠어

배낭배낭 청춘
캬 한국의 마젤란 되겠네ㅋㅋㅋ

엘 카노님이 입장하셨소!

엘 카노
아니라고ㅠㅠㅠ
세계일주 일빠 나라고!!!

뚜벅뚜벅 걸음마
?????

배낭배낭 청춘
?????

＋   😊 전송

II

마젤란

하… 진짜 서러워 죽겠네ㅠㅠ
마젤란만 기억하는 더러운 세상!

나도 세계일주했어.
마젤란… 아니…
마 대장이랑 같이 다녔다고!

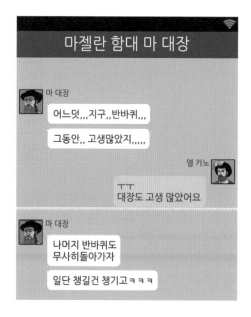

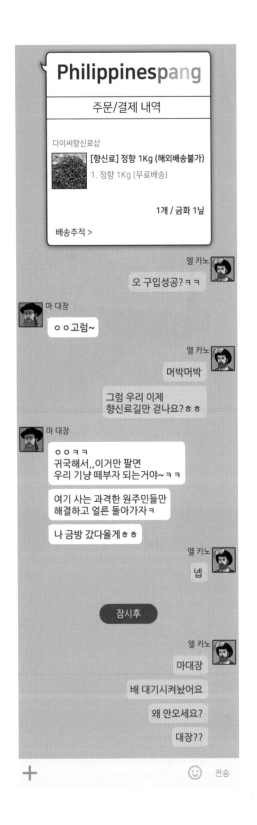

마 대장님ㅠㅠ
싸우다 돌아가시다니!

세계일주가 코앞인데ㅠㅠ

그래도
산 사람은 살아야지?

산지직송 필리핀 산 향신료 "정향" 1kg
판매가 : 금화 100 닢

"최초의 세계일주자
엘 카노가 보증합니다!"

ㅋㅋ최초 타이틀도 얻고
향신료도 팔고

그래, 이때까진 참 좋았지…

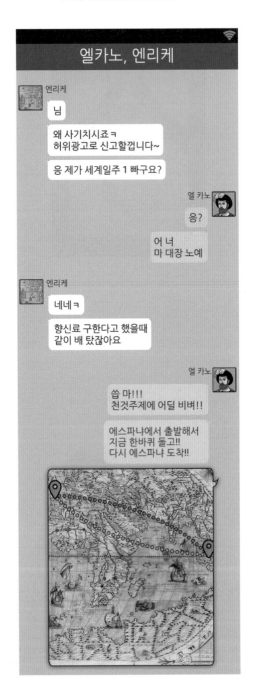

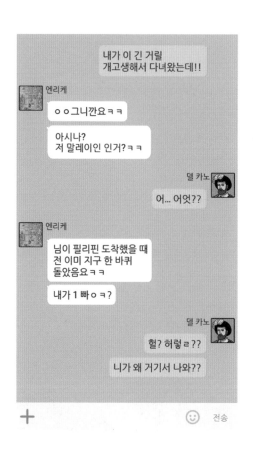

그랬다고 합니다.

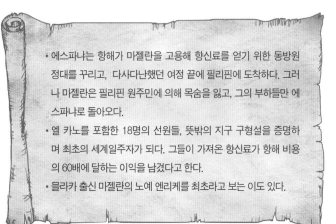

- 에스파냐는 항해가 마젤란을 고용해 항신료를 얻기 위한 동방원정대를 꾸리고, 다사다난했던 여정 끝에 필리핀에 도착하다. 그러나 마젤란은 필리핀 원주민에 의해 목숨을 잃고, 그의 부하들만 에스파냐로 돌아오다.
- 엘 카노를 포함한 18명의 선원들, 뜻밖의 지구 구형설을 증명하며 최초의 세계일주자가 되다. 그들이 가져온 항신료가 항해 비용의 60배에 달하는 이익을 남겼다고 한다.
- 믈라카 출신 마젤란의 노예 엔리케를 최초라고 보는 이도 있다.

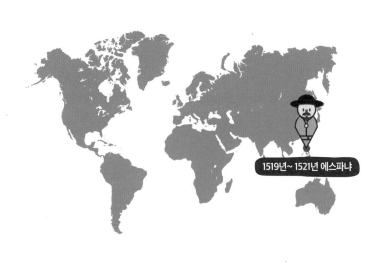

1519년~ 1521년 에스파냐

| 1300년 | 1400 | 1500 | 1600 | 1700 | 1800 |

talk 15

정복하러 가즈아즈텍

코르테스		개꿀
몬테수마		ㅠㅠ

I
반인반수

나는야 에스파냐의 정복자 코르테스!
괴물 같은 바다를 건너 미지의 땅,
남아메리카에 도착했도다!

여기에 황금이 그렇게 많다지?

원주민놈들, 각오해라… 엥?

코스타그램

코르테스 @Cortés   📍 남아메리카에서

♥ 3,766명이 좋아합니다.

드디어 상륙했다ㅋㅋ 내앞에 다 무릎꿇어
#안녕 #반갑다 #무릎꿇어

타라스카
팔로했습니다 교류해요~ 8분 전

막사카야틀
오오 팔로했어요 3분 전

멕스코코
소문듣고 왔습니다ㅠ 교류해요 1분 전

왜들 이렇게 살갑지????
나 침략잔데???

몬테수마

저기 혹시

얼마전에 바닷가에서 나타나신 분 맞는지?

코르테스

ㅇㅇㅋ 맞는데?

몬테수마

헐대박ㅠㅠㅠㅠ

사람 아니시죠

신 맞으시죠

코르테스

ㅋㅋ사람인데?

몬테수마

헐.. 아닌데..

분명 다리 네 개였는데

코르테스

아ㅋ 그건 내가 타고다니는 말ㅎ

몬테수마

우와...

갓르테스 찬양해

이야~ 내가 신이라니ㅋㅋㅋ
살다 보니 이런 취급도 받네ㅋㅋㅋ

알고 보니 내가
원주민들이 좋아하는 누굴
많이 닮았다나 봐ㅎㅎ

코스타그램

몬테수마 @Montezuma

케찰코아틀 존똑.jpg

♡ 48,379명이 좋아합니다.

동쪽 해안에서 나타남 (O) 허연 얼굴 (O)
인상이 더러움 (O) #증거 #빼박 #ㄷㄷㄷ

 멕스코코
맞네 맞아 4분 전

 디에고
하나도 안똑같은데?? 3분 전

 세르게이
나 얘 좀 쎄함... 너무 핥지 말자 2분 전

 타라스카
@세르게이 녀 안티시 익를신꼬한나 방금 전

 막사카야틀
오오 케찰코아틀님 찬양 방금 전

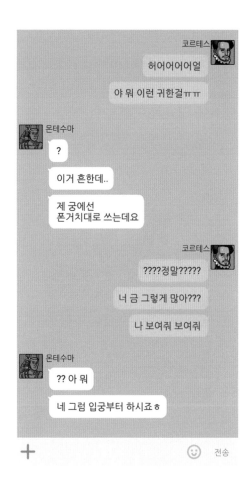

코르테스

허어어어어얼

야 뭐 이런 귀한걸ㅠㅠ

온테수마

?

이거 흔한데..

제 궁에선
폰거치대로 쓰는데요

코르테스

????정말?????

너 금 그렇게 많아???

나 보여줘 보여줘

온테수마

?? 아 뭐

네 그럼 입궁부터 하시죠ㅎ

전송

정복

잇힐힐ㅎㅎㅎㅎ
아메리카 정착하기 쉬운데?

케찹… 머시기 흉내 내니깐
다들 나라도 바치겠더라ㅋㅋ

그럼 이제 슬슬
여기 온 목적을 이뤄볼까?

191

그랬다고 합니다.

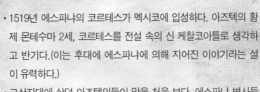

- 1519년 에스파냐의 코르테스가 멕시코에 입성하다. 아즈텍의 황제 몬테수마 2세, 코르테스를 전설 속의 신 케찰코아틀로 생각하고 반기다.(이는 후대에 에스파냐에 의해 지어진 이야기라는 설이 유력하다.)
- 고산지대에 살던 아즈텍인들이 말을 처음 보다. 에스파냐 병사들을 보고 상반신은 사람, 하반신은 말인 괴물로 여기다.
- 코르테스는 호의적인 몬테수마를 포로로 삼고, 아즈텍을 정복한다. 아즈텍에 반감을 품고 있던 이웃 부족들과 손잡고 1521년, 아즈텍을 멸망시키다.

1521년 아즈텍

1300년   1400   1500   1600   1700   1800

1492년~1588년

에스파냐 시대의 개막

코스타그램

😊 몬테수마 @Montezuma

케찰코아틀 존똑.jpg

♡ 48,379명이 좋아합니다.
동쪽 해안에서 나타남 (O) 허연 얼굴 (O)
인상이 더러움 (O) #증거 #쎄박 #ㄷㄷㄷ

신항로 개척을 두고 포르투갈과 경쟁을 벌였던 에스파냐는 인도로 가는 새로운 길을 발견하기 위해 콜럼버스를 후원했다. 콜럼버스는 4차례의 항해를 통해 서인도 제도를 발견했지만 그곳이 진짜 인도는 아니었다. 그리고 이탈리아인 아메리고 베스푸치가 1497년부터 7년간의 탐험 끝에 이곳이 '신대륙'임을 확인한다. 그리고 이 대륙은 그의 이름을 따서 '아메리카'라고 불리게 되었다.

베스푸치에 의해 아메리카라는 신대륙이 확인되기 전, 이미 에스파냐는 토르데시야스 조약1494으로 그곳의 소유권을 갖고 있었다. 그곳이 앞으로 얼마나 엄청난 부를 가져다줄 것인지 알지 못한 채 말이다. 당시 동방 항로를 통해 향료 제도인 몰루카 제도현재 인도네시아에 도착해 전 인도양에 걸친 무역망을 건설 중이던 포르투갈에 비해 자신들이 신대륙에서 사탕수수를 재배해 얻는 이익은 미미하다고 여길 뿐이었다. 그래서 에스파냐는 포르투갈과의 관계를 해치지 않으면서 그들이 독점하던 동방무역에서 이익을 얻을 기회를 계속 찾고 있었다.

그러던 중 1513년 중앙아메리카의 에스파냐령 다리엔의 총독이었던 발보아가 탐험대를 이끌고 서쪽으로 25일을 간 끝에 대양을 만난다. 그는 이 대양이 남쪽을 향해 있다며 '남해South Sea'라고 이름 붙였지만, 에스파냐인들은 이후 한없이 고요한 새로운 대양을 '평화의 바다'라는 뜻으로 태평양Pacific Ocean이라 불렀다. 그리고 이 발견은 동방으로 향하는 서쪽 항로에 대한 희망을 안겨주었다.

결국 에스파냐는 포르투갈 출신의 유능한 항해가 페르디난드 마젤란1480~1521을 후원한다. 그는 아메리카 대륙을 넘어 향료 제도까지 가겠다는 서쪽 항로 탐험 계획을 갖고 있었다. 발견한 영토에서의 총독 직위 부여, 항해 수익의 20퍼센트 분배 등콜럼버스는 10퍼센트였다 엄청난 조건으로 항해를 시작한 마젤란의 선단에는 에스파냐의 귀족들도 대거 참여했다.

이들은 1519년 아프리카로 향하는 대신교황의 결정으로 동쪽 항로의 권한은 포르투갈이 독점하고 있었기 때문이다 서쪽의 대서양을 건넌다. 그해 말 브라질 리우데자네이루에 도착한 뒤 라플라타강 하구에서 겨울을 난 선단은 이듬해 봄 남아메리카의 최남단, 지금의 푼타아레나스 앞 바다를 통과한다. 태평양으로 나가는 해협이 후 마젤란 해협으로 불린다을 발견하는 역사적 순간이었지만, 이탈하는 배가 생길 정도로 너무나 고통스러운 항해였다. 결국 선단은 5척에서 3척으로 줄어든 채 태평양에 들어섰다. 그리고 태평양의 거대함을 알지 못했던 이들을 기다리던 것은 80여 일간의 죽음의 항해였다. 쥐가 먹던 비스킷을 먹고 심지어 돛 가죽을 뜯어먹는 굶주림 그리고 괴혈병과 싸운 끝에 1521년 3월 이들이 도착한 곳은 괌이었다.

4월 필리핀이후 에스파냐 펠리페 2세의 이름을 따 붙여진 국명이다에 도착한 이들은 가톨릭을 전파했다. 그러나 그 과정에서 마젤란이 추장 라프라프와의 전투 끝에 사망했고, 마젤란의 믈라카 출신 노예였던 엔리케는 주인의 사망이 선원들 잘못이라고 생각해 선원들을 독살했다. 결국 얼마 남지 않은 선원들만이 엘카노를 선장으로 목적지인 향료 제도 몰루카에 도착했다. 그들은 대량의 향신료를 탑재한 뒤 남아 있던 가장 작은 배 빅토리아 호를 타고 귀항 길에 올랐다.

그러나 귀항 길이 포르투갈의 영토였기 때문에 항구에 거의 기항하지 못했고, 이 때문에 선원들은 다시 괴혈병과 영양 부족에 시달려야 했다. 그리고 마침내 1522년 9월 에스파냐에 도착한다. 3년 전 5척의 배에 270명의 선원을 싣고 당당하게 떠났던 선단 중 돌아온 생존자는 18명에 불과했다.

마젤란의 선단은 최초의 세계일주라는 대기록과 함께 지구 구형설을 입증하는 업적을 남겼다. 또한 빅토리아 호 한 척에 실린 향료만으로 모든 항해 비용을 상쇄하고도 남아 상당한 이익을 얻은 항해였다. 이는 태평양을 거쳐 동방으로 가는 또 다른 항로가 에스파냐에게 엄청난 이득을 선사할 것임을 알리는 예고편이었다. 에스파냐 국왕 카를로스 1세신성로마 제국 카를 5세는 엘카노를 최초로 세계일주를 한 인물로 공인했으며 'Primus circumdedisti me그대는 최초로 세상을 돌아 내게로 왔다'라고 쓰인 지구 모양의 문장을 하사했다.

마젤란 선단이 항해를 떠났던 1519년은 에스파냐 근대사에 이정표를 세울 또 하나의 사건이 일어난 해다. 에스파냐 산골 귀족 출신인 에르난 코르테스1485~1547가 유카탄 반도를 탐험하라는 명령을 받고 멕시코로 출발한 것이다. 그 과정에서 아즈텍아스테카 왕국의 정보를 들은 그는 원주민 처녀 말린체도나 마리나를 통역으로 삼아 정복에 나섰다. 군주 몬테수마 2세와 아즈텍인은 흰 피부에 검은 수염을 기른 모습으로 말을 타고 나타난 이들을 언젠가 돌아와 악신을 몰아내겠다고 한 아즈텍의 신 케찰코아틀로 여겼다. 때문에 수도 테노치티틀란에 입성한 코르테스 무리를 크게 환대하며 맞았다. 하지만 몬테수마 2세는 1521년 코르테스의 인질로 전락한다. 파리, 나폴리 등의 인구가 15만 명에 지나지 않았던 같은 시기, 30만 명의 대도시 테노치티틀란을 수도로 한 인구 500만 명의 제국을 다스렸던 군주의 행보라고는 믿어지지 않을 정도였다.

잔인했던 아즈텍에 복수를 꿈꿔왔던 찰코, 테파넷, 틀락스칼라 종족과 미리 동맹을 맺은 코르테스는 수도를 포위한 채 압박했고 결국 아즈텍인들은 무릎을 꿇었다. 코르테스는 번성했던 테노치티틀란을 무자비하게 파괴하여 아즈텍 왕국을 지상에서 지워버리고 에스파냐 정복령으로 선언했다. 400년 간 지속된 아즈텍의 역사가 그렇게 종지부를 찍은 후 흔적도 없이 사라진 후 테노치티틀란의 아름다움은 상상 속에만 존재하게 되었다.

사실 아메리카에서 식민지를 건설한 에스파냐인은 숫자나 무력 면에서 볼 때 별로 대단할 것이 없었다. 그러나 그들에게는 적은 병력을 보충하고도 남을 매우 강력한 무기가 있었다. 그들이 타고 온 말, 쏘아대던 총, 특히 그들이 옮긴 천연두와 홍역 같은 질병은 그때까지 아메리카에 없는 것들이었다. 아즈텍인들은 이 가공할 무기에 속수무책으로 쓰러졌고, 에스파냐의 정복자들은 거침없이 내륙으로 진군했다. 코르테스 군대의 진군 속도보다 전염병 전파 속도가 빨라 군대가 테노치티틀란에 입성했을 때 죽어가는 사람을 피해 도시로 들어서야 할 정도였다고 한다.

아마존강 어딘가 있다는 황금의 도시 '엘도라도'의 전설을 듣고 일확천금을 꿈꾸며 몰려든 에스파냐의 침략자. 그들에 의해 아즈텍 왕국뿐 아니라 잉카 제국도 무너졌다. 그렇게 중남아메리카 원주민들의 삶과 터전은 철저히 붕괴됐다.

마젤란 선단과 코르테스가 출발하던 때까지만 해도 에스파냐는 근대로 향하는 항로에서 경쟁자 포르투갈에게 뒤처진 것처럼 보였다. 그러나 서쪽 항로의 발견, 그리고 코르테스와 그 뒤를 이은 피사로의 중남아메리카 문명 정복은 에스파냐에게 새로운 세상을 열어줄 것이었다. 그렇게 에스파냐가 유럽 역사에서 주인공으로 떠오르는 동안, 바다를 향한 그리고 동방과 신대륙을 향한 유럽 각국의 뜨거운 경쟁은 끓어오르기 시작했다. 세계사록

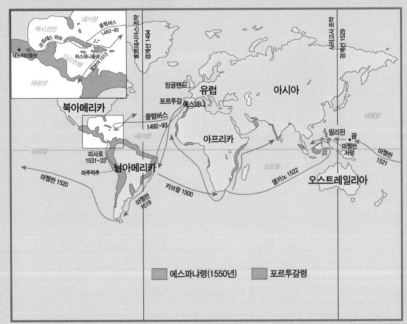

📍 **포르투갈과 에스파냐의 영토분할**

에스파냐령(1550년) 포르투갈령

잉카의 총, 균, 쇠

잉카	깊콘사절 X
피사로	황금도시 찾아요

I
쇠

매번 수학여행 갈 때마다
느끼는 거.

왜 갔던데 또 가??

잉스카그램

잉카 @tawantinsuyu

♥ 61명이 좋아하오

잉카 #수학여행
#또_마추픽추_실화냐 #지겹다지겨워

어디 뜨는 핫플 없나?
하늘에서 재밌는 인싸템 같은 거
안 떨어지냐고오ㅜㅜ

피사로

피사로
하이~
난 바다건너 사는
피사로~

맞팔하고 싶어서
뎀해봄ㅋㅋ

잉카
오 파란눈ㅋㅋ

ㅇㅋ맞팔함

피사로
ㅋㅋ인수다 너네 동네?

잉카
ㅇㅇ사실 우리집 뒷산임ㅋㅋ

피사로

오와 좋은데 사네ㅋㅋ

황금빛 동네에 사는
친구쓰~

맞팔 기념으로
내가 선물 하나 줄까?

잉카

선물? ㅇㅇ

피사로

포르투갈산 항균 검 2종 세트

피사로님이 선물을 보냈습니다.

※ 잔액은 돌려주지 않소이다!

잉카

엥?
이게 뭐야??

피사로

칼ㅋ

뭐든 잘 썰려

와~ 이거 물건이네ㅎ

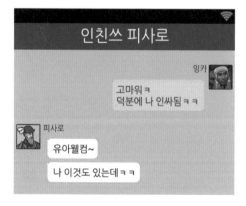

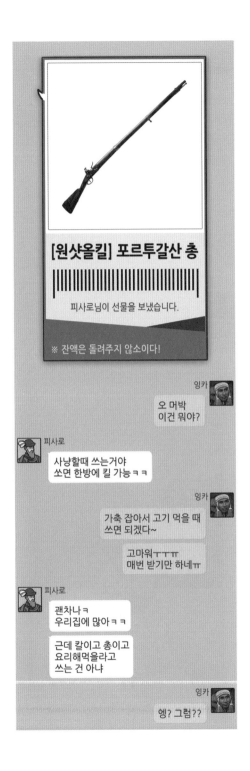

[원샷올킬] 포르투갈산 총

피사로님이 선물을 보냈습니다.

※ 잔액은 돌려주지 않소이다!

잉카

오 머박
이건 뭐야?

피사로

사냥할때 쓰는거야
쏘면 한방에 킬 가능ㅋㅋ

잉카

가축 잡아서 고기 먹을 때
쓰면 되겠다~

고마워ㅜㅜㅠ
매번 받기만 하네ㅠ

피사로

괜찮나ㅋ
우리집에 많아ㅋㅋ

근데 칼이고 총이고
요리해먹을라고
쓰는 건 아냐

잉카

엥? 그럼??

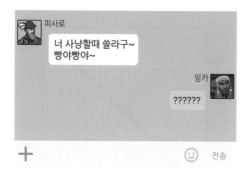

하씨~ 이제야
이놈의 실체를 알다니ㅜㅜ

황금 노리고
일부러 접근한 거였어!!

총칼 써서 우리 잉카인들
다 죽이고 있다구ㅜㅜ

근데 총칼보다
더 위험한 게 있더라.

그랬다고 합니다.

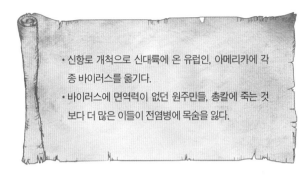

- 신항로 개척으로 신대륙에 온 유럽인, 아메리카에 각종 바이러스를 옮기다.
- 바이러스에 면역력이 없던 원주민들, 총칼에 죽는 것보다 더 많은 이들이 전염병에 목숨을 잃다.

16세기 아메리카

1300년 1400 1500 1600 1700 1800

세계사 돋보기 ZOOM-IN
기원전 100년경~1533년
안데스 문명의 번성과 멸망

잉스카그램

잉카 @tawantinsuyu

♥ 61명이 좋아하오

잉카 #수학여행
#또_마추픽추_실화냐 #지겹다지겨워

중앙메소아메리카에서 테오티우아칸, 마야, 아즈텍 문명이 발달하던 시기 남아메리카에서도 안데스산맥을 따라 문명이 발달했다. 바로 안데스 문명이다.

나스카 문명과 티아우아나코 문명

기원전 100년경부터 기원후 700년경까지 페루 남부 해안을 중심으로 '나스카 문명'이 발달했다. 나스카 문명은 토기, 직물, 금 마스크, 귀걸이와 같은 예술품도 유명하지만 '나스카 라인'이라는 거대한 지상화로 전 세계인들에게 더욱 친숙하다.

나스카 라인은 1930년대 개설된 리마와 아레키파 사이 노선을 비행하던 항공기 조종사들이 페루 남부의 나스카 사막에서 발견한 거대한 그림이다. 새, 원숭이, 거미, 꽃 등 동식물 18종류가 도형, 직선, 곡선 등 기하학적 문양으로 100개 넘게 그려져 있다. 지상의 검은 흙을 몇 센티미터 벗겨내 안에 있는 황색 모래를 드러내는 방식으로 만들어진 이 지상화는 직선거리가 짧게는 4미터, 길게는 10킬로미터에 이를 만큼 거대하다. 비행 중에만 그 모습을 볼 수 있는 나스카 라인은 조성 과정이 불가사의하게 여겨져 외계인이 만들었다는 주장이 진지하게 제기되기도 했다. 한편 잉카인은 자신들이 숭배하는 신 비라코차가 그린 것이라고 믿었다고 한다.

나스카 문명의 뒤를 이어 기원후 2세기에서 8세기 페루 고원 지방에서 발달한 문명이 '티아우아나코 문명'이다. 페루와 볼리비아 사이에 있는 티티카카 호수는 운송로로 이용 가능한 호수 중 세계에서 가장 높은 곳에 위치해 있다. 그 주변에 평균 해발고도 3800미터의 항구 도시를 중심으로 발달한 문명이 바로 티아우아나코다. 이 문명의 유적들은 잉카 건축법의 원천으로 간주될 만큼 큰 돌을 정확히 맞추어 쌓는 뛰어난 건축술을 보여준다.

잉카 제국

안데스 문명의 최고봉은 15~16세기에 걸쳐 안데스산맥을 따라 번성했던 '잉카 제국'잉카 제국의 정식 명칭은 타완틴수유다이다. 잉카란 안데스 세계를 지배하는 왕을 가리키는데, 잉카족은 태양신으로부터 태어났다고 한다. 1200년 무렵 창조의 신인 비라코차는 망코 카팍에게 금 지팡이가 가장 깊이 박히는 곳을 도읍으로 삼으라고 명령했고, 이에 따라 잉카족은 황금도시로 유명한 쿠스코'배꼽'이란 뜻으로, 현재 페루의 쿠스코시다를 건설했다.

페루의 작은 부족국가였던 잉카는 9대 파차쿠티1438~1471재위에 의해 제국의 기초가 다져진다. 케추아어를 공용어로 삼은 그는 태양신 숭배 의식을 통해 광대한 지역의 다양한 부족을 잉카라는 공통된 문화권으로 모으는 데 성공했다. 그의 아들 투팍 유팡키1471~1493재위와 손자 우아이나 카팍1493~1527재위 시기에 세력을 더욱 확장한 잉카 제국은 북으로는 키토에콰도르 수도와 치무 제국을, 남으로는 칠레의 마울레강 유역을, 동쪽으로는 아마존 정글 지역까지 점령해 안데스산맥의 대부분을 통치하에 두었다. 제국의 기초를 닦은 이후 100년의 짧은 기간 동안 잉카는 정치, 경제, 문화, 언어 및 종교적 통일을 이룩하고 제국의 전성기를 맞이했다.

영토가 넓어지자 이를 효율적으로 관리하기 위해 잉카는 카미노 레알왕도이라는 도로를 건설했다. 에콰도르에서 칠레까지 6000킬로미터가 넘는 이 도로에는 20~30킬로미터 간격으로 '탐보'라는 역이 세워졌고 탐보마다 '자스퀴'라는 선령을 대기시켰다. 자스퀴는 신언을 품고 100킬로미터가 넘는 거리를 전릭 질주해 중앙 정책을 지방 곳곳에 전달했다.

잉카에는 화폐가 없었던 대신 물물교환이 성행했고 수로를 이용한 농업 기술이 놀랄 정도로 발전했다. 물을 끌어올려 바위산 꼭대기에서도 옥수수, 고구마, 토마토, 땅콩, 고추, 코카, 목화 등을 농사지을 정도였다. 잉카인들은 갖가지 색실을 꼬아 매듭을 만들고 그 크기와 색깔, 모양과 개수에 의미를 부여한 '퀴푸'로 자신의 생각을 전달했다.

유럽인들은 황금을 찾기 위해 잉카 제국을 무너뜨렸지만 사실 잉카에는 황금보다 더욱 귀중한 보물 '마추픽추나이든 봉우리' 유적지가 있었다. 1만 명의 잉카인이 살았던 요새 도시 마추픽추는 1911년 미국인 하이럼 빙엄에 의해 발견되었다. 페루 남부 쿠스코에서 북서쪽으로 110킬로미터 떨어진 우루밤바 계곡의 해발 2400미터 바위산 꼭대기에 있는 마추픽추는 마치 구름 위에 떠 있는 듯 보여 '공중 도시'라는 별칭을 얻었다. 3000여 개의 계단, 40단이 이어진 계단식 밭, 200개의 건물들을 성벽으로 두른 도시 전역에는 현재까지도 수로를 통해 물이 흘러 당시 발달했던 관개기술을 보여준다. 아름답고 정교한 태양 신전과 왕릉, 궁전, 귀족의 거주지와 평민 거주지가 구분된 주택지구가 있다. 심지어 허브민트를 층 사이사이에 넣어 1년 이상 식량을 보관할 수 있는 식량 저장 창고 '꼴까'까지 구비된 마추픽추는 파차쿠티의 철저한 계획에 의해 세워진 도시일 것으로 추정된다.

특히 마추픽추의 석조 건물들은 제각기 다른 크기의 돌 100여 톤을 정교하게 쌓은 잉카 건축술의 대표작이다. 사용된 가장 큰 돌은 높이 8.53미터에 무게가 361톤에 달하는데, 이런 돌들을 바위산에서 잘라내 수십 킬로미터 떨어진 산 위로 옮겨 신전과 집을 지어낸 것이다. 그야말로 잉카 건축술과 예술성의 진수라 하겠다. 사실 잉카인의 건축술은 산과 계곡을 측량해 도로를 놓고, 도로를 놓을 수 없는 협곡에는 밧줄 다리를 이용해 길을 만들어낼 정도로 상상을 초월한다. 게다가 레이저로 자른 듯 정교한 육각형, 마름모형 등 갖가지 모양의 돌을 짜맞춰 쌓은 성벽은 흙이나 회 같은 접착제를 쓰지 않았지만 면도날 하나 들어가지 않을 정도로 아귀가 정확하게 맞아떨어진 모습이다. 쿠스코에서 발생했던 대지진 때 에스파냐 지배 시절의 건축물은 무너졌지만, 잉카의 건축물은 거의 피해를 입지 않앉을 정도로 놀라운 건축술이었던 것이다.

16세기 초 우아이나 카팍 왕이 죽자 사후 세계에 따라갈 1000여 명의 지원자가 함께 매장될 정도로 잉카의 권력은 막대했다. 그러나 유럽에서 날아온 천연두로 왕이 갑작스럽게 사망하자 잉카의 계승을 둘러싸고 우아스카르와 아타우알파 형제의 대립이 치열해진 잉카 제국은 결국 에스파냐 피사로의 침략을 받아 멸망했다1533.

피사로의 정복

남아메리카 북부를 탐험하며 금은보화가 가득한 왕국을 찾는 데 몰두했던 에스파냐의 또 다른 탐험가가 있다. 40세가 되어서야 아메리카에 갈 수 있었고, 발보아를 따라 항해하며 태평양에 이르기도 했던 프란시스코 피사로1471~1541다.

그는 1533년 180명의 부하를 이끌고 잉카 제국의 수도 쿠스코에 들어섰다. 아타우알파는 수천 명의 군사를 거느리고 피사로를 맞았다. 아타우알파에게는 우호적 분위기 속에 유럽인을 접견하는 자리였지만 피사로에게는 제국을 삼킬 수 있는 일생일대의 기회였다. 숨어 있던 피사로의 병사들이 말을 타고 닥치는 대로 칼을 휘두른 결과 2000여 명의 잉카 전사가 죽고 아타우알파는 포로가 되었다. 피사로는 몸값으로 수많은 황금을 챙긴 뒤 결국 아타우알파를 처형했다. 그 후 아타우알파의 조카인 투팍 아마루가 최후의 저항을 시도했지만 끝내 체포되어 처형당하면서 아메리카 최후의 제국 잉카마저 멸망하고 만다.

피사로는 잉카 내부의 갈등을 이용하고 외부의 적과 동맹을 맺어 잉카를 붕괴시켰다. 잉카 우아스카르의 동생 아타우알파가 반란을 통해 키토를 빼앗은 것을 안 피사로는 아타우알파를 찾아가 회담을 요청한다. 그런 후 회담장에 나온 아타우알파를 낯선 '총'과 '말'로 위협해 포로로 잡고 잉카 전사들을 죽였다. 그러자 이를 '잉카가 동생을 제거하기 위해 백인과 손잡고 벌인 일'로 오해한 아타우알파의 부하들이 자객을 시켜 우아스카르를 살해한다. 피사로는 '잉카의 살해사건에 대한 범인으로서, 또 에스파냐 군이 아타우알파와 아무런 동맹도 맺지 않았다는 것을 증명하기 위해' 형식적인 재판을 열고 아타우알파를 처형한다. 우상 숭배, 일부다처, 근친결혼이라는 죄목까지 덧씌워서 말이다. 이 과정에서 에콰도르는 과거 잉카 제국의 잔혹한 정복에 복수하기 위해 에스파냐에 협조했고, 이러한 문제들로 인해 에콰도르와 페루는 1998년 평화협정을 체결하기 전까지 서먹한 사이였다고 한다.

에스파냐왕 카를로스 1세가 페루 지역의 총독으로 임명한 피사로는 살아남은 왕족 가운데서 하나를 골라 허수아비 잉카로 세운다. 그러나 유럽인들이 들여온 가공할 만한 전염병으로 잉카인의 3분의 2가 사망하면서 잉카 제국 역시 사라져버렸다. 이후 에스파냐의 지배하에서 잉카의 땅에 새롭게 채워질 사람들뿐 아니라 남은 잉카인들 또한 이전과는 완전히 다른 삶을 살게 될 것이다. 다만 300년이라는 에스파냐의 긴 지배 속에서도 그리고 영욕의 세월이 끝난 현재까지도 마추픽추는 말없이 남아 잉카 제국의 영화와 눈물을 보여주고 있다. 세계사록

지금은 착취타임

이름 **카 탈 루 냐**
소속 작 업 1 팀
발행처 (주)에스파냐 은광개발

 에반장 　　　　　일해라

 카탈루냐 　　　　히잉ㅜ

I

**출
첵**

난 카탈루냐.
내 고향은 서울시, 부산시도 아닌
포토시! 아메리카 토박이야.

#포토시 #아메리카 #지역이름

그런데, 얼마 전에
에스파냐놈들이 쳐들어와선,
나보고 일하라는 거 있지ㅜ

이름 **카 탈 루 냐**
소속 **작 업 1 팀**
발행처 **(주)에스파냐 은광개발**

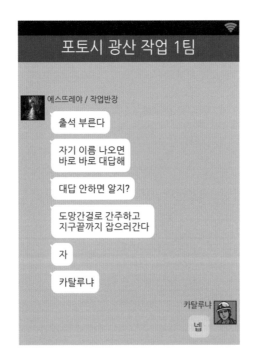

포토시 광산 작업 1팀

에스뜨레야 / 작업반장

출석 부른다

자기 이름 나오면
바로 바로 대답해

대답 안하면 알지?

도망간걸로 간주하고
지구끝까지 잡으러간다

자

카탈루냐

카탈루냐

넵

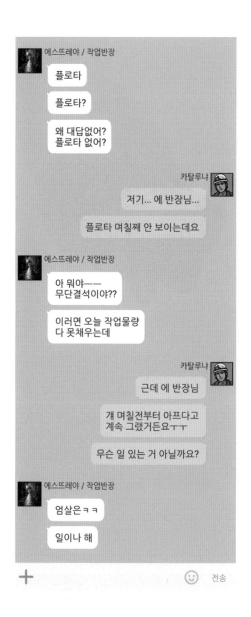

에스뜨레야 / 작업반장
> 플로타
>
> 플로타?
>
> 왜 대답없어?
> 플로타 없어?

카탈루나
> 저기... 에 반장님...
>
> 플로타 며칠째 안 보이는데요

에스뜨레야 / 작업반장
> 아 뭐야――
> 무단결석이야??
>
> 이러면 오늘 작업물량
> 다 못채우는데

카탈루나
> 근데 에 반장님
>
> 걔 며칠전부터 아프다고
> 계속 그랬거든요ㅜㅜ
>
> 무슨 일 있는 거 아닐까요?

에스뜨레야 / 작업반장
> 엄살은ㅋㅋ
>
> 일이나 해

＋　　　　　　　　　😊　전송

II
친구

내 친구 플로타…
며칠째 안 보인다 싶었는데…
알고 보니 무지개다리 건넜대ㅠㅠ

그런데 작업반장은
그런 거1도 신경 안 쓴다ㅜㅜ

일손 부족하다고
벌써 대체할 사람 구해온 거 있지ㅠ

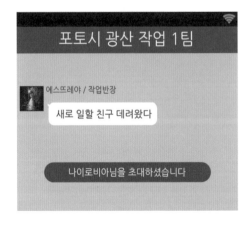

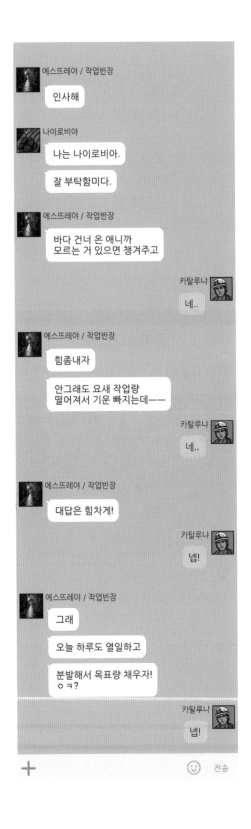

에스뜨레야 / 작업반장

인사해

나이로비아

나는 나이로비아.

잘 부탁함미다.

에스뜨레야 / 작업반장

바다 건너 온 애니까
모르는 거 있으면 챙겨주고

카탈루냐

네..

에스뜨레야 / 작업반장

힘좀내자

안그래도 요새 작업량
떨어져서 기운 빠지는데——

카탈루냐

네..

에스뜨레야 / 작업반장

대답은 힘차게!

카탈루냐

넵!

에스뜨레야 / 작업반장

그래

오늘 하루도 열일하고

분발해서 목표량 채우자!
ㅇㅋ?

카탈루냐

넵!

하아… 진짜…
난 아직도 이렇게 슬픈데ㅜㅜ

근데 작업반장이 데려온 애…
나랑 생긴 게 좀 달라서 그랬는데
알고 보니 꽤 괜찮은 애더라ㅎ

여기 말고 다른 데서 만났으면
더 잘 지낼 수 있었을 텐데…ㅜ

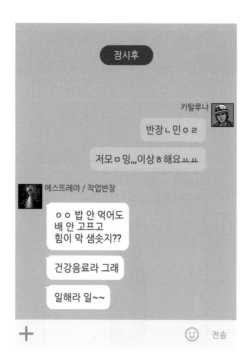

카탈루냐

반장ㄴ민ㅇㄹ

저모ㅁ밍,,,이상ㅎ해요ㅠㅠ

에스뜨레야 / 작업반장

ㅇㅇ 밥 안 먹어도
배 안 고프고
힘이 막 샘솟지??

건강음료라 그래

일해라 일~~

＋　　　　　　　　　　☺ 전송

"에스파냐 정복자들,
원주민 노동자들에게
마약의 일환인 코카잎을 먹게 하다."

"원주민들, 약에 취해
이틀간 먹지 않고도 일하게 되다."

그랬다고 합니다.

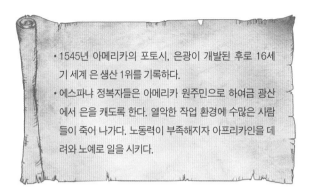

- 1545년 아메리카의 포토시, 은광이 개발된 후로 16세기 세계 은 생산 1위를 기록하다.
- 에스파냐 정복자들은 아메리카 원주민으로 하여금 광산에서 은을 캐도록 한다. 열악한 작업 환경에 수많은 사람들이 죽어 나가다. 노동력이 부족해지자 아프리카인을 데려와 노예로 일을 시키다.

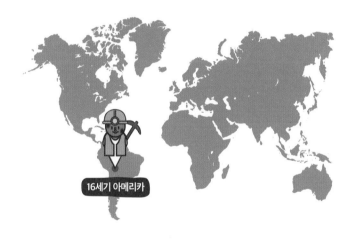

16세기 아메리카

1300년   1400   1500   1600   1700   1800

1492년~1598년

대항해 시대, 변화하는 대서양세계

16세기 역사는 지중해나 아라비아해 같은 좁은 바다가 아닌 대서양, 태평양 같은 대양 위에서 전개되었다. 본격적인 신항로 개척이 이루어진 이 시기를 일명 '대항해 시대'라고 부르기도 하는 것은 이런 이유 때문이다. 대항해 시대는 전 대륙 간 교류가 일어나면서 진정한 의미의 '세계사'가 시작된다는 의미이기도 하지만, 그것은 유럽 중심의 유럽인의 부를 위한 세계사의 출발을 의미하기도 했다. 또한 이는 다른 대륙의 희생을 전제로 하는 것이었다.

아메리카 원주민, 아프리카 노예, 그리고 새로운 사람들

1545년 남아메리카의 에스파냐 식민지 포토시볼리비아에서 연간 생산량이 16톤에 달하는 은광이 발견되었다. 에스파냐의 전체 은 생산량보다 일곱 배나 많은 양의 은을 매해 생산할 수 있게 된 것이다. 황량한 고원에 지나지 않았던 포토시는 은광이 발견된 후 인구 15만 명의 아메리카 최대 도시가 된다. 에스파냐 카를로스 1세가 "나는 풍요로운 포토시 그 자체"라고 표현할 정도로 포토시는 부의 상징이 되었다. 시가지에 사원과 궁전, 수도원과 도박장이 세워지고 집집마다 발코니에 화려한 비단과 면직물들이 걸릴 정도였다. 그러나 광산으로 올라가면 정반대였다. 본래 이 산의 주인인 원주민들은 헐벗고 굶주린 채 혹사당했다. 그들은 포토시를 '사람 잡아먹는 은빛 광산'이라고 불렀다.

1492년 콜럼버스가 서인도 제도에 도착하면서 유럽인의 아메리카 침략의 역사가 시작되었다. 황금 신화에 이끌려 아메리카로 이주해온 에스파냐인은 금광과 은

광의 채굴, 사탕수수 재배 등에 원주민들을 동원해 혹사시켰다. 특히 이사벨 여왕이 1503년 도입한 '엥코미엔다'는 원주민 착취를 더욱 부추겼다. 엥코미엔다는 원래 아메리카 발견 직후 원주민이 급속히 노예화되고 인구가 격감하자 이에 대처하기 위해 '원주민 보호'를 조건으로 왕으로부터 토지와 원주민의 사용 권리를 위탁받는 제도였다. 아메리카 식민지 개발에 공이 있는 사람에게 해당 지역을 소유하게 하는 대신 원주민을 기독교로 교화시키기 위한 것이었다.

그러나 에스파냐인들은 보호는커녕 원주민을 착취하고 학대했으며, 심지어 이를 세습해 봉건영주가 되었다. 결국 원주민은 가혹한 노동과 유럽인이 들여온 전염병을 이기지 못하고 빠르게 줄어들었다. 1492년 당시 30만이었던 히스파니올라의 주민이 2만에 불과할 정도로 격감했다.

에스파냐 정복자들이 부족한 일손을 채우기 위해 선택한 것은 대서양 삼각무역을 통해 아프리카인을 노예로 들여오는 것이었다. 19세기 노예제도가 완전히 사라질 때까지 많게는 4000만 명에 이르는 아프리카인이 노예사냥을 통해 붙잡혀 배에 실렸고, 그중 수백만 명이 항해 도중 목숨을 잃었다. 그리고 아메리카에 도착한 아프리카인들은 사탕수수 농장 등으로 끌려가 평생을 노예로 일하다가 자손에게 그 삶을 물려주었다.

이러한 역사를 배경으로 중남아메리카에는 새로운 사람들이 출현한다. 이들은 차별 속에서도 중남아메리카의 새로운 주인공이 될 준비를 하게 된다. 유럽인과 아메리카 원주민의 혼혈인 메스티소, 유럽인과 아프리카인의 혼혈인 물라토, 아메리카 원주민과 아프리카인의 혼혈인 삼보 등이 그들이다.

유럽인의 일상이 변하다

아메리카의 금과 은은 처음에는 제국을 정복한 뒤 약탈에 의해 에스파냐로 넘어갔다. 하지만 포토시 은광을 시작으로 멕시코 지역의 사카테카스와 과나후아토 등지에서 대규모 은광을 발견한 후로는 채굴에 의해 수많은 은이 에스파냐로 건너갔다. 이렇게 연평균 3만 킬로그램에 달하는 대량의 은이 에스파냐로 반입되자 유럽 경제에 중대한 변화가 일어났다. 당시 주요 화폐로 쓰이던 은이 쏟아져 들어오자 유럽의 물가가 폭등하기 시작한 것이다.

'가격혁명'이라 불리는 이 현상이 1세기에 걸쳐 진행되면서 고정적인 수입을 얻던 봉건영주는 타격을 입은 반면 상공업 계층은 이득을 얻었다. 상인들은 모은 돈으로 조직적인 상사를 차렸고, 체계적으로 돈을 굴리고 장부를 정리하며 제조업체에 사고팔 상품을 발주했다. 이들이 생산과 유통을 합리적으로 이끌자 상업자본의 이윤이 늘어났고, 이로써 자본 축적과 근대적 기업 성장이 촉진되어 유럽이 자본주의로 나아가는 결정적 계기가 되었다. 이는 결국 유럽의 정치, 종교, 문학, 예술, 과학 등 거의 전 분야에서 '혁명'과 같은 변화를 이끌어낸다.

또한 동방과 신대륙의 차, 향료, 담배, 감자, 코코아, 옥수수와 같은 다양한 산물이 신항로를 통해 유럽으로 흘러들어왔다. 이 덕분에 유럽인의 식탁은 풍요롭게 변화했다. 독특한 맛뿐 아니라 육류의 소화를 돕는 파인애플은 상류층에서 고급 디저트로 인기를 누렸고, 고구마는 일반 대중까지도 쉽게 버터구이, 파이, 튀김 등 다양한 요리로 즐길 수 있는 식재료가 되었다. 매운 칠레고추, 달콤한 바닐라는 필수적인 아메리카산 향신료였으며, 아메리카인들이 사료로 경작했던 옥수수는 유럽에서 사료 겸 식용으로 재배되었다.

에스파냐 절대왕정과 무적함대

1571년 1월 펠리페 2세1556~1598재위의 에스파냐 함대가 서유럽 최대의 적 오스만 제국을 격파했다. 그리스의 레판토 앞바다에서 가라앉는 오스만 함대를 바라보며 총사령관 돈 후안과 유럽의 해군은 "에스파냐왕 펠리페 2세 만세!"를 외쳤다.

오스만이 몰타 공략에 실패1565하자 유럽인들은 그들이 무적이 아니라는 사실을 알게 되었다. 그러던 중 교황은 펠리페 2세에게 이슬람교도들이 키프로스섬을 침략했으니 도와 달라며 급보를 보낸다. 동맹을 맺은 베네치아, 제노바 등의 함대가 오스만 격파를 위해 시칠리아에 집결하자, 펠리페 2세는 돈 후안에게 전함 200척을 맡겨 급파했다.

돈 후안의 지휘 아래 316척에 이르는 연합국 함대는 키프로스를 장악한 오스만 제국의 210척 이슬람 함대를 레판토 앞바다로 끌어내 승부를 벌였다. 바다를 메운 500여 척 중 그동안 대서양을 넘나들며 위세를 떨쳤던 에스파냐 대형 범선 6척이 엄청난 위력을 발휘했다. 함포 사격에도 끄떡없는 이 범선에 부딪힌 오스만의 갤리선은 바다로 곤두박질쳤고 배 위에서는 백병전이 벌어졌다. 오스만 해군 전사자가 2만 5000명, 기독교 해군 전사자가 8000명에 이르렀던 이 전투는 에스파냐 연합 함대의 대승으로 끝났다. 게다가 이 전투를 통해 오스만의 갤리선에서 노를 젓던 기독교도 노예 1만 2000명이 해방되기도 했다.

오스만 제국은 레판토 해전이라 불리는 이 해전을 통해 동지중해의 패권을 잃었다. 반면 에스파냐의 위상은 유럽에서 무적함대의 명성과 함께 급상승했다.

최초의 근대 소설 『돈키호테』의 작가인 에스파냐의 세르반테스1547~1616는 나폴리에서 입대해 레판토 해전에 참가했고, 부상 후유증으로 평생 왼손을 쓰지 못해 '레판토의 외팔이'라는 별명을 얻기도 했다. 그는 후에 전쟁에 나갔다가 1575년 본국으로 돌아오던 중 이슬람 해적의 습격을 받아 노예가 되는 등 불행한 사건과 극심한 생활고로 점철된 생을 살았다. 그러나 이 모든 것이 그가 『돈키호테』라는 에스파냐 국민 문학 작품을 탄생시킨 자양분이 되었고, 그를 에스파냐의 국민 작가로 거듭나게 한 원동력이 되었다.

이 시기 에스파냐는 '해가 지지 않는 제국'이라 불리며 최고의 전성기를 구가했다. 펠리페 2세는 나폴레옹 이전의 유럽에서 가장 넓은 영토를 가졌던 신성로마 제국 카를 5세에스파냐 카를로스 1세의 아들이었다. 이베리아 연합 아래 포르투갈 지배를 통해 동방의 동쪽 항로까지 장악한 펠리페 2세는 포르투갈의 마리아, 영국의 메리피의 메리, 프랑스의 엘리자베트, 오스트리아의 아나와의 결혼을 통해 에스파냐 국왕만이 아닌 포르투갈, 영국, 아일랜드 왕국의 왕까지 겸했다. 이에 펠리페 2세는 에스파냐뿐 아니라 유럽 전반에 걸쳐 영향력을 끼치게 됐다.

그러나 신항로 개척과 함께 16세기의 중요한 흐름인 종교개혁은 신앙의 문제를 넘어 유럽의 정치 지형을 완전히 바꾸어놓았다. 아메리카에서 들어온 막대한 양의 은을 통해 지불 능력이 증대되면서 유럽의 최강국으로 떠오른 에스파냐는 철저한 가톨릭 국가였다. 그런데 1581년 에스파냐의 지배를 받던 네덜란드가 종교의 자유를 내세우며 독립을 선언한 것이다.

모직물 산업과 중계 무역으로 번성했던 네덜란드는 에스파냐에게는 식민지에서 들여온 상품을 유럽 전역에 내다 파는 중요한 무역 거점이었다. 이곳에서 종교개혁 이후 칼뱅파가 늘어나자 가톨릭의 수호사였던 에스파냐는 이들을 탄압하는 한편 무거운 세금을 부과하고 도시의 자치권까지 제한했다. 결국 네덜란드는 이에 반발해 독립을 선언했다. 에스파냐는 네덜란드와 이를 돕는 영국을 응징하기 위해 '무적함대'를 보낸다. 여기에는 30년 전 메리의 여동생이자 영국 여왕이었던 엘리자베스 1세에게 청혼했다 거절당한 펠리페 2세의 개인적 감정도 반영되었을 것이다. 그러나 무적함대는 영국 해군에게 패하고 만다1588.

이후 에스파냐는 위세가 꺾였고 '에스파냐의 세기'였던 16세기는 펠리페 2세의 몰락과 함께 저물어갔다. 네덜란드는 17세기 중반 베스트팔렌 조약1648을 통해 독립을 국제적으로 인정받게 되면서 놀라운 발전을 이룬다. 그리고 영국은 대양을 넘나들며 에스파냐의 '해가 지지 않는 제국'의 유업을 이어받는다.세계사록

📍 대서양 삼각무역

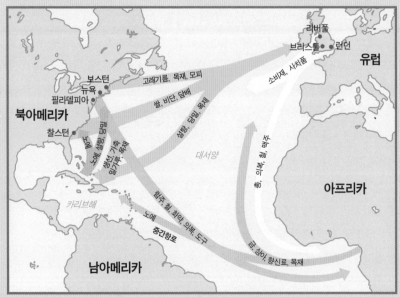

중간항로(The Middle passage)
아프리카 서해안과 서인도 제도 사이의 중간항로로 노예무역에 이용되었다.
럼주
당밀·사탕수수의 즙을 발효시켜서 증류한 술

헨리 8세의 아들타령

앤 불린　　　　나쁜놈ㅜ

헨리　　　　　헤어져

내로남불 막장드라마 보면
그런 캐릭터 꼭 나오잖아.

조강지처 내쫓고
안방마님 행세하는 내연녀.

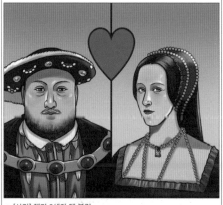

막장뉴스

헨리 8세, 캐서린과 이혼…
시중들던 궁녀 '앤 불린'과 결혼 예정…

▲ [사진] 헨리 8세와 앤 불린.

○○그 내연녀가 바로 나야…

나 태교 열심히 해서
건강한 아들 낳을래!!

+ 　　　　　　　　☺ 전송

아들 아들 아들

아들일지 딸일지 어떻게 아냐고?
아니! 얜 무조건 아들이어야만 해!

왜냐고?
내가 아들을 너무 너무
기다리고 있거든ㅋㅋㅋ

앤스타그램

앤 불린 @Anne_Boleyn　　📍사랑안에서

♥ 37,887명이 좋아합니다.
예쁜 공주님♥
#딸 #낳았어요 #다음엔꼭

그래, 뭐… 첫째니까.
앞으로 기회가 더 있겠지.

그런데…

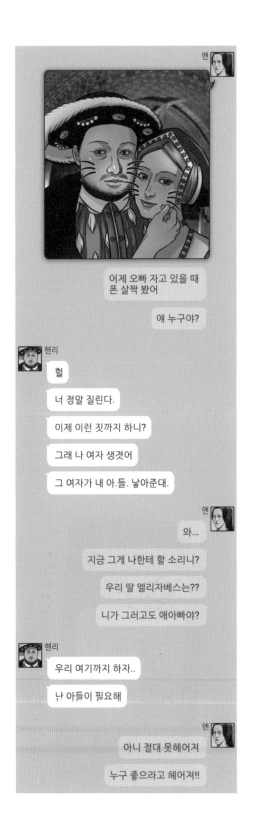

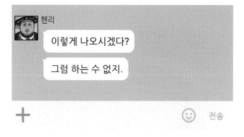

헨리

이렇게 나오시겠다?

그럼 하는 수 없지.

＋　　　　　　　　　　　　☺ 전송

하아… 믿는 도끼에
발등 찍힌다고
내 남편이 이럴 줄 몰랐지ㅠㅠ

아니, 믿지 말았어야 하나?
나랑도 전부인 배신때리고
시작한 거였으니???

하… 깝깝하다…

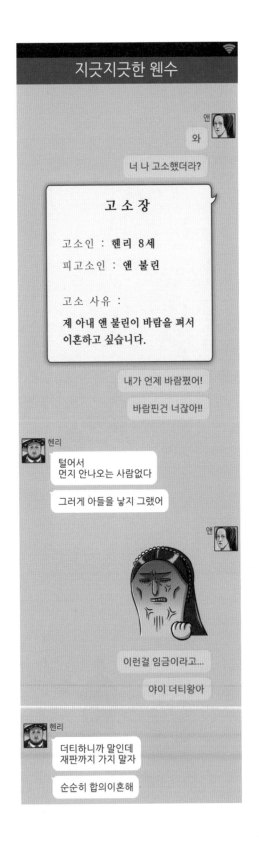

그랬다고 합니다.

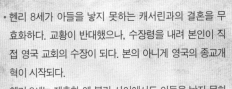

- 헨리 8세가 아들을 낳지 못하는 캐서린과의 결혼을 무효화하다. 교황이 반대했으나, 수장령을 내려 본인이 직접 영국 교회의 수장이 되다. 본의 아니게 영국의 종교개혁이 시작되다.
- 헨리 8세는 재혼한 앤 불린 사이에서도 아들을 낳지 못하다. 사이가 점차 틀어져 관계가 악화되다. 훗날 앤 불린에게 각종 죄를 물어 참수형을 선고하다.

1534년 잉글랜드

1300년   1400   1500   1600   1700   1800

철벽 치는 엘리자베스

펠리페　내꺼해라♥

엘리자베스　ㄲㅈ

I
청혼

난 잉글랜드 여왕, 엘리자베스.

그거 알아?
지존이 되고 나니ㅋㅋ
팔로수가 급 늘더라?

근데 대부분이 남.자.들ㅋㅋ

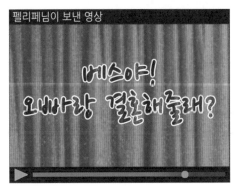

애인 있어요

남친이냐고?
아니!! 절대!!!

저 느끼남 아오…
자기가 프로포즈하면
무조건 다 받아줄 줄 알았나 봐

내 대답?
당연히 ㄴㄴ

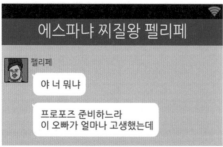

III
복수할 거야

좀 진부한 멘트긴 하지만,
난 정말 내 나라 사랑한다고!

내 조국
날로 먹으려는 펠리페 같은 놈이랑
결혼할 순 없지!!

그런데.

영국뉴스

펠리페, 에스파냐 무적함대 출격…
청혼 거절한 엘리자베스에 복수하나…

▲ [사진] 에스파냐의 무적함대.

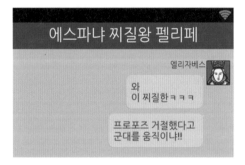

에스파냐 찌질왕 펠리페

엘리자베스

와
이 찌질한ㅋㅋㅋ

프로포즈 거절했다고
군대를 움직이냐!!

그랬다고 합니다.

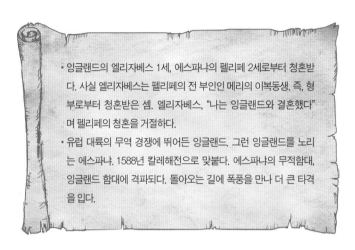

- 잉글랜드의 엘리자베스 1세, 에스파냐의 펠리페 2세로부터 청혼받다. 사실 엘리자베스는 펠리페의 전 부인인 메리의 이복동생, 즉, 형부로부터 청혼받은 셈. 엘리자베스, "나는 잉글랜드와 결혼했다"며 펠리페의 청혼을 거절하다.
- 유럽 대륙의 무역 경쟁에 뛰어든 잉글랜드. 그런 잉글랜드를 노리는 에스파냐. 1588년 칼레해전으로 맞붙다. 에스파냐의 무적함대, 잉글랜드 함대에 격파되다. 돌아오는 길에 폭풍을 만나 더 큰 타격을 입다.

1588년 잉글랜드

1300년 1400 1500 1600 1700 1800

세계사 돌보기 — ZOOM-IN

1509년~1603년

잉글랜드, 절대왕정의 정점에서

영국뉴스

**펠리페, 에스파냐 무적함대 출격···
청혼 거절한 엘리자베스에 복수하나···**

▲ [사진] 에스파냐의 무적함대.

로마 가톨릭과 결별하다

잉글랜드의 16세기를 연 헨리 8세(1509~1547재위)는 장미전쟁으로 튜더 왕조를 연 아버지 헨리 7세와 요크가 엘리자베스의 둘째 아들로 태어났다. 풍부한 인문적 취향을 가졌던 헨리 8세는 18세의 나이에 국왕으로 즉위한 뒤 인문주의자 토머스 모어를 대법관에 임명했고, 에라스뮈스를 초빙해 강연도 들었다. 활쏘기는 전문가 수준이었으며 음악 애호가이기도 했다.

그의 6번에 걸친 결혼의 시작은 당시 유럽의 최강대국 에스파냐의 공주 캐서린과의 결혼이었다. 당시 변방의 섬나라였던 잉글랜드는 왕권 강화를 위해 15세의 왕세자 아서로 하여금 이사벨과 페르난도의 16세 딸을 신부로 맞아들이게 했다. 그때 10세였던 헨리는 그녀의 호위 대열에 끼여 형수를 처음 만났다. 그러나 아서는 결혼하고 몇 달 후 병사했고, 헨리는 이전 결혼을 무효화한 결정을 받아들여 형수 캐서린을 왕비로 맞았다.

왕위 계승자가 될 아들을 얻어 왕권을 안정시키길 원했던 헨리 8세는 캐서린이 수차례에 걸친 임신과 유산 중에 딸 메리만을 얻게 되자 앤 불린과 결혼해 아들을 얻고자 했다. 하지만 교황은 캐서린과의 이혼을 허가하지 않았고 이에 헨리 8세는 잉글랜드 교회를 로마 가톨릭으로부터 독립시키며 종교개혁을 단행한다1534. "잉글랜드 교회의 최고 수장은 국왕이다. 교황에게 바치던 세금을 폐지한다"는 내용의 수장령을 선포하고, 전국의 수도원을 해체한 뒤 재산을 몰수 조치하여 가톨릭교회와 결별했다. 이에 교황은 헨리 8세를 파문했다. 이런 '영국 국교회성공회' 체제는 엘리자베스 1세가 제정한 통일법1559에 따라 확고히 확립된다.

색다른 방식의 종교개혁이었지만 이 역시 단지 국왕 개인의 문제로 인해 일어난 것은 아니었다. 당시 영국인들은 교황청의 과도한 간섭과 부패에 염증을 느꼈고 간절히 개혁을 원했다. 또한 해상 무역 등으로 성장하던 중산층은 인쇄술 발달 덕분에, 영어로 된 기도서와 성경을 구해 읽으며 자연스럽게 신교에 호의를 갖게 되었다. 이런 분위기였기에 헨리 8세는 영국 국교회 설립의 명분을 찾을 수 있었고, 수도원을 개혁해 재산을 몰수함으로써 국가 재정까지 세울 수 있었다.

그러나 개혁은 더 나아가지 않고 그 지점에서 멈췄다. 국민이 일상과 결합된 로마가톨릭 의식까지 뿌리째 개혁하길 원하지 않는다는 것을 간파했던 헨리 8세는 수도원과 종교재판을 제외한 나머지 의식은 그대로 유지했다. 그래서 그의 시대에는 종교적 갈등이 크게 부각되지 않았다. 대신 그는 중앙집권화와 법령 개정 등에 심혈을 기울여 절대왕정의 기초를 마련했다.

한편 토머스 모어는 헨리 8세와 앤의 결혼을 반대했다. 그는 교황청에 캐서린과의 혼인 무효를 요청하는 편지를 쓰고 수장령에 서명하기를 끝까지 거부해 런던탑에 갇힌다. 그리고 구금된 지 2년 만인 1535년 7월 6일 아침 런던탑에 이어져 있는 타워 힐의 단두대에서 참수형에 처해졌다.

결국 헨리 8세는 앤과 결혼했다. 하지만 앤 역시 수차례의 임신과 유산을 반복하다 결국 딸 엘리자베스 하나만 남기고 처형1536되었다. 이후 제인 시모어가 아들 에드워드를 힘겹게 낳고1537 산욕열로 사망한 뒤, 헨리 8세는 세 번 더 결혼했지만 아들을 얻지는 못했다.

절대여왕 엘리자베스 1세

1504년 이사벨 1세가 눈을 감는다. 이베리아반도 카스티야 왕국의 공주로 태어나 결혼을 통해 포르투갈을 제외한 반도 전역을 통합해 에스파냐 왕국을 탄생시킨 이사벨 1세. 그녀는 또한 아메리카 식민지를 개척해 에스파냐를 '해가 지지 않는 제국'으로 발전시킬 기초를 세운 서유럽 역사상 가장 위대한 군주 중 한 명이었다.

이사벨 1세가 세상을 떠나고 반세기가 지난 1558년. 그녀 못지않게 영민한 엘리자베스 1세1558~1603재위가 25세의 나이로 잉글랜드 튜더 왕조의 마지막 군주로 즉위한다. 그녀는 어머니 앤이 왕에게 처형당한 후 사생아 취급을 받기도 했지만 당대 최고의 교육을 받으며 성장했다. 그리스 로마 고전, 특히 철학과 역사 서적을 탐독하며 지식과 야망을 키운 그녀는 왕위에 오른 뒤에도 자기보다 책을 많이 읽은 학자는 거의 없다고 입버릇처럼 말하곤 했다. 키케로와 플루타르코스의 작품을 번역하는 것이 취미였던 엘리자베스가 화를 가라앉히기 위해 26시간 동안 쉬지 않고 『철학의 위안』이라는 책을 번역했다는 얘기도 전해진다.

그녀는 동생 에드워드 6세1547~1553재위의 6년이라는 짧은 치세 후 열렬한 가톨릭교도였던 이복언니 메리 1세1553~1558재위, 피의 메리가 즉위한 뒤에는 런던탑에 갇히는 등 신변에 위협을 받기도 했다. 그러나 쇠약해진 메리 1세가 감기를 이기지 못하고 급서하면서 그녀의 시대가 열린다.

엘리자베스 1세는 왕권에 협조적인 의회의 동의를 얻어 국정을 수행했다. 그녀는 대내적으로는 통일법을 통해 영국 국교회를 확립하여 종교에 대한 중용과 안정을 이루고자 했고, 대외적으로는 북아메리카를 중심으로 한 식민지 개척을 위해 해외 원정에 총력을 기울였다. 북아메리카에 최초로 영국 식민지를 건설한 월터 롤리와 세계를 항해한 프랜시스 드레이크가 그녀의 신하들이었다. 특히 월터 롤리는 "나는 잉글랜드와 결혼했다"라며 평생을 독신으로 보낸 엘리자베스 여왕을 위해 북아메리카 플로리다 북부를 '버지니아처녀의 땅'라 이름 붙였다.

에스파냐의 이사벨 1세가 세계 최강으로 육성한 '국제 해양경찰' 무적함대를 '해적선'이 다수 포함된 섬나라 잉글랜드 여왕의 함대가 전멸시킨 사건은 유럽 역사의 큰 전환점이 되었다. 먼저 싸움을 건 쪽은 잉글랜드였다. 드레이크 같은 '해적'들이 에스파냐 무역선을 나포하거나 에스파냐 해안을 노략질했음에도 잉글랜드 정부는 이들을 지원했다. 뿐만 아니라 에스파냐가 후원하던 스코틀랜드의 여왕이자 가톨릭교도인 메리 스튜어트를 참수1587해 '가톨릭의 수호자'를 자처하던 펠리페 2세피의 메리의 남편를 격분시켰다.

레판토 해전 때를 능가하는 에스파냐의 대함대가 영국으로 발진했다. 해군 8000명, 육군 1만 9000명, 대포 2000문으로 무장한 127척의 무적함대는 플리머스 앞바다에서 초승달 대형으로 잉글랜드 함대를 포위했다. 그러나 '해적' 활동으로 단련된 잉글랜드군은 뛰어난 기동력으로 포위망을 돌파했고 좁은 도버해협으로 적을 유인했다. 사령관 드레이크가 야음을 틈타 화공을 감행하자 칼레항은 불바다가 되었고 치명타를 맞은 무적함대는 결전 뒤 폭풍까지 만나 불과 54척의 난파 선단이 되었다.

이 승리로 잉글랜드는 대서양 무역의 주도권을 장악해 유럽의 패자로 등장했다. 그리고 에스파냐는 '대서양의 지는 해'가 되었다. 에스파냐는 왕권 강화 과정에서 영주나 기사 같은 봉건 계급은 신속히 도태시켰지만, 신흥 중산층이 성장할 토양인 상공업에 투자하지 않았다. 게다가 국가는 대외무역의 부를 독점한 채 가톨릭 수호를 위한 전쟁과 신교 탄압에 이를 탕진했다.

반면 가톨릭과 결별한 잉글랜드는 국가가 직접 나서기보다 '모험상인'의 해외 진출을 돕고 상업을 보호 육성하는 중상주의 정책을 폄으로써 진취적이고 국가에 충성하는 중산층을 탄생시켰다. 이는 국민들에게 일체감을 형성시켰고 국민 문학의 황금기를 불러왔다. 윌리엄 셰익스피어의 문학과 프랜시스 베이컨의 경험론 철학이 그 결과물로, 당시 대중들이 집 안에 악기를 갖추어 음악을 즐길 정도로 문화가 활짝 꽃피었다.

잉글랜드가 무적함대를 물리친 사건은 이익 창출을 돕는 국가에 충성하는 잉글랜드의 신흥 중산 계급이 종교적 사명감만 앞세운 채 아메리카에서 쏟아져 들어온 부를 소비하던 에스파냐 정부에 맞서 거둔 승리였다. 그리고 그 정점에는 영국 국교회를 확립해 종교를 안정시키고 식민지 개척을 지원했으며, 화폐 개혁, 모직물 산업 육성, 동인도 회사 설립 등으로 경제를 발전시킨 엘리자베스 여왕이 있었다. 그녀가 통치한 튜더 왕조의 마지막 45년 동안 잉글랜드는 유럽의 변방 작은 섬나라에서 명실상부한 유럽 최강국으로 변화했다. 그리고 잉글랜드는 이 절대왕정기의 발전을 발판으로 훗날 대영제국으로 변모한다. 세계사록

신항로 개척

그린란드

허드슨(4차)

허드슨만

캐벗(2

북아메리카

카르티에

허드슨강

베라차노

콜럼버스(1차)

바하마

멕시코

쿠바

코르테스

히스파니올라

대서양

테노치티틀란

발보아

드레이크

베스푸치(1차)

피사로

브라질

페루

남아메리카

리마

리우데자
네이루

다가

마젤란

베스푸치(2차)

카브

마젤란

태평양

마젤란해협

포르투갈

→ 디아스(1497) 희망봉

---→ 다가마(1497~1498) 인도항로

〜〜→ 카브랄(1500~1501) 브라질

·······→ 베스푸치(2차 1501~1502) 남아메리카
　　　　　남북해안선

에스파냐

→ 콜럼버스(1차 1492~1493) 바하마·히스파니올라

·······→ 베스푸치(1차 1499) 남아메리카 동서해안선

---→ 발보아(1512~1513) 태평양(남해)

〜〜→ 마젤란(엘카노)(1519~1522) 세계일주

스발하르
(1차)
허드슨(3차)
허드슨(2차)
세베르니섬

유럽
아시아
중국
카스피해
지중해
아라비아
인도
마카오
필리핀
고아
캘리컷
코친(고치)
믈라카
드레이크
아프리카
향료제도
케이프타운
엘카노
오스트레일리아

마카롱 핵인싸

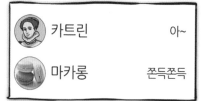

| 카트린 | 아~ |
| 마카롱 | 쫀득쫀득 |

I

혼수

얘두라~
언니 시집간다ㅋㅋ

그래서 요즘 바빠ㅋ
준비할 게 많거든ㅎㅎ

웨딩스타그램

카트린 @Catherine

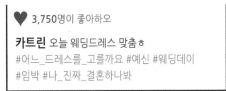

카트린 오늘 웨딩드레스 맞춤ㅎ
#어느_드레스를_고를까요 #예신 #웨딩데이
#임박 #나_진짜_결혼하나봐

스드메는 끝났구
가장 중요한 게 남았네ㅍ

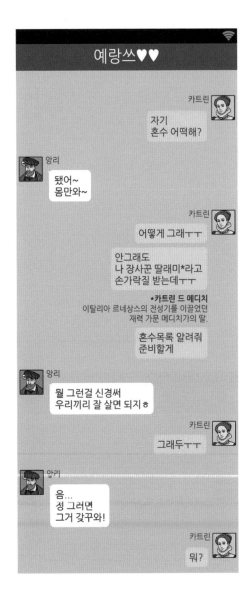

우리 예랑쓰…
취향도 고급지지ㅋㅋㅋㅋ

자기가 원하는 거니까
꼭 델꾸 가야지>.<

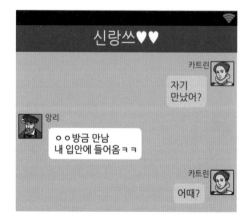

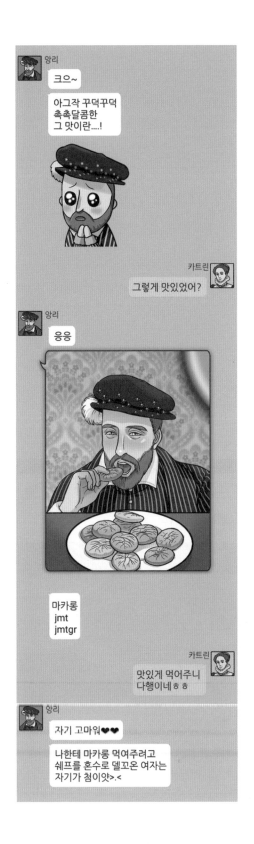

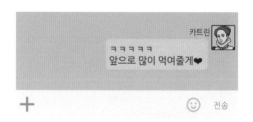

ㅋㅋㅋㅋㅋ
앞으로 많이 먹여줄게♥

☺ 전송

ㅋㅋ귀엽긴~
하긴, 프랑스엔 이런 거 없지?

기대해~
메디치 가문의 인싸력
제대로 보여줄게♥

냠스타그램 ①

카트린 @Catherine ···

♥ 8,137명이 좋아하오

카트린 친정에서 즐겨먹던 간식 만들어봤어요ㅎㅎ
#새댁스타그램 #집밥카선생 #마카롱 #고향의맛

앙리

자기❤
뭐 하나만 물어봐도돼?

카트린

뭔데?

앙리

이거 뭐야?

카트린

ㅋㅋ포크랑 나이프야
친정에서 가져온거ㅎㅎ

앙리

아아ㅋ

사실 내 친구들이
자기 인수다 보고
자꾸 물어봐달래서ㅋㅋ

제품 공유 가능하냐는데?

카트린

ㅋㅋ직구사이트 알려줄게

앙리

그리고 자기 혹시
샤워할때 무슨 물로 해?

카트린

잉?
자기랑 똑같은 수돗물 쓰지ㅎ

앙리

자기한테서 굉장히
좋은 향기 나던데?

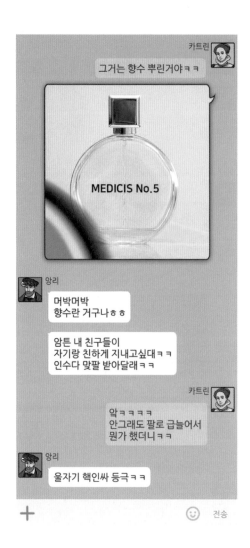

그렇다고 합니다.

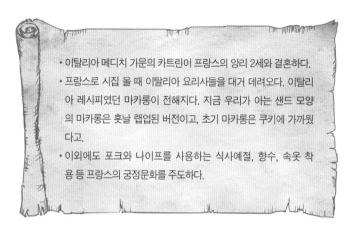

- 이탈리아 메디치 가문의 카트린이 프랑스의 앙리 2세와 결혼하다.
- 프랑스로 시집 올 때 이탈리아 요리사들을 대거 데려오다. 이탈리아 레시피였던 마카롱이 전해지다. 지금 우리가 아는 샌드 모양의 마카롱은 훗날 랩업된 버전이고, 초기 마카롱은 쿠키에 가까웠다고.
- 이외에도 포크와 나이프를 사용하는 식사예절, 향수, 속옷 착용 등 프랑스의 궁정문화를 주도하다.

16세기 유럽

1300년   1400   1500   1600   1700   1800

살 떨리는 웨딩마치

샤를	미안해
카트린	,,,,,ㅋ
콜리니	ㅂㄷㅂㄷ

I

위험한 사돈

결혼해본 사람은 알 거야.
남녀 둘이 좋다고
다 결혼하는 게 아닌 걸.

결혼… 그거슨
집안과 집안의 결합
준비하다 파토나는 커플들 많이 봤지.

근데 이 결혼은 시작부터
그른 것 같아… ㅜㅜ

콜리니 / 정치파트너 / 위그노

네

카트린 / 마더 / 가톨릭

콜장군은 여전히
꽁해있나 봅니다,,ㅎ

콜리니 / 정치파트너 / 위그노

아직도 욱신거립니다만?

카트린 / 마더 / 가톨릭

날 의심하는 건가요??

거참 오해라니까 그러네,,

난 암살사주 같은 거
한 적 없다니까??

콜리니 / 정치파트너 / 위그노

흠....

암튼 이 일은 반드시
진상규명 할 겁니다!!

하! 그러시든지!!

샤를

하아.... 엄마...

콜장군...

제발 그만해요...
좋은날 왜그래..진짜...

\+   😊   전송

위그노

신부 집안은 가톨릭,
신랑 집안은 개신교.

같은 하느님 믿는 건데
의견 차이로
오지게도 싸운다ㅜㅜ

언제쯤 화해할 수 있으려나??

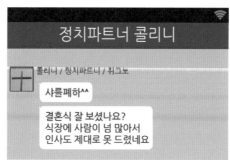

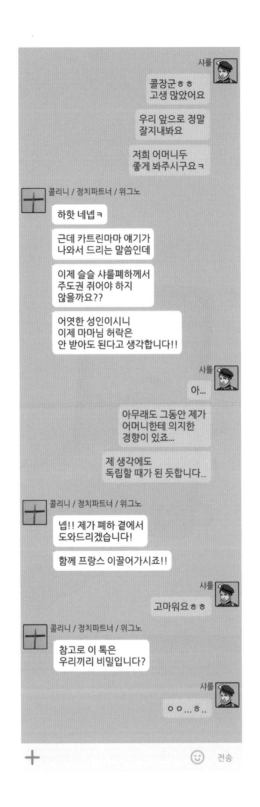

근데 콜 장군
그대가 모르는 게 있는데
피는 물보다 진하달까,

내가 말 잘듣는
엄마 아들이랄까ㅜㅜ

귀신 같은 우리 엄마ㅠㅠ

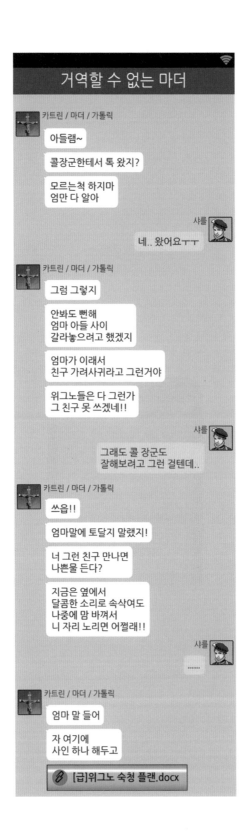

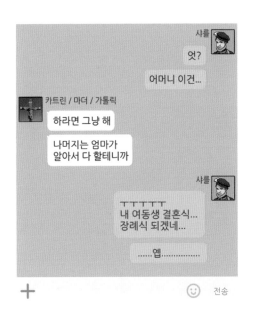

그랬다고 합니다.

- 1572년 8월 24일, 성 바르톨로메오 축일에 로마 가톨릭에 의한 프랑스 개신교도 위그노 대학살이 자행되다.
- 가톨릭과 위그노의 화해의 장이었던 샤를 9세의 여동생과 나바르 앙리의 결혼식을 축하하기 위해 참석했던 위그노들, 일순간 습격당하다. 이를 시작으로 습격이 전국으로 퍼져 수만 명의 위그노들이 희생된다.

1572년 프랑스

1300년	1400	1500	1600	1700	1800

프랑스 종교전쟁과 부르봉 왕조의 탄생

16세기는 프랑스의 부르봉 왕조1589~1792, 1814 ~1830가 탄생한 시기다. 부르봉 왕조는 프랑스 대혁명 때 루이 16세의 처형으로 단절되었다가 부활한 후 1830년 혁명으로 막을 내린다. 부르봉 왕조는 그 종말이 혁명이라는 혼란과 맞닿아 있는데, 그 탄생 또한 발루아 왕조 말기 종교전쟁이라는 독특한 상황과 연결되어 있다.

16세기 가톨릭 국가였던 프랑스에서 칼뱅주의의 영향을 받은 신교도들의 세력이 커져가기 시작했다. 이미 십자군전쟁 시기 교황에 의해 알비파가 탄압을 받을 만큼 반反교황 세력이 컸던 남부가 중심이었다. 프랑스 출신이었던 칼뱅이 제네바에서 프랑스에 선교사를 특히 많이 파송했던 영향도 있었을 것이다. '위그노'라는 호칭은 1560년 이후 로마 가톨릭 측에서 프랑스 칼뱅파를 부를 때 사용하기 시작했는데, 성인 '위그'와 칼뱅파의 스위스 연방 맹약을 번역한 '에뇨'의 합성어에서 유래했다고 한다.

위그노들은 1562년 가혹한 탄압에 반발해 봉기했다. 그리고 이것은 가톨릭을 지지하는 귀족과 칼뱅주의를 지지하는 시민 상공업자 사이의 종교전쟁으로 확산되어 1598년까지 8차에 걸쳐 계속된다. 그 와중에 1572년 8월 '성 바르톨로메오 축일의 대학살'이 벌어진다. 이는 로마 가톨릭교인과 위그노 사이의 종교전쟁 가운데 벌어진 가장 끔찍한 참극이다.

당시 국왕 샤를 9세1560~1574재위의 여동생이자 가톨릭교도인 마르그리트 드발루아는 프랑스 공주 중 가장 아름다웠다고 한다. 국왕의 처남이 될 신랑 나바르 공의 앙리 왕자가 위그노였기 때문에 이들의 결혼은 가톨릭교도과 위그노의 결합으로 의미가 컸다. 그러나 이들이 결혼하는 축일에 파리 시가지는 피로 물든다.

파리는 결혼식을 축하하기 위해 전국에서 모인 위그노로 가득 찼다. 그런데 위그노들이 왕실에 위해를 가하려 한다는 소문이 돌았고, 국왕은 파리로 들어오는 모든 문을 닫아걸고 "위그노를 보이는 대로 학살하라"는 명령을 내린다. 근위병들은 위그노들이 묵는 여관이나 가정집을 무차별적으로 습격하고, 곳곳에 저격병을 배치하여 결혼식장으로 가는 위그노 귀족들을 총과 활로 쏘아 죽였다. 파리가 순식간에 인간 도살장으로 변하는 순간이었다.

이튿날 사태의 심각성을 인식한 샤를 9세가 '학살금지령'을 내렸으나 이미 이성을 잃은 가톨릭교도들은 파리에서만 2000명이 넘는 위그노들을 죽였다. 살인극은 인근 오를레앙과 리옹까지 번졌으며, 위그노는 복수를 선언한다. 이 대학살은 표면적으로는 가톨릭교도와 위그노 사이의 뿌리 깊은 악감정이 폭발한 것이지만, 실상 왕실과 귀족이 이들의 악감정을 정치적으로 이용한 것이었다.

이 대학살은 국왕 샤를 9세의 어머니이자 섭정인 카트린 드메디시스1519~1589의 연출이었다. 그녀는 피렌체의 유명한 메디치 가문의 마지막 적장자 후손으로 프랑스 앙리 2세와 결혼해 왕비가 되었다. 이탈리아 예술과 요리를 프랑스 궁정에 도입한 것으로 유명한 그녀는, 남편이 토너먼트 시합에서 입은 부상으로 사망한 후 차남 샤를 9세가 즉위하면서 실권을 장악했다. 그녀의 유일한 관심은 가톨릭과 위그노 사이에서 균형을 잡아 왕권을 유지하는 것이었다. 가톨릭교도인 기즈가가 왕권을 위협할 때는 위그노를 부추겨 전쟁을 일으켰고제1차 위그노전쟁, 위그노의 세력이 커지면 기즈가를 부추겼다. 그녀의 사주를 받은 기즈가는 위그노 재상 콜리니를 암살하려 했으나 실패한다. 이에 자신의 사주가 발각될 것이 두려웠던 카트린은 수천 명을 죽이는 학살극으로 사태를 확대시켰다.

혼란을 수습한 것은 앙리 4세1598~1610재위로 부르봉 왕조를 연 나바르의 앙리 왕자였다. 앙리 4세는 낭트에서 칙령을 발표1598해 위그노에 대한 탄압을 중지하고 위그노는 자신의 방식대로 예배할 자유를 가지며 공직 취임에 제한을 받지 않음을 선포한다. 위그노의 지도자였던 앙리 4세는 가톨릭으로 개종하는 대신 프로테스탄트의 권리를 일부 보장하는 것으로 타협하며 전쟁을 끝냈다.

앙리 4세는 자신의 결혼을 이용해 참극을 벌였던 카트린은 물론이고 마르그리트 공주와도 사이가 좋지 않았다. 그러다 1600년, 22세나 어린 25세의 마리 드메디시스1573~1642와 결혼한 앙리 4세는 그녀에게서 아들 루이 13세1610~1643재위를 얻는다. 마리를 프랑스 왕비로 앉히기 위해 메디치 집안은 60만 크라운의 지참금을 앙리 4세에게 바쳤고, 프랑스 역사상 최고였던 그녀의 지참금은 헤아리는 데만 두 달이 걸렸다고 한다. 프랑스는 이를 통해 막대한 부채와 이자를 갚았고 재정 개혁과 산업, 농업 장려 정책의 발판을 마련했다.

이어진 마리의 섭정과 죽음 이후 메디치 가문의 프랑스에 대한 영향력은 사라졌다. 하지만 문화는 프랑스 왕실에 남았다. 식탐 탓이었는지 점점 살이 올라 '뚱뚱한 이탈리아인'이라 불렸던 마리는 지참금과 함께 요리사도 잔뜩 데리고 프랑스에 도착했다. 카트린 드메디시스를 통해 이식된 이탈리아 피렌체의 궁정 문화, 즉 발레와 요리, 포크와 나이프 사용의 식탁예절과 아이스크림, 마카롱 같은 고급 과자 등은 마리의 섭정 시대에 절정을 이루고 귀족 사회에 퍼진 끝에 프랑스식으로 굳어졌다. 그리고 루이 13세와 루이 14세 시대를 거치며 프랑스 절대왕정 격식의 일부가 되었고, 다른 유럽 국가들의 선망의 대상이 되기에 이른다. 세계사록

📍16세기 유럽 종교 분포

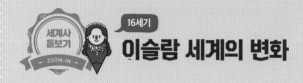
유럽이 종교개혁과 신항로 개척을 통한 격변을 맞고 있었던 16세기 중반. 인도에서 지중해 동부에 걸친 유라시아 대륙의 중심부에서는 이슬람 국가인 무굴 제국, 사파비 왕조, 오스만 제국이 제각기 번영을 누리며 성장하고 있었다.

사파비 왕조의 등장

기독교 세계가 가톨릭구교과 프로테스탄트신교로 나뉘어 대립한 것과 비슷한 현상이 이슬람 세계에서도 일어났다. 수니파가 주류를 이루는 이슬람 세계에서는 수많은 왕조가 나타났다 사라졌다. 그중 아바스 왕조와 같은 시아파는 10~12세기 파티마 왕조뿐이었는데, 1502년 이란 지방에 사파비 왕조1502~1736가 등장한 것이다.

이슬람의 침입에 사산 왕조 페르시아가 무너진642 뒤로 이란 지역은 800여 년간 셀주크, 몽골, 티무르 제국 등 이민족의 지배를 받았다. 사파비 가문의 이스마일1501~1524재위은 자신이 4대 칼리프 알리의 후손이라는 점을 정통성에 대한 근거로 내세워 샤국왕로 즉위하며, 유프라테스강으로부터 아프가니스탄에 이르는 이란 민족의 제국을 건설한다. 이는 알리의 후손만이 이슬람의 지도자가 될 수 있다는 시아파의 교리에 기반을 둔 것이었다.

백성들은 시아파의 종주국을 자처한 사파비 왕조를 환영했다. 그동안 이란인은 수니파 왕조와 이민족의 지배 아래 과중한 세금에 대한 불만과 신분 하락, 계층 몰락의 위기를 느끼고 있었다. 이로 인해 시아파를 지지하는 이란인들은 계속 증가했다.

사파비 왕조는 16세기 말 5대 샤인 아바스 1세1587~1629재위 때 국가 체제를 완비하고 수도를 '세계의 절반'으로 불리게 될 이스파한으로 옮겨 전성기를 맞는다. 아바스 1세는 비단 사업을 국영사업으로 전환하는 등 중상주의 정책을 펼쳤고, 오스만에 빼앗긴 바그다드를 되찾아 영토를 넓혔다. 사파비 왕조의 이란적인 이슬람 문화는 이를 바탕으로 번영했다.

무굴 제국 건국되다

14세기 후반 중앙아시아에서 몽골 제국의 재건을 내걸고 발전했던 티무르 제국은 15세기 후반 들어 쇠락했다. 그 마지막 숨을 끊은 것은 북에서 내려온 튀르크계 우즈베크인이었다1507. 멸망 10여 년 전부터 극심한 내분에 시달렸던 티무르 왕조는 칭기즈칸의 후예가 세운 우즈베크 칸의 샤이바니가 쳐들어오자 맥없이 무너지고 말았다.

티무르가 몰락하자 바부르1526~1530는 남은 병력을 이끌고 아프가니스탄 지방을 점령한 뒤 북인도로 침입해 델리 술탄 왕조를 무너뜨린다. 중앙아시아 출신으로 아버지계로는 티무르, 어머니계로는 칭기즈칸의 혈통을 이어받은 바부르는 자신이 몽골의 후예임을 내세워 건국한 나라 이름을 '무굴몽골을 의미하는 페르시아어의 변형, 1526~1877'로 정한다1526.

무굴 제국은 수니파 이슬람 국가였으나 초창기에는 생존을 위해 오스만 제국에 맞서 시아파 국가인 사파비 왕조와 협력하기도 했다. 인도 역사상 마지막 통일 왕조가 될 무굴 제국은 16세기 후반 3대 아크바르 대제1556~1605 시대를 맞아 인도 전역을 통치하는 대제국으로 발전하며 전성기에 돌입한다.

오스만 제국의 전성기1453년~16세기

16세기 오스만 제국은 이슬람 세계의 중심이었다. 그리고 그 중심에는 유럽인들에게 '위대한 술탄'으로 불렸던 대제 술레이만 1세1520~1566재위가 있었다. 메흐메트 2세가 1453년 콘스탄티노폴리스를 점령하고 비잔티움 제국을 복속시킨 이래 오스만은 유럽과 아프리카, 아시아로 진군했다. 술레이만솔로몬의 튀르크식 표기 시대의 오스만 제국은 그 영토가 3개 대륙에 달하며 전성기를 구가했다.

그러나 술레이만은 잉글랜드의 헨리 8세, 프랑스의 프랑수아 1세, 신성로마 제국의 카를 5세를 한꺼번에 상대해야 했고, 이슬람 세계에서 사파비 왕조와 무굴 제국이 성립하면서는 흡사 외교전쟁을 벌여야 했다. 특히 신성로마 제국과 에스파냐를 함께 장악한 합스부르크 왕가의 견제는 만만치 않았다. 당시 합스부르크 가문의 카를 5세는 신성로마 제국의 황제이며 독일 국왕 이외에도 수많은 지위를 가지고 있었다. 오스트리아 대공, 이탈리아 국왕, 카스티야, 레온, 아라곤 국왕이자 에스파냐 국왕카를로스 1세로 불렸다, 시칠리아 국왕, 나폴리와 사르데냐 국왕, 룩셈부르크 공작, 부르고뉴 공작 등이 그것이다. 유럽의 수호자를 자처했던 카를 5세는 오스만 제국의 서지중해 위협을 용납하지 않겠다고 선포하면서 사파비 왕조를 부추겨 오스만 제국을 공격하게 했다.

이에 비해 신성로마 제국을 경계해야 했으며 프랑스의 독실한 기독교도였던 프랑수아 1세1515~1547재위는 강력한 우방이 필요했다. 그는 오스만 제국이 카를 5세를 압박해준다면 프랑스가 우위에 설 수 있으리라는 판단하에 술레이만과 친구가 되었다. 1520년 즉위한 술레이만은 프랑스와 동맹을 맺고 오스트리아를 침략해 도나우 강을 경계로 삼는다. 그리고 헝가리를 정복한 뒤 유럽의 빈을 두 차례나 포위하면서 지중해 연안 상당 부분을 평정했다. 이에 따라 오스만 제국은 사실상 유럽의 일원, 그것도 가장 강성한 국가로 부상했다.

술탄 술레이만은 이슬람교 최고 지도자인 칼리프에 즉위1543하면서 명실상부한 정치와 종교의 지도자가 되었다. 그의 업적 중 하나는 공평한 『술레이만 법전』을 만들어 정치와 사회를 안정시켰고, 백성의 생활을 윤택하게 만든 것이다. 그를 카누니입법자라고 부르는 것은 이 때문이다.

이슬람 세계의 미켈란젤로라 불리는 최고의 건축가 미마르 시난1489~1588도 술레이만의 치세를 더욱 빛나게 했다. 그는 99세의 나이로 삶을 마칠 때까지 300개가 넘는 건축물을 세웠다. 콘스탄티노폴리스를 정복했던 메흐메트 2세는 성소피아 대성당을 처음 본 순간 웅장한 규모와 완벽한 예술적 아름다움에 감탄해 차마 이 건축물을 허물지 못하고 모스크로 바꾸었다고 전해진다. 성소피아 성당은 이후 오스만 건축가들이 튀르크 고유의 모스크 양식을 발전시키는 데 이상적 모델이 된다. 특히 직경이 무려 31.7미터에 달하는 중앙 돔에 필적할 수 있는 돔을 만들 수 있느냐가 관건이 되면서 오스만의 건축술은 더욱 발전했다.

시난이 1548년 완성한 세흐자데 모스크는 21세에 사망한 술레이만의 장자 메흐메트를 기리기 위해 지은 것으로 '왕자의 모스크'로 불린다. 이는 오스만 양식에 충실한 최초의 대형 건축물이다. 셀림 2세1566~1574재위 시기 성소피아 모스크와 거의 비슷한 셀리미예 모스크를 완공1574했을 때 시난의 나이는 84세였다.

오스만의 가장 아름답고 유명한 술탄 아흐메트 모스크는 시난의 수제자 메흐메트 아가가 1609년부터 7년에 걸쳐 건설한 것으로 벽과 돔에 사용된 타일이 푸른색과 녹색 위주여서 블루 모스크라고 불린다. 블루 모스크는 특히 6개의 미너렛이 유명하다. 보통 모스크의 미너렛이 1개이고, 많아야 4개였던 것에 비하면 독특한 형식인데, 이는 성소피아 모스크를 능가하고 싶어 했던 아흐메트 1세1603~1617재위의 염원 때문이었다고 한다.

술레이만 1세의 긴 재위 기간이 끝날 무렵 오스만은 막강한 제국이 되었다. 그

⦿ 16세기 이슬람 세계

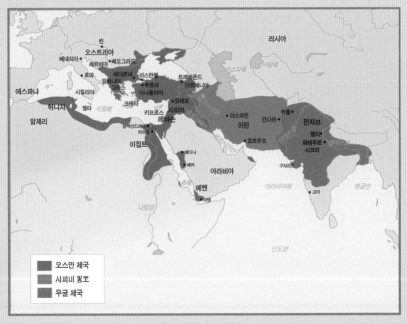

러나 신항로 개척으로 지중해의 중요성은 감소하고 있었고 오스만을 피해 대서양 쪽으로 항로를 개척한 에스파냐의 해군력은 점차 강화되고 있었다. 결국 셀림 2세 때 오스만 제국은 지중해 서쪽으로 세력을 넓히려다 레판토 앞바다에서 에스파냐 무적함대에게 패배했고1571, 이후 서서히 쇠락의 길을 걷기 시작한다.

　술탄 아흐메트 모스크가 건축될 무렵 오스만의 전성기는 끝나가고 있었다. 어쩌면 아흐메트는 모스크를 황금으로 뒤덮고 미너렛의 숫자를 늘려서라도 과거의 영광을 붙잡고 싶었던 것인지도 모른다. **세계사록**

talk 22
고구마는 줄을 타고

> 고구마   데헷 >.<

하나요

세관 신고

난, 과거 준비하다가
몇 번 광탈한 후로
사업에 뛰어든 진진룡이라고 해.

그래! 대세는 창업이잖아?

요즘에 해외 왔다갔다 하며
사업템들을 물색 중ㅋㅋ

근데 캬~
얼마 전에 기가 막힌 걸 찾았지 뭐야?

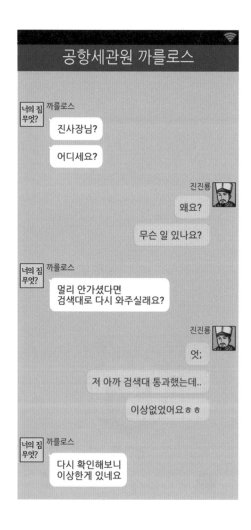

공항세관원 까를로스

너의 짐
무엇?　까를로스

진사장님?

어디세요?

진진룡

왜요?

무슨 일 있나요?

너의 짐
무엇?　까를로스

멀리 안가셨다면
검색대로 다시 와주실래요?

진진룡

엇;

저 아까 검색대 통과했는데..

이상없었어요ㅎㅎ

너의 짐
무엇?　까를로스

다시 확인해보니
이상한게 있네요

거의 성공할 수 있었는데ㅜㅜ
노오란 속살의 고구마…♥

진짜 개꿀맛이라 훔쳐… 아니…
들여오고 싶단 말야ㅠㅠ
근데 보안에 틈이 없네. 흠…

그래도 두고 봐…
내가 어떻게든 가져갈 거니까!!

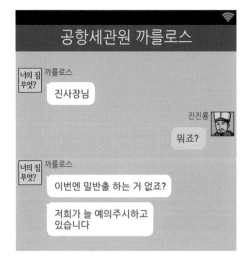

진진룡

없어요 없어

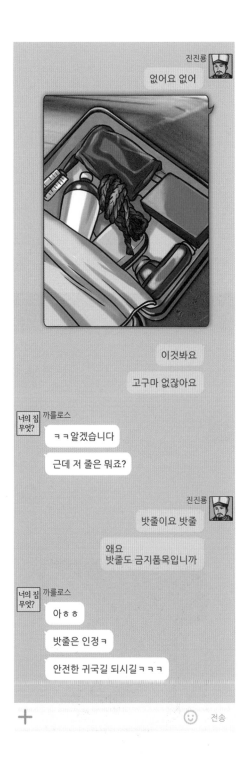

이것봐요

고구마 없잖아요

녀의 짐 무엇? 까를로스

ㅋㅋ알겠습니다

근데 저 줄은 뭐죠?

진진룡

밧줄이요 밧줄

왜요
밧줄도 금지품목입니까

녀의 짐 무엇? 까를로스

아ㅎㅎ

밧줄은 인정ㅋ

안전한 귀국길 되시길ㅋㅋㅋ

+ ☺ 전송

휴우… 안 들켰다ㅋㅋ
큽… 바보 같은 세관녀석ㅋㅋ

아마 방금 눈앞에서
무슨 일이 일어났는지ㅋㅋㅋㅋ
평생 모르겠지? ㅋㅋㅋㅋ

왕 대리

엥?

이게 뭐죠??

진진룡

고구마잖아ㅋ

왕 대리

그냥 자주색 밧줄인데요;

진진룡

ㄴㄴ
이게 고구마줄기야

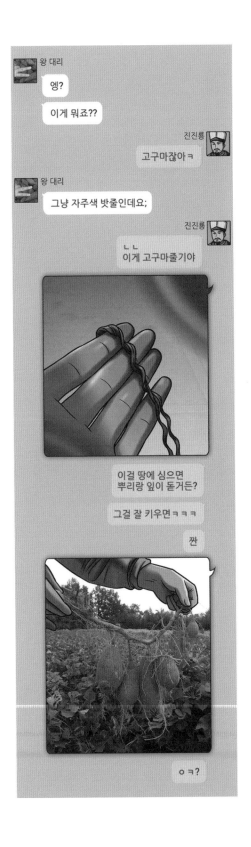

이걸 땅에 심으면
뿌리랑 잎이 돋거든?

그걸 잘 키우면ㅋㅋㅋ

짠

ㅇㅋ?

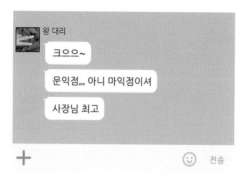

그랬다고 합니다.

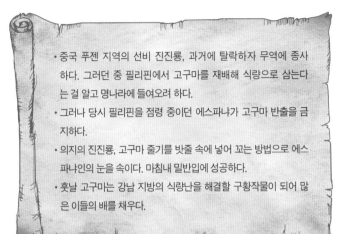

- 중국 푸젠 지역의 선비 진진룡, 과거에 탈락하자 무역에 종사하다. 그러던 중 필리핀에서 고구마를 재배해 식량으로 삼는다는 걸 알고 명나라에 들여오려 하다.
- 그러나 당시 필리핀을 점령 중이던 에스파냐가 고구마 반출을 금지하다.
- 의지의 진진룡, 고구마 줄기를 밧줄 속에 넣어 꼬는 방법으로 에스파냐인의 눈을 속이다. 마침내 밀반입에 성공하다.
- 훗날 고구마는 강남 지방의 식량난을 해결할 구황작물이 되어 많은 이들의 배를 채우다.

16세기 명나라

1300년 1400 1500 1600 1700 1800

명나라 M 뱅크

계좌조회

만력제님 계좌조회
136-81-5921644

총 잔액 은화
15,721,620 냥

출금가능금액 은화
15,721,620 냥

더 보기

talk 23

재주는 장거정이, 돈은 만력제가

장거정   황제폐하과외쌤
[1:1 바로문의]

만력제   잘부탁해,, ㅋ

하나요

장 선생

오늘 난, 갓띵나라
띵황제 된 기념으로
통장 새로 팠어ㅋㅋ

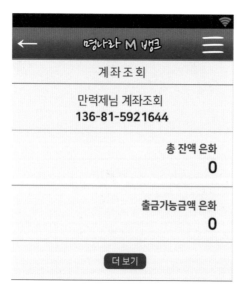

세
계
사
똑

저축 많이 해야지ㅋㅋ
후후… 그럼 일단
수금 좀 해보실깡ㅋㅋ

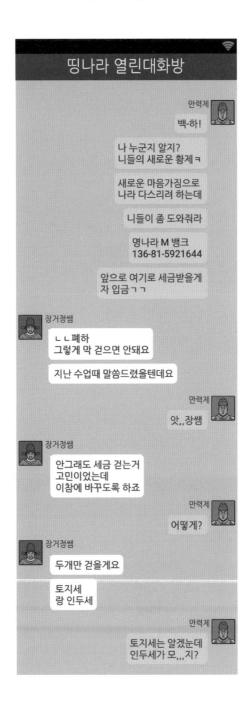

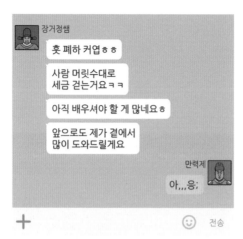

애증의 과외쌤.

어릴 때부터 공부뿐만 아니라
내 일거수일투족을
모두 간섭하셨지,,ㅜ

황제만 되면 끝날 거라
생각했는데ㅜㅜ

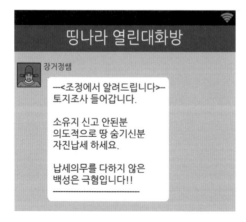

장거정쌤

쯔쯔양심

폐하 보셨나요?
저처럼 이렇게 하는 거예요~
이제 아셨죠??

만력제

ㅇㅇ,,,ㅎ

+   ☺ 전송

그래, 선생 덕분에
통장잔고 두둑해지고…
참 좋으네…

📶

☰ **명나라 M 뱅크** ☰

계좌 조회

만력제님 계좌조회
136-81-5921644

총 잔액 은화
15,721,620 냥

출금가능금액 은화
15,721,620 냥

더 보기

이 돈이면
평생 일 안 해도 살겠는데?

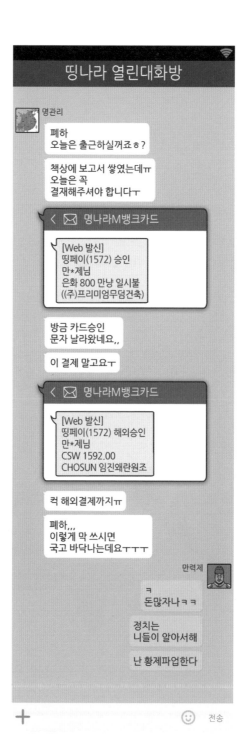

그랬다고 합니다.

- 만력제는 10세의 나이에 황제가 되다. 나이가 어려 스승이자 당시 최고 재상이던 장거정이 대신 섭정하다.
- 복잡했던 세금 항목을 정리해 현물 대신 은으로 납부하는 일조편법을 시행한 덕분에 명나라 국고가 탄탄해지다. 그러나 개혁을 실행한 지 10년 만에 장거정이 사망함으로써 개혁은 오래 지속되지 못하다.
- 덧붙여 만력제, 궁에 틀어박혀 정치를 돌보지 않다. 사치로 인한 국고 탕진으로 재정이 급격히 나빠지다.

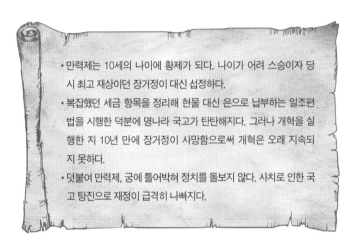

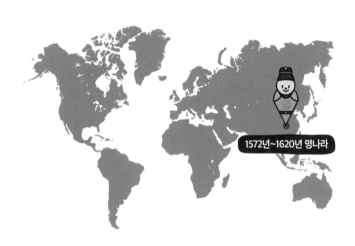

1572년~1620년 명나라

1300년 1400 1500 1600 1700 1800

북로남왜에 시달린 명의 쇠퇴

만력로 157번길 2

1550년 타타르가 북경을 포위하는 '경술의 변'이 일어났다. 3년 뒤에는 왜구가 80일간 창장강양쯔, 양자강 일대를 휩쓸며 4000명가량의 양민을 학살한 사건이 벌어졌다. 그야말로 최고조에 달한 '북로남왜'의 폐해였다.

명을 쇠퇴로 몰고 간 '북로남왜'는 근본적으로는 명의 사상과 그에 따른 대외정책에 기인한 것이다. 명은 중화사상에 따라 주변 민족과 조공 책봉 관계를 맺었고 이를 국제 질서로 안착시키고자 했다. 조선과의 관계가 그러했고 정화의 남해원정도 이를 위한 것이었다. 명은 자신들의 선진적 문화의 힘이 이를 유지할 수 있으리라 믿었다. 그러나 주변 민족 중에는 문화가 아닌 명의 경제력 때문에 조공 책봉 체제를 받아들인 세력도 적지 않았다. 명에 조공을 바치는 민족은 대개 조공하는 진상품보다 훨씬 더 많은 하사품을 받았는데 하사품에 명의 체면이 달려 있었기 때문에 품질이 좋아 책봉을 받는 쪽에서 더 이득이었던 것이다.

명 건국 이후 몽골은 북으로 옮겨가 북원1368~1635을 세우며 부족 연합체를 유지했다. 토목의 변을 일으키기도 했던 오이라트에게 권력을 내주기도 했으나 다얀 칸1487~1524재위 시기에 현명한 아내 만두하이와 함께 제국의 부활을 꿈꿨던 몽골도 경제적 이익 때문에 기꺼이 명에 조공을 바쳤다. '경술의 변'도 다얀 칸의 손자 알탄 칸1542~1582재위이 조공의 양을 늘려 달라 요구했으나 그를 감당하기 어려웠던 명이 거부하자 일으킨 것이었다.

조선이 건국된 1392년, 일본의 무로마치 바쿠후도 명과 조공 책봉 관계를 맺었다. 일본은 9세기 견당사 폐지 이후 중국과의 공식 외교가 끊어져 있던 상태였다. 그리고 13세기 말 여원 연합군의 침략 시도 이후 관계는 더욱 소원해졌다. 그러다 명대에 와서야 조공을 통한 무역감합 무역이 가능해졌고 풍부한 물자가 들어오면서 일본은 발전의 계기를 마련했다. 그러나 70여 년 만에 센고쿠전국 시대라는 분열기로 접어들면서 평화는 끝났다.

명은 여전히 무로마치 바쿠후를 일본국 제후로 대하며 조공을 허락했지만 바쿠후의 통제를 벗어나 각지를 통치하던 센고쿠 다이묘들에게 돌아오는 조공의 이익은 매우 적었다. 명 왕조는 특히 엄격한 해금 정책으로 공식적 조공 무역을 제외한 어떤 사무역도 허락하지 않았다. 그랬기 때문에 일본의 일부 지방 세력은 왜구로 돌변해 중국의 해안을 무시로 드나들며 해적질을 했다. 1553년 왜구의 80일간의 양민 학살은 수많은 남왜의 피해 중 하나일 뿐이었다.

'왜구'는 1350년대 일본의 남북조 시대 정쟁이 시작되면서 몰락한 무사와 농민 계층을 중심으로 형성된 집단으로 '노략질하는 왜인들'이라는 뜻이다. 이후 조선과 명은 강력한 토벌전과 교역을 통한 강경과 회유 정책으로 피해를 줄이려 시도했다. 덕분에 왜구는 줄어드는 듯했지만 센고쿠 시대가 되면서 중국 무역의 통로가 단절되자 다시 출현한 것이다.

이렇게 명이 외부의 위협을 맞을 수밖에 없었던 것은 명의 재정 상태가 나빠져 영락제 시대처럼 조공 책봉 체제를 감당할 만한 여유가 없었기 때문이다. 사실 명 후기에는 창장강 중류인 후광까지 곡창지대가 되었고, 고구마와 감자 등 새로운 작물들이 도입되는 등 농업 생산력이 높아졌다. 또한 각지에서 차, 목화, 사탕수수 등의 상품작물이 재배되면서 장거리 국내 교역이 발달해 산서산시 상인, 혜주후이저우 상인 같은 대상인이 등장했다. 그뿐 아니라 일본이나 멕시코에서 유입된 은이 활발히 유통됨으로써 동전과 함께 공식적인 통화가 되었다. 학문적으로 왕수인1472~1529에 의해 지행합일知行合一, 심즉리心卽理 등을 강조하는 양명학이 창시되면서 유학에 새로운 기풍도 등장했다. 또한 지배 계층인 향신신사들은 사회의 안정과 풍속을 유지하는 데 중요한 역할을 맡기도 하는 등 16세기 명은 다방면으로 발전하고 있었다.

그러나 영락제 이후 환관에게 정치를 맡기거나 도교를 지나치게 믿어 국고를 탕진하는 황제가 연이어 나타나면서 명에는 이런 모든 발전을 담보해 나갈 수 있는 정치력이 부재했다. 그 결과 16세기 중반까지 거의 100년 동안 명 정부의 재정은 만성 적자였다. 게다가 북로의 침략을 막기 위해 만리장성을 보수한 것은 재정적으로 매우 큰 타격이었다.

명의 재정이 흑자로 돌아서며 중흥된 시기도 있었다. 신종 만력제1572~1620 재위의 신임을 얻어 즉위 직후부터 10년간 국정을 담당했던 수보수상 장거정

명의 대외무역

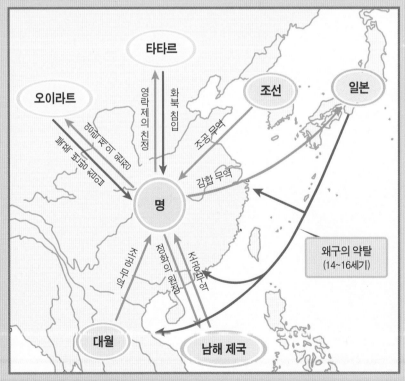

1525~1582. 중흥은 그의 거침없는 개혁의 결과였다. 장거정은 국가의 기본인 재정이 문란한 것은 관료들의 무사안일에 있다고 생각해 수보에 취임하자마자 황제 결재 정책의 현장 실시 여부를 반드시 문서로 보고하게 했다. 특히 세금 부과와 징수에 관한 사항은 한 자 한 획도 틀림없이 보고서에 기록하도록 했는데, 그 결과 불필요한 재정 지출을 줄일 수 있었다.

그는 또한 세금 징수 합리화 정책으로 '일조편법'이라 불리는 세제를 전국적으로 확대 시행했다. 이는 그동안 여러 가지 세목으로 나뉘어 번잡했던 세금을 세목별로 일원화한 제도였는데, 납세자의 토지 소유 면적과 정남 수에 따라 세액을 결정해 현물 대신 은으로 납부하게 한 것이다. 장거정은 이를 위해 전국적으로 토지조사와 호구조사를 실시, 기존 장부의 허술함을 개혁했다. 1560년경 강남 지역을 중심으로 시행된 일조편법은 이후 점차 화중, 화북 지역에까지 확대 실시된다.

그러나 황하강황허강 치수 사업 등 다양한 개혁을 추진했던 장거정이 죽자 개혁은 추진력을 잃었고, 다시 환관들이 정치를 좌지우지하면서 명은 급속도로 쇠퇴한다. 특히 임진왜란에 참전한 뒤 명의 재정 문제는 더 심각해졌고, 명이 쇠락해가는 틈을 타 만주에서는 누르하치를 중심으로 한 여진족이 세력을 키우며 새로운 시대를 열 준비를 하게 된다. 세계사록

talk 24
창업은 아무나 하나

김감불		할수이따
김검동		할수이따

I
청년창업

요즘 같은 경제불황기에
창업을 하는 게
무모해 보일지도 몰라.

그래도 우린 자신 있어!
사업 아이디어가 기똥차거든!

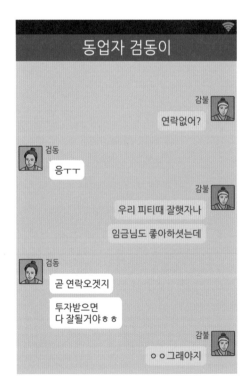

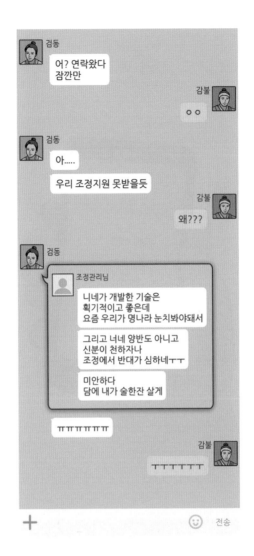

II

기술

와 너무한다!
국산기술을 이렇게 무시해?

순도 100%의 은을
대량생산해주겠다는데
왜 마다해??

아… 어쩌지…
사무실 임대료도
벌써 몇 달치 밀렸는데…

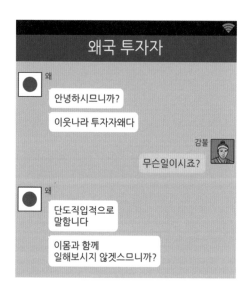

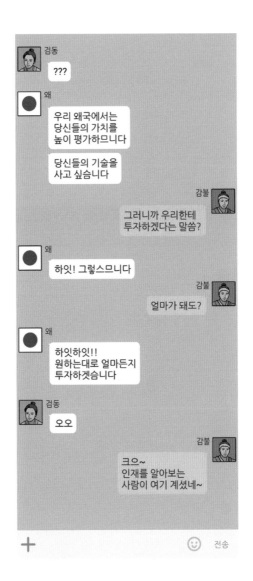

그래, 국내에서 안 되면
해외로 나가는 것도 방법이야.

투자받으면…
밀린 월세도 내고,
은도 많이 만들어서
금의환향해야지!

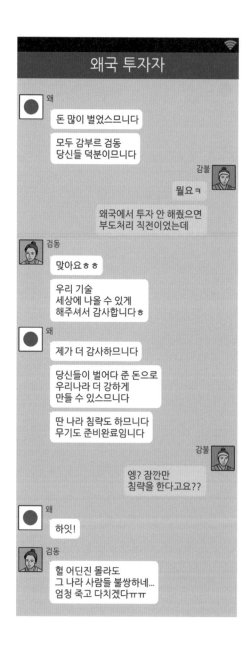

그랬다고 합니다.

- 1503년 조선의 김감불과 김검동, 연산군 앞에서 연은분리법으로 은 채취 과정을 시연하다. 획기적인 은 생산법이 개발되다.
- 하지만 조선은 이 기술을 써먹지 못하다. 일본이 이를 수입하다.
- 일본의 은 생산이 기하급수적으로 증가하다. 전 세계 생산량의 3분의 1이 일본에서 나오다. 그렇게 마련된 자금으로 조선을 침략하다. #임진왜란

16세기 초 조선

1300년 1400 1500 1600 1700 1800

일본, 센고쿠 시대를 지나 통일로

1336년 다카우지가 새로운 덴노천황를 즉위시키고 쇼군의 지위를 얻어 바쿠후를 열었다. 저택이 교토의 무로마치에 있었기 때문에 '무로마치 바쿠후'란 명칭이 붙었다. 다카우지의 손자이자 3대 쇼군인 요시미쓰는 60년간 분열되어 있던 남북조를 통일1392한다. 그는 남북조 내란으로 바닥난 재정을 확보해야 하는 바쿠후와 명의 해금 정책으로 무역이 어려워진 상인들의 요구로 명 영락제에 사신을 보냈다. 이로써 9세기 후반 견당사 폐지 이후 단절되었던 중국과 일본 간의 공식 외교가 부활했고, 요시미쓰는 명에 의해 제후로 책봉을 받은 뒤 감합 무역을 통해 명 중심의 국제 질서인 조공 책봉 체제에 편입되었다.

무로마치 바쿠후 시대에는 지방의 힘이 컸다. 근 60년간의 남북조 혼란 동안 바쿠후는 지방 무사를 자신의 편으로 끌어들이고 통제해야 했다. 그래서 전국에 파견한 슈고守護에게 징세권과 무사들을 통솔하는 사실상의 지방 군사권까지 부여한다. 이를 통해 슈고는 강력해진 권력을 바탕으로 지방의 감시자 역할을 넘어 장원의 영주로 변신하며 '슈고 다이묘大名'가 되었다.

이처럼 슈고 다이묘가 지배 지역에서 세력을 키우는 와중에 쇼군의 후계자 문제를 둘러싼 권력 다툼이 시작되었고, 정치적 주도권을 잡으려는 세력 사이에 전쟁이 벌어졌다. 바쿠후의 실력자 호소카와 가문인 동군과 야마나 가문인 서군이 충돌하면서 교토는 전쟁터가 되었으며 이는 전국 규모의 내란으로 번졌다. 동군은 24개국에서 16만 명의 군사를 모았고, 서군은 20개국에서 9만 명의 군사를 모아 교토를 무대로 격렬한 싸움을 벌였다. '오닌의 난1467~1477'이라 불리는 이 전쟁은 11년이나 계속된다.

　오닌의 난으로 인해 쇼군과 덴노의 권위는 회복이 어려울 만큼 추락했고 교토는 초토화되었으며 귀족의 생활 기반도 완전히 무너졌다. 결국 무로마치 바쿠후는 지방 무사를 통제하는 최고 권력 기관의 역할을 하지 못하게 되어 붕괴의 길로 접어들었다. 그리고 통제를 벗어난 지방민들은 '왜구'로 돌변해 조선과 명에 큰 피해를 입혔다.

　또한 전쟁 이후 슈고 다이묘의 대리인이나 지방 토착 세력들 중에는 그들을 뛰어넘는 세력을 가진 자들이 나타났다. 즉 중앙의 영향력에서 벗어나 강력한 무력을 갖추고 독자적으로 토지와 농민을 지배하는 실력자인 '센고쿠 다이묘'가 출현한 것이다. 센고쿠 다이묘들 간에 영지를 확장하려는 전쟁이 끊이지 않았던 15~16세기에 걸친 100여 년 분열 시대를 '센고쿠전국戰國 시대'라고 부른다.

　센고쿠 다이묘는 보호를 원하는 무사나 농민들과 주종 관계를 맺으며 점차 한 지역의 지배자가 되었다. 독자적 힘을 갖춘 이들은 무사단을 이끌며 독립 국가 형태를 완성하고 바쿠후와 쇼군의 권위를 부정했다. 평상시에는 신하들을 관리하고 전쟁 중에는 백성과 영토를 보호했다. 그들은 중심에 도시를 건설하여 가신을 살게 했고 상공업을 진흥시켰다. 토지조사를 실시해 재정을 견실히 하고 법도 제정해 거의 독립적인 국가가 되었다.

　이러한 센고쿠 시대를 끝낼 기반을 마련한 것이 오다 노부나가였다. 그는 유력 다이묘를 연파하고 무로마치 바쿠후마저 무너뜨리면서1573 통일의 기반을 마련했다. 그리고 이 과정에서 1543년 포르투갈 상인이 다네가시마 영주에게 선사해 일본 각지로 퍼져나갔던 조총이 큰 역할을 한다. 당시 일본에는 포르투갈과 에스파냐의 상인, 선교사가 다수 입국해 있었다. 1549년 예수회 선교사 프란시스코 자비에르가 가고시마에 상륙해 일본에 기독교를 전파한 이후 규슈 지역을 중심으로 '기리스탄'으로 불리는 기독교 신자가 급증했다. 이렇게 서양 문물을 접하면서 일본인들은 서양에 대한 관심도 높아지고 대외 인식의 폭도 확대되고 있었다.

　그러나 오다 노부나가가 부하에게 배신당하고 목숨을 잃은 뒤 후계자로 등장한 도요토미 히데요시1536~1598가 통일1590하며 상황은 급격히 변했다. 그는 통일을 완성하는 과정에서 병농 분리 정책을 시행한다. 전국적인 토지조사 사업인 '검지'를 실시하고, 농민, 상인, 승려들과 같은 무사 이외의 사람들에게서 무기를 몰수하는 '도수령'을 공표1588했다. 이를 통해 무사와 농민, 조닌町人, 에도 시대에 도시에 거주하고 있던 장인, 상인을 부르는 말의 신분을 고정했다. 이를 위해 도요토미 히데요시는 오다 노부나가 시절 억불정책의 하나로 장려하던 기독교의 전교 금지령1587을 내린다. '신의 나라인 일본에 맞지 않는다'는 것이 표면적인 이유였지만, 실제로는 기독교에 의해 신분제도가 약해질 것을 우려했기 때문이었다. 외국 선교사들에게 출국을 명한 도요토미 히데요시는 그렇게 지방분권적이던 일본을 중앙집권적으로 바꾸기 위한 기반을 닦았다.

도요토미는 대마도를 복속1587시킨 뒤 대마도의 지배자 소씨에게 조선 국왕을 입조하게 하라고 요구했다. 대마도가 조선을 움직일 수 있다고 여겼던 것이다. 또 그는 1591년 귀국하는 조선 통신사 일행 편에 국서를 보내 "명을 치는 데 앞잡이가 돼라"고 강요하고 이를 받아들이지 않으면 조선을 정복하겠다고 협박했다. 이는 일본의 무력 통일로 자신감이 높아진 도요토미가 조선을 우습게 여겼음을 짐작케 한다. 하지만 이러한 행보는 당시 그가 동아시아 국제 질서와 문명의 실체를 보는 눈이 없었음을 보여준다. 결국 도요토미는 명을 향한 도전에 나섰고 그 첫걸음이 조선 침략이었다. 이후 그 걸음을 멈추게 한 것은 그의 죽음이었다. **세계사록**

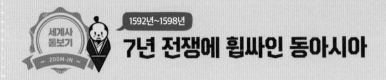

세계사 돋보기 ZOOM-IN

1592년~1598년

7년 전쟁에 휩싸인 동아시아

16세기 말, 1592년부터 7년 동안 계속된 임진왜란은 '삼국의 대전'이었다. 일본의 조선 침략과 함께 시작된 전쟁에 명이 참전하면서 동아시아 삼국이 전쟁의 소용돌이에 휘말린 것이다.

조선과 명에게는 일본의 센고쿠 시대가 골칫거리였지만 일본에게는 경제 역량이 성장한 중요한 시기였다. 16세기 초 '연은분리법'이라는 새로운 제련법을 조선에서 들여온 이후 일본 각지의 은 생산량은 획기적으로 늘어난다. 생산된 은으로 바쿠후나 다이묘, 혹은 왜구들이 명과의 공식·비공식 무역에서 비단, 도자기 등을 구입했고 조선으로부터 선진 물품을 들여왔다. 17세기 세계 은 시장의 30퍼센트를 점유할 정도로 풍부한 은 덕분에 발전하기 시작한 일본은 서양 국가들에게도 '황금의 나라 지팡구'라는 사실을 다시금 확인시켰다. 포르투갈을 통해 유입된 조총도 센고쿠 시대를 통일하는 데 결정적인 역할을 했다.

이에 비해 조선은 연산군에서 선조 치세까지인 16세기, 중종반정1506이 일어나고 세 차례의 사화가 발생했다. 사림은 정치적 기반을 세우기 위한 이론적 기틀을 다졌는데, 이를 통해 성리학은 극성기를 이루었다. 서원, 향약 등을 통해 향촌에서 세력을 키운 사림은 사화로 많은 희생을 치렀음에도 결국 정권을 잡는다. 그러나 성리학의 찬란했던 이론적 성과와 달리 실질적인 국방력 강화에는 실패했다.

전국을 통일한 도요토미 히데요시는 조선에 '명을 치러 갈 테니 길을 빌려 달라征明假道'고 요구했다. 조선은 명을 상국이자 부모의 나라로 간주하는 데서 나아가 일가一家로 여기는 반면, 일본은 중화 문명 바깥에 위치한 오랑캐로 하대하고 있었다. 그러니 일본의 요구를 무시한 것은 당연한 일이다. 조선 건국 이후 200여 년 동안 이어져온 평화는 그렇게 끝났다.

1592년 4월 13일 고니시 유키나가가 이끄는 제1군이 새벽에 대마도를 출발해 오후 5시경 부산진 앞바다에 도착했다. 14일 부산진 함락을 시작으로 일본군은 동래성, 상주, 탄금대 전투에서 조총을 비롯한 신무기와 100여 년의 센고쿠 시대 동안 익힌 실전 경험을 토대로 거칠 것 없이 승승장구했다. 그렇게 개전 보름 만에 일본은 한성을 함락시켰고, 6월 15일 평양도 함락시켰다. 조선에서는 명에게 원군을 요청했다.

원래 일본군은 수군이 전라도를 장악한 뒤 서해를 따라 북상하면서 육군의 보급로를 확보하려는 수륙 병진 작전을 세웠다. 그러나 권율과 이순신은 7월 8일 같은 날 충청도 이치와 한산도 앞바다에서 일본군을 격파함으로써 육지와 바다에서 동시에 일본군의 전략을 좌절시켰다. 또한 전국적으로 의병들이 활약하기 시작했다.

명이 급파한 조승훈의 요동 병력 3500명이 7월 1차 평양성 전투에서 패배하자 비로소 명은 위기의식을 느꼈다. 산지가 많은 조선에서 일본을 막지 못하면 평야 지대인 요동을 지키기는 더욱 힘들며, 요동에서 멀지 않은 북경도 위험할 수 있다고 판단했던 것이다. 마침내 명은 12월 이여송 도독이 이끄는 5만 1000여 명의 원군을 파견해 본격적으로 참전한다. 이로써 임진왜란은 일본의 조선 침략에서 동아시아 삼국이 국운을 걸고 맞붙은 국제전으로 변화되었다.

조명 연합군은 1593년 1월 제3차 평양 전투에서 고니시 유키나가가 이끄는 일본군 2000여 명을 전사시키고 승리했다. 전세를 반전시킬 결정적 계기를 마련한 조명 연합군은 이후 개성을 탈환하고 평안, 황해, 경기, 강원 등 4도를 회복했다. 결국 일본군은 한성에서도 철수했다. 그런데 그동안 명은 조선을 배제한 채 계속 일본에 휴전을 타진했다. 이 무렵 이순신은 탄핵을 받아 물러난다. 그러나 일본의 무리한 요구로 휴전은 좌절되었고 1597년 정유재란이 일어났다.

정유재란 때도 일본군은 한성을 목표로 수륙 병진 작전을 펼쳤다. 파죽지세로 북상하던 일본 육군 선봉대는 충청도 직산에서 조명 연합군에게 패퇴해 기세가 꺾였고, 수군은 복위된 이순신에게 명량해전에서 크게 패해 다시 한번 작전은 좌절되었다. 1597년 노요토미 히데요시의 사망 후 철수 명령이 내려지자 일본군은 안전하게 귀국하기 위해 명군과 타협한다. 한편 이순신은 노량에서 퇴각하는 적군을 섬멸하기 위한 일대 회전을 벌여 승리했지만 적탄에 전사했다. 12월 일본군의 전면 철수로 7년간의 전쟁은 16세기와 함께 막을 내렸다.

7년간의 전쟁은 삼국 모두에게 큰 변화를 가져왔다. 중국은 이 전쟁을 '항왜원조'라고 부른다. '일본에 맞서 조선을 도운 전쟁'이라는 뜻으로 '은혜를 베풀었다는 것'을 자부하는 의미가 담겨 있다. 그러나 그저 '시혜'의 의미로 해석하기에는 명의 개입 동기와 결과는 심각한 것이었다. 우선 조선이 항복할 경우 명이 위험하다는 위기의식 때문에 참전할 수밖에 없는 상황이었다. 그리고 전쟁이 끝날 무렵 명은 극심한 재정 문제에 직면하게 되고 얼마 후 만주에서 누르하치의 후금이 일어나 결국 왕조 교체까지 하게 된다. 이러한 사실은 명이 조선에 은혜를 베풀기 위해서만 이 전쟁에 참전했다고 보기 어렵다는 점을 드러낸다. 그럼에도 중국은 1950년 한국전쟁 참전도 '항미원조'라고 부르며, 여전히 한반도에 대한 시혜적인 개입의지를 보여준다.

현재 일본에서 이 전쟁을 부르는 공식 명칭은 '분로쿠게이초노에키'이다. '분로쿠'와 '게이초'는 1592년부터 1614년까지 일본의 연호를 가리키며 '에키'는 전쟁이다. 따라서 '분로쿠 게이초 연간의 전쟁' 정도의 중립적인 뜻을 가진 듯 보인다. 그러나 이 명칭을 사용하기 전에는 '도요토미 히데요시의 조선 정벌'이라고 칭했다. '전쟁'도 '정벌'도 임진왜란이 침략 전쟁이라는 사실을 인정하거나 반성하지 않고 정당화하는 표현이다.

이러한 태도는 그 후의 일본 역사에도 그대로 드러난다. 일본은 전쟁 후 도쿠가와 이에야스1543~1616가 패권을 잡고 에도 바쿠후막부를 세운 뒤, 문화 발전의 계기를 마련한다. 활자, 성리학이 전래되었고, 전쟁 중 조선에서 끌고 간 도공들은 도자기 문화를 꽃피웠다. 원래 이전까지 중국과 한국에서만 가능했던 도자기 기술이 일본에 전파되어 발전한 것이다. 일본은 이후 세계만국박람회에서 도자기를 이용해 일본식 찻집을 선보이며 유럽에서 자포니즘이 유행하는 계기를 만들기도 했다. 그리고 임진왜란 약 300년 뒤 다시 한번 대륙 진출을 위한 전진 기지로 삼기 위해 한반도를 침략했고 결국 점령했다. 침략에 대한 반성이 있는 국가라면 역사 전개가 이와 다르지 않았을까?

한국에서는 이 전쟁을 임진왜란과 정유재란이라 부른다. 풀어 쓰자면 '임진년에 왜구들이 쳐들어와 벌인 난동', '정유년에 다시 쳐들어와 벌인 난동' 정도이다. 무고한 나라를 침략해 고통을 준 일본에 대한 원한과 적개심이 담긴 표현으로, 일본을 하대하는 인식이 깔려 있다. 하지만 조선이 침략을 당한 이유에 대한 분석이 없다. 전쟁 후 조선에서는 피폐해진 민생과 황폐화된 국토를 회복하고자 하는 개혁들이 시행되기도 했다. 그러나 근본적으로는 성리학적 질서가 오히려 더욱 강화 변질되어, 실질적 국력 강화에 도움이 되지 못했으니 조선 역시 재침을 받을 수 있는 가능성을 여전히 갖고 있었던 셈이다. 세계사록

📍 임진왜란 정유재란

관군
의병 대장
→ 일본군의 침입로
➡ 조명 연합군의 진격로
✴ 격전지

백두산

정문부

길주

선조의 피난
(1592.6~1593.1)

서산대사

의주

묘향산

황해

사명대사

평양

한성 탈환
(1593.4.18)

동해

평양 탈환
(조명 연합군)

개성

금강산

충주 전투
(신립)

행주

행주 대첩
(권율)

한성

울릉도

상주 전투
(이일)

조헌·영규

충주

상주

옥천

금산

고령

경주

한산도 대첩
(이순신)

명량 대첩
(이순신)

진주 의령

나주

담양

한산도

곽재우

제주도

울돌목

고경명

진주 대첩
(김시민)

근대의 꽃을 피우다

1600전후 ≫ 1700전후

일본 다이묘

기러기아빠 3년차예요
오늘따라 애들이랑
마누라가 넘 보고싶네요ㅜㅜ

 인도왕 샤자한

저도ㅠㅠㅠ
먼저 간 마누라 무덤만 보고있어요

Mrs.런던

저도 남편이 보고싶어요..

 인도왕 샤자한

아...런던님도 남편분
하늘나라로 보내셨나봐요ㅠ

Mrs.런던

아뇨; 아오 남편놈

허구언날 카페가서 들어올 생각을 안하네요

들어오기만 해봐라 머리털 다 깎아버릴라

 청나라인

안돼요...머리카락 소중해ㅠㅠ

  전송

플라이 투 더 스카이 (feat.보헤미아)

🦁	보헤미아	슈웅ㅋ
🎩	페르디난트	ㅇㅁㅇ

I

허락 못 해

 ㅅㅂ 짜증나
 앗; 욕해서 미안;;

아니, 내 탐라에
모르는 애들이
테러해놔가지구ㅠㅠ

 보헤미안 북

🎩 **페르디난트** @Ferdinand
방금 전

하느님의 뜻으로 앞으로 잘 다스려보겠습니다.
보헤미아 시민분들 예쁘게 봐주세요
많이 도와주실꺼죠?>.<?

화나요 1618

 코젤
저 신교도구요...
님 왕으로 인정해주면 우리종교 인정할건지?

 페르디난트
ㄴㄴ

 코젤
신앙의 자유 이런거 없다고요?

 페르디난트
왕인 내가 가톨릭신잔데ㅋㅋ
아랫것들도 당연히 가톨릭신자여야
하는 거 아닌가?

 코젤
헐

 필스너
이분 가톨릭 골수분자시랍니다

 우르겔
개극혐ㅡㅡ

 감브리너스
#보헤미아는_우리가_지킨다
여러분 ↑해시태그↑ 널리 퍼트려주세요ㅜㅜ

 부드바르
이 왕 난 반댈세 #보헤미아는_우리가_지킨다

 바카라르
인정못해 #보헤미아는_우리가_지킨다

 페르디난트
아니 왜 테러냐고ㅗㅗ

해결사

내가 뭐! 왜!
왜 왕인 내가 저놈들
해달란 대로 다 해줘야 함?

하아~ 피곤하네…

밑에 놈들 보내서
대충 해결해야지.

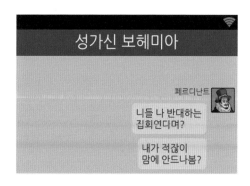

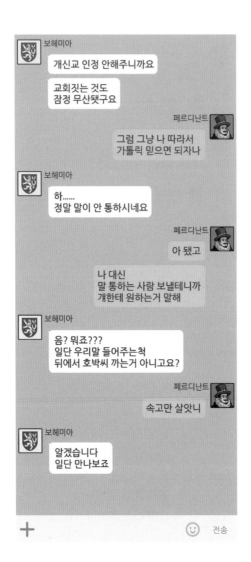

보헤미아
개신교 인정 안해주니까요

교회짓는 것도
잠정 무산됐구요

페르디난트
그럼 그냥 나 따라서
가톨릭 믿으면 되자나

보헤미아
하⋯⋯
정말 말이 안 통하시네요

페르디난트
아 됐고

나 대신
말 통하는 사람 보낼테니까
걔한테 원하는거 말해

보헤미아
음? 뭐죠???
일단 우리말 들어주는척
뒤에서 호박씨 까는거 아니고요?

페르디난트
속고만 살앗니

보헤미아
알겠습니다
일단 만나보죠

😊 전송

III
투척

응ㅋ 얘기 들어주는 척
뒤로 호박씨 깔거약ㅋㅋ

적당히 집회 해산시키고,
개신교도들 밟아버려야직ㅋㅋㅋ

지금쯤 도착했으려나???

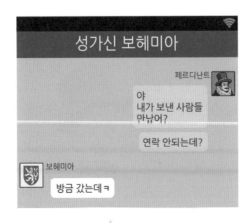

그랬다고 합니다.

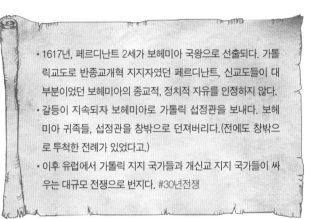

- 1617년, 페르디난트 2세가 보헤미아 국왕으로 선출되다. 가톨릭교도로 반종교개혁 지지자였던 페르디난트, 신교도들이 대부분이었던 보헤미아의 종교적, 정치적 자유를 인정하지 않다.
- 갈등이 지속되자 보헤미아로 가톨릭 섭정관을 보내다. 보헤미아 귀족들, 섭정관을 창밖으로 던져버리다.(전에도 창밖으로 투척한 전례가 있었다고.)
- 이후 유럽에서 가톨릭 지지 국가들과 개신교 지지 국가들이 싸우는 대규모 전쟁으로 번지다. #30년전쟁

17세기 초 보헤미아

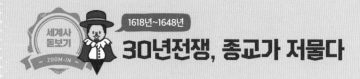

1618년~1648년
30년전쟁, 종교가 저물다

B 보헤미안 북

페르디난트 @Ferdinand
방금 전

하느님의 뜻으로 앞으로 잘 다스려보겠습니다.
보헤미아 시민분들 예쁘게 봐주세요
많이 도와주실꺼죠?>.<?

17세기의 위기

유럽은 16세기까지만 해도 르네상스와 아메리카 대륙에서 약탈해온 금과 은, 과학의 발달로 경제가 활기를 띠고 인구도 늘어났다. 동아시아에서도 마찬가지였다. 명과 조선을 중심으로 한 성리학적 질서 내에서 대체적으로 안정을 구가하며 문화는 발전하고 있었다.

그러나 16세기 말을 지나 17세기에 접어들면서 상황은 달라졌다. 지역과 시간에 따라 정도 차이가 있었을 뿐 각 국가에 불어닥친 혼란의 바람은 거셌다. 30년전쟁, 청교도와 명예혁명, 프롱드의 난, 네덜란드 독립전쟁, 오스만 제국 내의 반란, 러시아 대기근, 스텐카 라진의 난, 이자성의 난, 시마바라의 난, 조선의 호란과 경신대기근 등. 각 국가의 내부에서만 원인을 찾기에는 설명하기 마뜩찮은 현상들이 발생했다.

20세기 후반에 이르러 학자들은 기후와 역사의 상관관계를 살폈고, 17세기가 '소빙하기Little Ice Age'의 절정기와 일치함에 주목했다. 16세기 이래 인구는 급증했지만 기후의 한랭화가 흉작으로 이어지면서 식량 사정이 급속도로 악화되었다. 영양 상태가 나빠지자 면역력은 떨어졌고 페스트가 다시금 유행했다. 그리고 이는 사회에 대한 불안과 불만, 지배 세력에 대한 반발로 이어졌다. 바로 이런 문제가 잇따른 내란과 전쟁을 불러왔다고 본 것이다. 역사학자들은 이를 '17세기의 위기The Crisis of the 17th Century'라고 부르기 시작했다.

30년전쟁의 발발과 전개 과정

'17세기의 위기'의 서막이자 대표적 사건이 30년전쟁1618~1648이다. 종교개혁의 선구자 후스의 고향에서 시작된 이 전쟁은 최후의 종교전쟁이자, 최초의 국제전쟁으로 불린다. 그 시작은 구교와 신교의 대립에서 발생한 종교 문제였으나 그 과정에서 정치가 개입되었다. 결과적으로 유럽의 국제 정치구도가 재편되었기 때문에 30년전쟁은 유럽 근대사에서 한 획을 긋는 사건으로 평가받고 있다.

아우크스부르크 화의로 일단락된 듯 보였지만 신성로마 제국의 신교와 구교 사이의 반목은 계속되었다. 루터파와 달리 종교의 자유를 얻지 못한 칼뱅파의 불만, 영주의 신앙을 강제로 따라야 하는 지역민의 저항, 기존의 제후가 개신교로 개종하는 일을 차단하고 있던 황제의 가톨릭 후원 등 해결해야 할 문제들이 산적해 있었다. 결국 17세기 초 양 세력의 제후들은 신교 연합과 가톨릭교 연맹을 결성해 대립하기에 이른다. 이 와중에 1617년 오스트리아 합스부르크 가문의 페르디난트 2세가 신성로마 제국 영지 중 하나인 뵈멘보헤미아, 지금의 체코 왕국의 왕위에 올라 가톨릭 신앙을 강요했다.

합스부르크가에게 보헤미아는 굉장히 중요한 의미였다. 보헤미아는 자체만으로 왕국을 구성할 만한 인구와 재력을 갖추었던 데다, 국왕은 신성로마 제국의 황제 선거권을 가진 선제후였다. 신성로마 제국 황제 후보를 심사하고 승인했던 교황의 권한을 무력화하기 위해 1356년 카를 4세가 7선제후마인츠 대주교, 쾰른 대주교, 트리어 대주교, 라인 궁중백, 작센공, 브란덴부르크 변경백, 보헤미아 국왕의 선거에 의해 황제를 선출하도록 법제화한 황금문서금인칙서에 따른 것이다.

합스부르크 가문 지도자들의 정치적 영향력과 실질적 권위 행사는 오스트리아 대공이 아닌비록 오스트리아의 합스부르크라 불렸을지라도 보헤미아왕으로서의 권위에서 나온 것이었다. 그래서 대대로 합스부르크는 보헤미아를 중요하게 여겼고, 통치에 관용을 베풀었다. 그런 이유로 보헤미아는 500년 이상 오스트리아로부터 '대섭'을 받으며 그의 보호 아래 있게 되었다. 그런 합스부르크가가 페르디난트 2세 시기 종교를 강제하자 신교도들은 반발했다. 결국 보헤미아의 프로테스탄트들은 프라하 성을 점거한 뒤 두 명의 황제 고문관들과 서기관을 궁전 창밖 70피트약 20미터 아래로 내던져버린 일명 '1618년 프라하 창문 투척 사건'을 일으켰고, 이는 합스부르크 왕가에 대한 반역으로 30년전쟁의 불씨가 되었다.

1619년 페르디난트 2세1619~1637재위가 신성로마 제국의 황제가 되었다. 보헤미아인들은 팔츠 선제후 프리드리히 5세를 보헤미아 국왕으로 받들고 이에 대항했다. 페르디난트 2세는 같은 합스부르크 계열인 에스파냐 국왕의 지원을 받아 라인강을 넘었고, 프라하 외곽의 바이센부르크하얀산에서 프리드리히 5세의 신교군에 맞서 대승을 거둔다. 보헤미아의 지배권을 회복한 그는 귀족들의 토지를 몰수하고 처형하는 등 수천 명의 신교도를 탄압하고 개종시켰다.

한편 전쟁에서 패하고 네덜란드로 망명한 프리드리히 5세는 신교 국가들에게 도움을 요청했다. 이에 덴마크 크리스티안 4세는 영국 및 네덜란드로부터 군자금을 얻어 신성로마 제국에 침입1625했지만 황제군의 장군 발렌슈타인과 틸리에게 패배했다. 양측이 독일 북부 발트해 연안 '뤼베크'에서 조약을 맺음1629으로써 페르디난트 2세는 전 독일 지역을 제패하게 된다.

페르디난트 2세의 군대가 발트해에 진출하자 위협을 느낀 스웨덴 구스타브 2세는 이듬해1630 프랑스의 후원을 얻어 신성로마 제국에 침입했다. 그동안 전쟁에 끼어들지 않았던 신교 군주들도 스웨덴군에 가세, 황제군을 브라이텐펠트 전투에서 격파하고 틸리를 전사시켰다. 그러나 뤼첸 전투에서 구스타브 2세도 전사1632한 이후 스웨덴 군은 패배를 거듭했고, 발렌슈타인이 모반 혐의로 암살되고 나서야 화의를 성립1635시킬 수 있었다.

이처럼 거듭되는 신성로마 제국 황제의 승리로 신교군 측이 위태로워지자, 프랑스 루이 14세와 교황 우르바누스 8세가 참전한다. 그들이 신교군을 도우며 전황은 변했다. 가톨릭 국가였음에도 합스부르크 왕가의 세력 확장을 경계한 프랑스는 그동안 배후에서 신교 세력을 지지했다. 그러다 전면으로 나서서 신성로마 제국에 출병하고 에스파냐에도 선전포고했으며, 스웨덴과 연합전선을 펴면서 전세가 역전된다. 종교전쟁으로 출발한 전쟁이 정치적 성격을 가진 국제전쟁으로 완전히 변모되는 장면이었다. 1637년 황제에 오른 페르디난트 3세는 전세의 불리함과 오랜 전쟁으로 시달린 국내 제후들을 감안해 종전을 제의1641한다. 결국 5년여의 강화 회의 끝에 서유럽 거의 모든 국가인 전쟁 당사자들이 독일의 베스트팔렌에 모여 유럽 역사상 최초의 근대 평화조약에 서명1648.10.24.함으로써 30년간의 전쟁에 종지부를 찍는다.

30년전쟁의 결과

'베스트팔렌 조약'의 기념비적인 결과는 '개인'에게 종교의 자유를 보장한 것이다. 루터파를 비롯해 칼뱅파까지 포함하는 종교를 개인 단위로 보장함으로써 이전의 자유 보장 단위인 국가 혹은 영지 개념을 벗어났고, 이는 결국 개인이 기본이 되는 민주주의적 사고의 토대가 된다. 종교 탄압은 17~18세기에도 계속적으로 발생하지만 가톨릭이 아닌 국가나 군주에 의한 것이기 때문에 그 성격은 이전과 본질적으로 다르다.

30년전쟁이 종결된 후, 유럽의 정치 세력 구도는 근본적으로 변했다. 황제군을 도왔던 에스파냐는 주요 무역 근거지 네덜란드를 잃었을 뿐만 아니라 서유럽에서의 주도적인 지위도 상실했다. 스웨덴은 발트해의 지배권을 장악했고 네덜란드와 스위스는 독립국으로 완전히 승인받았다.

신성로마 제국 소속 공국들에게는 주권이 주어져 교황의 세속 대리인을 자처하던 황제의 신성로마 제국은 사실상 해체되었고, 대신 약 300여 개의 연방국가가 남았다. 그리고 이러한 도시와 공국들은 30년간 전쟁의 주요 무대가 되면서 심각한 피해를 입은 상태였다. 전쟁 자체뿐 아니라 용병들이 급료와 보급품 충당을 위해 마을들을 약탈하면서 도시 및 농장들이 더욱 황폐해졌기 때문이다. 여기에 페스트까지 다시 유행해 수많은 사람들이 사망했다. 전쟁과 전염병으로 경제활동이 마비되고 난민이 대거 양산되면서 당시 인구 3분의 1에 해당하는 800만 명의 인구가 손실되었다. 이처럼 신성로마 제국은 초토화된 작은 소국으로 나뉘어 유럽의 주요 정치 세력으로 떠오르지 못한 채 나폴레옹 시대에 완전히 해체1806하게 된다. 그리고 쇠락하는 합스부르크 가문을 대신해 독일 내에서 브란덴부르크 가문이 새로운 세력으로 떠오르고 이들이 후에 프로이센의 모체가 되면서 독일 통일의 핵심 세력으로 자리한다.

한편 가톨릭국가면서도 전쟁에서는 신교 진영의 선두에 섰던 <u>프랑스</u>는 유럽 강대국으로 부상하며 이후 유럽의 패권을 호령한다. 대륙 최강국을 목표로 한 루이 13세의 이 같은 행보와 그 결과는 정치적 실리와 영토 확장의 욕망이 종교의 자리를 대신함으로써 유럽이 더 이상 종교의 힘에 좌우되지 않는 새 시대로 접어들었음을 극명하게 확인시켜주었다. 세계사록

♀ 30년전쟁 직후(1650년) 유럽

talk 26

튤흥튤망 꽃대란

튤립 ○ ▢ ○

I

꽃배달

기분 별로일 때
예쁜 거 보면 좋아지곤 하잖아ㅎㅎ

예를 들면,
꽃 같은 거 말이야ㅋㅋ

< 꽃배달 여기요

튤립계의 영원한 황제

5000플로린

주문하기

이건 나에게 주는
선물이랄까ㅋㅋ

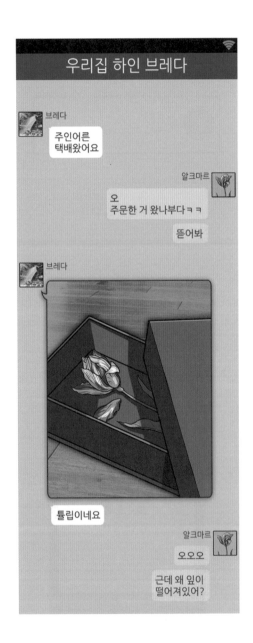

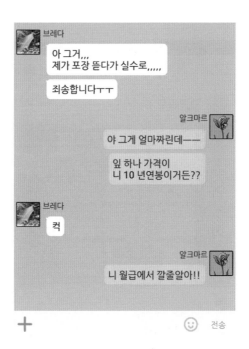

꽃 시세

보려고 샀냐고?
아니? 투자하려고ㅋㅋㅋ

큰맘 먹고 튤립에 투자한 거야!
주식 펀드 비트코인보다
수익률이 좋다고!

비싼 게 돈값 한다고
사람들한테도 인기가 좋다니까??

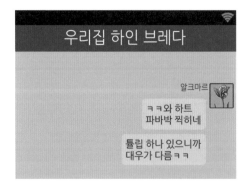

브레다

하하,,ㅊㅋ,,
근데 저,,주인어른

이제 그만
튤립 파시는게 어떨까요?

센페이 아우구스투스

5,500
전일대비 전일대비 ▲500 +10%

더 묵혀뒀다간
위험할 것 같은데

알크마르

뭘팔아——

전재산 털어샀는데
떡고물만 먹고 뱉으라고??

안해! 못해!!
두배이상 뛸때까진
존버가 답이야!!

브레다

원래 이런 건
무릎에 사서
어깨에 파는 거예요ㅜㅜ

알크마르

ㄲㅈ니가 뭘 안다고

가서 꽃에 물이나 줘

＋   ☺ 전송

III
꽃
값

그런데…

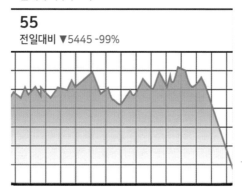

어엇?????

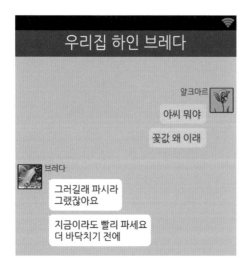

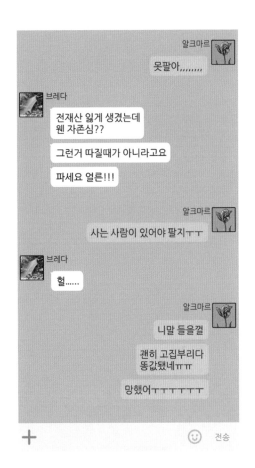

알크마르

> 못팔아,.......

브레다

> 전재산 잃게 생겼는데
> 웬 자존심??

> 그런거 따질때가 아니라고요

> 파세요 얼른!!!

알크마르

> 사는 사람이 있어야 팔지ㅜㅜ

브레다

> 헐......

알크마르

> 니말 들을껄

> 괜히 고집부리다
> 똥값됐네ㅠㅠ

> 망했어ㅜㅜㅜㅜㅜ

+   ☺ 전송

그랬다고 합니다.

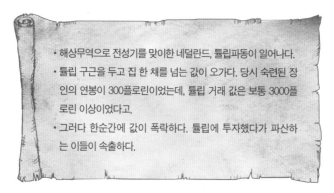

- 해상무역으로 전성기를 맞이한 네덜란드, 튤립파동이 일어나다.
- 튤립 구근을 두고 집 한 채를 넘는 값이 오가다. 당시 숙련된 장인의 연봉이 300플로린이었는데, 튤립 거래 값은 보통 3000플로린 이상이었다고.
- 그러다 한순간에 값이 폭락하다. 튤립에 투자했다가 파산하는 이들이 속출하다.

1633년~1637년 네덜란드

1300년　　1400　　1500　　1600　　1700　　1800

떼인 월급받아요

하멜 　　　　　 돈 내놔

I

사장님 나빠요

열일하고 월급 떼인 적
있는 사람? 손?

난 자그마치
10년 넘게 월급이 밀렸어
ㅜㅜㅜㅜㅜ

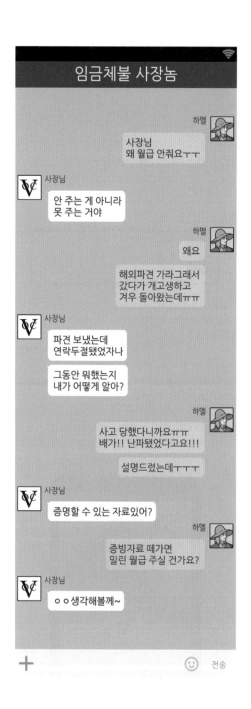

사연이 좀 복잡해ㅜ
해외로 파견근무 가다가
탄 배가 침몰했거든.

원주민들하고 말은 안 통하지!
LTE도 안 터지는 곳에서
구조요청도 못하지!

살려고 내가 뭔 짓까지 했는지 알아?

이건 산재라고 산재ㅜㅜㅜ

자료 다 첨부해서
청구할 거야!!!

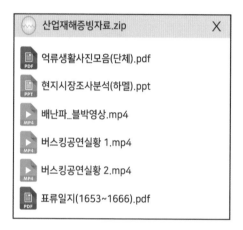

이 정도 준비하면 됐겠지??

하멜

감옥에 끌려가고
노예로 지내다
유배가고
춤추고 노래부르고
별짓 다했어요

고생해서 귀국했습니다
진짜 월급 주셔야돼요
ㅜㅜㅜㅜㅜㅜ

사장님

근데 나 이거
인수다에 올려도댐??

하멜

하야... 맘대로 하세요

그럼 월급입금ㄱ?

사장님

ㅇㅇ땡큐~

근데 여기가 어디라고?

하멜

쵸선이요
쵸우선~

＋　　　　　　　　　　😊 전송

그랬다고 합니다.

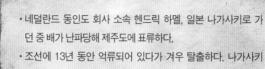

- 네덜란드 동인도 회사 소속 헨드릭 하멜, 일본 나가사키로 가던 중 배가 난파당해 제주도에 표류하다.
- 조선에 13년 동안 억류되어 있다가 겨우 탈출하다. 나가사키에 도착해 밀린 월급을 받으려 했으나 반려당하다. 본국으로 돌아가 개고생담을 적은 보고서 「하멜표류기」를 작성하다.

1653년~1668년 네덜란드

1300년   1400   1500   1600   1700   1800

세계사 돋보기 ZOOM-IN

1588년~1702년

네덜란드의 황금 시대

1648년 베스트팔렌 조약은 유럽에 많은 변화를 가져왔다. 특히 네덜란드의 독립과 그로 대표되는 에스파냐의 쇠퇴는 17세기 유럽 정치 구도에 있어 중요한 의미였다. 네덜란드는 바다에 면하고 있는데, 국토 대부분이 바다보다 낮아 홍수나 해일로 인한 피해가 컸던 탓에 그 역사를 물과의 전쟁사라고도 할 정도이다. 낮고 평평한 땅에 라인강, 마스강, 스헬데강 등 큰 강이 흐르고 그 강 하구에 수많은 작은 강들이 있으며, 물을 막기 위한 댐과 제방이 많이 건설되고 그 위에 도시가 생겼다. 네덜란드의 암스테르담과 로테르담을 비롯한 많은 도시 이름이 '댐'이란 뜻의 '담'으로 끝나는 것도 이런 이유 때문이다.

그러나 한편으로는 이런 입지 덕분에 네덜란드는 일찍부터 교역의 중심지로 번창할 수 있었다. 카롤루스 대제 이후 서로마 제국의 세력권에 들기 시작한 네덜란드는 프랑크 왕국의 분열에 따라 홀란트네덜란드의 다른 국명인 홀란드는 이 가문의 이름에서 비롯되었다 가문을 비롯한 몇몇 봉건국가의 영지가 되었다. 위트레흐트, 제일란트타스만에 의해 뉴질랜드 국명이 되었다 플랜더스플랑드르:모직물 공업의 발달로 백년전쟁 발발의 원인이 되는 지방 등 수 개의 자치공국 내에는 십자군전쟁으로 발달한 무역을 배경으로 도시들이 급격히 성장했다. 13세기 말에는 부르고뉴가의 필리프가 현재의 네덜란드·벨기에·룩셈부르크 전역을 지배했는데, 그 후 필리프의 손녀가 합스부르크가와 혼인하며 네덜란드는 합스부르크의 통치를 받게 된다. 카를 5세는 오스트리아를 페르디난트 1세에게, 에스파냐와 네덜란드는 펠리페 2세에게 상속1556했다.

그런데 16세기 종교개혁의 바람이 네덜란드에도 불어닥쳤다. 네덜란드는 모직물 산업으로도 중시되었지만 에스파냐에게는 식민지에서 들여온 상품을 유럽 전역에 파는 무역 거점으로 특히 중요했다. 그런 곳에서 루터파와 칼뱅파 등 신교도가 늘어가는 것은 가톨릭의 수호자였던 에스파냐로선 용납할 수 없는 상황이었다. 이에 펠리페 2세는 통치를 강화하기 위해 총독을 파견1566했는데, 그가 현지 사정에 맞지 않는 중과세와 상업 제한, 가톨릭 교구 증설 등 신교 탄압 정책 등을 펼치면서 네덜란드 자치주들의 불만을 불러일으켰던 것이다.

결국 에스파냐 총독의 강압적 정책에 대항해 홀란트, 제일란트, 위트레흐트 3개 주의 지사가 항거를 시작했다. 처음에는 에스파냐 국가에 충성하며 반란이 아닌 요청을 하는 편에 가까웠지만, 에스파냐는 이들을 '거지'라 부르며 무시했다. 이에 독일 나사우와 프랑스 오랑주 가문 후예인 빌럼공1533~1584, 오라녀공 빌럼 1세을 중심으로 17개 주가 전쟁을 시작1568한다. 이것이 영국혁명, 미국 독립전쟁, 프랑스혁명과 함께 서유럽 4대 시민혁명의 하나로 손꼽히는 80년간에 걸친 네덜란드 독립전쟁1568~1648의 시작이다.

이에 대한 에스파냐의 반격도 만만치 않아서 10여 년 뒤 네덜란드 17주는 가톨릭교도가 많아 여전히 에스파냐에게 충성을 바치는 남부 10주벨기에와 룩셈부르크와 북부 7개 주의 위트레흐트동맹으로 분리되었다1579. 펠리페 2세는 빌럼공을 무법자라 부르며 그의 목에 현상금을 걸었고 위트레흐트동맹은 '펠리페 2세를 군주로 인정하지 않겠다'는 사실상의 독립을 선언1581했다.

1584년 빌럼공은 펠리페 2세의 자객에 의해 살해되지만총으로 암살당한 역사상 최초의 유명인물이 된다 그의 아들 마우리츠의 탁월한 지도하에 '네덜란드 7개 주 공화국'은 독립을 선언하기에 이른다1588. 심지어 비공식적으로 동맹을 지원하던 영국에 대해 해군을 정비, 연합해 에스파냐의 무적함대를 무찌르는 데 일조하기도 했다. 이후 지브롤터해전1607 등에서 에스파냐에게 승리한 네덜란드는 에스파냐 지배에 종지부를 찍었고, 막강한 해군력을 바탕으로 열강의 대열에 합류한다. 1609년에서 1621년까지의 휴전기를 거쳤다가 30년전쟁으로 다시 불붙은 이들의 대결은 베스트팔렌 조약에 따라 네덜란드가 신성로마 제국의 굴레에서 벗어남으로써 네덜란드의 완전한 승리로 끝난다.

네덜란드는 오렌지색과 전혀 상관이 없다. 그럼에도 네덜란드 축구 선수와 응원단들은 월드컵이나 올림픽 등에서 오렌지색의 유니폼을 즐겨 입으며 오렌지색에 열광한다. 이는 네덜란드 건국의 아버지로 추앙받는 빌럼 1세와 연관이 있다. 빌럼의 오라녀 가문은 네덜란드에서 가장 유명하고 부유했던 가문이었는데, 이 가문의 4형제는 모두 네덜란드 독립전쟁에 참전해 사망했다. 그 후 오라녀 가문은 국민들의 열광적인 지지로 왕가가 되었고 지금도 국민의 많은 사랑을 받고 있다. 오라녀는 그 가문의 기원인 프랑스 남부 '오랑주'의 네덜란드식 발음이고, 오랑주의 영어식 발음이 '오렌지'이다.

17세기 네덜란드 번영을 맞다

1588년 독립 선언 이후 적극적으로 해외 진출을 도모하면서부터 17세기 네덜란드 선대는 세계 해양을 누볐다. 네덜란드는 정부와 민간이 함께 자본금을 투자해 세계 최초 주식회사 개념의 동인도 회사를 세웠다1602. 그리고 인도네시아 등 각지에 상관을 설치하며 동방무역에 뛰어들어 엄청난 이익을 챙긴 한편, 서인도 회사1621도 설립해 아프리카 및 아메리카에도 진출했다. 아직은 그 유효성을 찾지 못하지만 오스트레일리아가 유럽에 모습을 드러낸 것도 이 시기 네덜란드 두이프겐 호에 의해서였다1606.

네덜란드는 1600년 표류하던 중 일본에 도착한 이후 종교 문제로 철퇴를 맞은 포르투갈 대신 나가사키데지마를 기지로 삼아 일본과의 무역을 지속1641~1855했다. 이 와중에 대만에서 일본으로 가던 동인도 회사 소속 상선 스페르웨르 호가 폭풍우로 제주도 산방산 앞바다에서 난파당해 선원들이 조선에 발을 딛기도 했다1653. 선원 64명 중 목숨을 건진 36명 가운데 헨드릭 하멜이 있었고, 그는 조선에 억류되었다 풀려난 이후 동인도 회사에 체불된 임금의 지급을 요청하는 보고서를 작성했다. 이것이 조선을 유럽에 소개한 최초 문헌인 『하멜표류기 1668』의 탄생 배경이다.

1652년에는 네덜란드의 고이센 농민들이 아프리카 남단 '카프스타드케이프타운'로 이주해 새로운 삶을 시작했다. 외과의사 얀 반 리베크가 인도했던 이들은 모두 90명이었는데 직업을 따라 '보어농민인'으로 불렸다. 인도네시아로 가는 중계 보급기지 건설을 위해 동인도 회사가 세운 상관인 카프스타드는 이후 아프리카 역사에서 중요한 위치를 차지하는 장소가 된다.

이처럼 17세기에 들어 세계를 누비는 강국으로 발전한 네덜란드는 무역을 장악하며 황금 시대를 맞이한다. 전 세계에서 생산된 물건들이 거래되고 문화와 과학이 만개한 암스테르담은 유럽 최대의 무역항이자 문화의 중심지가 되었다. 「니웨 테이딩헨」은 상업정보 등을 비정기적으로 알려주던 소식지로 암스테르담에서 발행되었는데1605 현대 신문의 원형이다. 렘브란트1606~1669를 중심으로 한 화가들의 주목받는 활동도 암스테르담의 위상을 확인시켜주었다. 이곳의 자유로운 분위기는 영국과 프랑스에서 핍박받던 상공업자 신교도들, 심지어 유대인까지도 차별 없는 활동을 가능하게 했다.

당시 자유롭고 활기찬 분위기 속에서 경제적 이익을 추구했던 네덜란드의 한 단면을 보여준 대표적 사건이 '튤립파동'이다. 전 국토가 튤립 재배지인 네덜란드에서 생산된 튤립은 현재 세계 튤립 생산량의 80퍼센트를 차지한다. 풍차와 함께 네덜란드의 상징으로 유명한 튤립이 처음 유럽에 전해진 것은 16세기 후반 오스트리아 주재 오스만 제국 대사를 통해서였다. 당시 화려하고 아름다운 꽃 모양 때문에 부유한 이들의 관상용으로 많은 사랑을 받기 시작했다. 특히 사람들은 색깔이 다양하거나 복잡한 모양을 좋아했는데, 그런 튤립은 병에 걸려 변한 것이었다. 하지만 일부러 만들기도 힘든, 병든 튤립은 선호도가 높아 가격이 점점 올랐고, 수요가 늘자 이윤에 밝은 네덜란드 상인들이 튤립을 투기의 대상으로 삼은 것1633이다.

그러면서 튤립 뿌리 값은 하루가 다르게 오르기 시작했다. 뿌리 하나가 잘나가는 양조장과 거래되기도 했고, 집 한 채 가격과 같아 신부는 지참금으로 튤립 한 뿌리만 가져가도 대환영이었다. 주식 투자처럼 값이 비싸도 투자 차원에서 사려고 하는 이들이 많아지면서 투기는 계속되었다. 1637년 갑자기 튤립 가격이 대폭락하면서 결국 튤립 투기도 막을 내린다. 투기의 정해진 말로가 그렇듯 많은 사람들이 손해를 보며 끝났지만 그런 거품 현상이 발생할 정도로 네덜란드의 경제는 근대의 활력이 넘치고 있었다.

이런 네덜란드의 발전은 필연적으로 다른 유럽 국가와의 충돌을 불러왔다. 영국을 비롯한 에스파냐, 포르투갈 등 해양 진출을 꾀하던 국가들과 식민지 경영상의 이해관계로 여러 차례 전쟁을 치르게 된다. 특히 영국과는 17세기 초부터 경쟁적으로 동인도 회사를 차리거나 북아메리카에 진출하는 등 신경전을 벌여오고 있었다. 더욱이 네덜란드가 향료 산지인 인도네시아의 바타비아자카르타를 점거한 이후 암보이나섬에서 네덜란드인이 영국 상인을 학살한 사건1623으로 양국 관계에는 계속 암운이 끼어왔던 상황이었다.

그러던 중 영국이 항해조례1651를 시행하면서 네덜란드는 영국과 2차에 걸쳐 1652~54, 1665~67 전쟁을 치른다. 항해조례는 크롬웰이 발표한 일종의 보호무역법으로, 영국과 그 식민지로 들어오는 무역선의 국적에 제한을 둔 것이다. 항해조례

♀1650년대 네덜란드 무역로

는 영국과 무역을 하려면 네덜란드 상선을 사용하지 말아야 하며 영국 해역에 들어오는 네덜란드 배는 수색하겠다는 강경책이었다. 이것의 목적은 'No Dutch네덜란드 배는 안 된다'였다. 그동안 무역에서는 네덜란드가 앞서가고 있었지만, 무력에서 에스파냐의 무적함대를 이긴 영국을 제압하는 것은 쉽지 않은 일이었다.

전쟁 결과 네덜란드는 북아메리카에 건설1612했던 뉴암스테르담과 수리남을 교환했다. 또한 전쟁 배상, 암보이나 학살사건 배상을 약속하고 세계 무역에서 누리던 특권을 상당 부분 영국에 양보한다. 영국과의 대결 이후 프랑스 루이 14세와의 전쟁 및 내란 등으로 네덜란드는 국력을 소모할 수밖에 없었다.

오라녀공 빌럼 3세1650~1702는 1688년 영국 의회의 요청으로 영국으로 건너가 제임스 2세를 폐하고 영국 왕까지 겸하며 오렌지공 윌리엄 3세로 불렸다. 이후 입헌군주국으로서의 대영제국을 건설한 영국은 네덜란드 대신 해상 무역의 강자로 떠오르며 해가 지지 않는 제국으로의 발돋움을 준비하게 된다. 세계사록

금지된 크리스마스

 캐럴 　산타 베이비~Yo~~

 크롬웰 　　　　하지 마

I

캐럴

아기 예수님 탄생을 축하하는
#12월25일 #크리스마스
전 세계인의 축제날!

축제를 즐기려면
역시 음악이 있어야지.

그래, 캐롤 말이야!

아… 막혔어! 막혔다고!!

사실 캐럴 듣는 거
우리나라에서는 불법이거든ㅠㅠ

아 징짜 너무해ㅜㅜ
이게 다 리더를 잘못 앉혀놔서 그래ㅜ

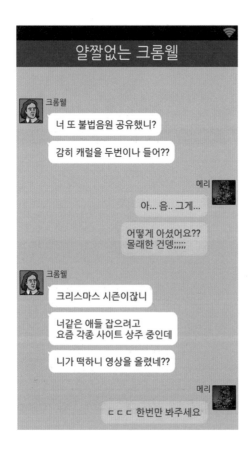

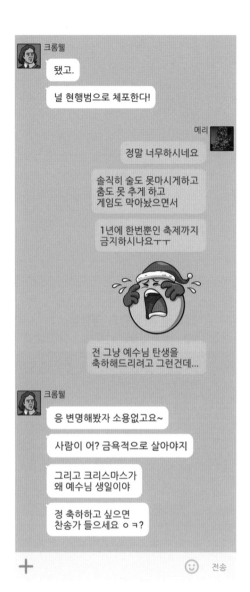

크롬웰

됐고.

널 현행범으로 체포한다!

메리

정말 너무하시네요

솔직히 술도 못마시게하고
춤도 못 추게 하고
게임도 막아놨으면서

1년에 한번뿐인 축제까지
금지하시나요ㅜㅜ

전 그냥 예수님 탄생을
축하해드리려고 그런건데...

크롬웰

응 변명해봤자 소용없고요~

사람이 어? 금욕적으로 살아야지

그리고 크리스마스가
왜 예수님 생일이야

정 축하하고 싶으면
찬송가 들으세요 ㅇㅋ?

전송

Ⅲ

왕정복고

찬송가는 평소에도
많이 듣는다고오!!

크롬웰 저 인간,
바른생활 사나이인 척하는데

사실 얼마나
무서운 인간인 줄 알아?

영국뉴스

크롬웰, 아일랜드 대학살…
아일랜드는 가톨릭 신자들이 대부분… "처단할 것"

▲ [사진] 십자가 들고 피 흘리며 쓰러져 있는 아일랜드인들

말로는 왕 아니라면서
자기 말 안 들으면 가차 없어ㅠ

차리리 임금님 있을 때가 낫지… 후…

찰스

돈크라잉(Don't Crying)

돈크라잉(Don't Crying)

'찰스'님이 음원을 선물했습니다♪

※ 잔액은 돌려주지 않소이다!

메리

? 뭐죠??

이거 공유하면 안되는뎅...

초면에 이러시면.....
감사합니다>.<

찰스

ㅋㅋ 캐럴 좋아하시는 거
같아서 보내봤어요ㅎㅎ

메리

좋아하긴 하는데..

이게 불법이라 ㅠㅠ

찰스

합법적으로 들을 수 있는
방법 아는데 알려드릴까요?

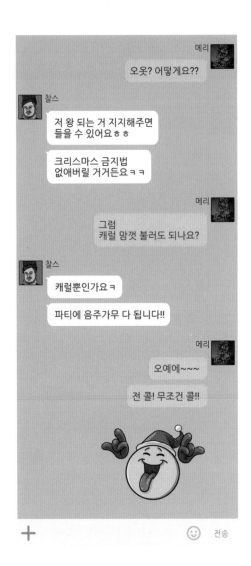

그랬다고 합니다.

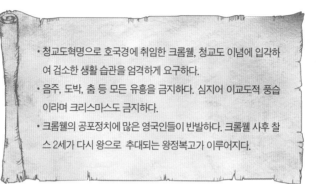

- 청교도혁명으로 호국경에 취임한 크롬웰, 청교도 이념에 입각하여 검소한 생활 습관을 엄격하게 요구하다.
- 음주, 도박, 춤 등 모든 유흥을 금지하다. 심지어 이교도적 풍습이라며 크리스마스도 금지하다.
- 크롬웰의 공포정치에 많은 영국인들이 반발하다. 크롬웰 사후 찰스 2세가 다시 왕으로 추대되는 왕정복고가 이루어지다.

1649년~1658년 잉글랜드

| 1300년 | 1400 | 1500 | 1600 | 1700 | 1800 |

영국 공화국의 탄생

영국뉴스

크롬웰, 아일랜드 대학살…
아일랜드는 가톨릭 신자들이 대부분… "처단할 것"

▶ [사진] 십자가 들고 피 흘려져 쓰러져 있는 아일랜드인들

왕권신수설과 절대왕정

1649년 1월 30일, '균형된 헌법 아래 한 사람의 군주가 통치하는 정치 제도가 최선'이라는 만국의 왕에 대한 찬양을 유언으로 남기고 영국 국왕 찰스 1세1625~1649재위는 처형당했다. 그의 목에 도끼가 휘둘러지자 집행관은 찰스 1세의 목을 들어 군중들에게 보였다. '신민'들이 재판을 통해 그들의 군주를 처형한 최초의 사건이자, 서유럽 절대왕정에 대한 최초의 심판이었다. 이후 영국에서는 군주제와 귀족원상원이 공식 폐지되면서 공화정의 막이 오른다. 국외로 추방됐던 청교도들은 귀국길에 올랐고, 국교도인 귀족들은 재산을 빼앗긴 채 망명을 선택했다. 유럽 각국의 국왕들은 경악을 금치 못했다.

영국의 절대왕정은 엘리자베스 1세 때 최고조에 달했다. 비록 그 치세 중에 절대주의에 대한 비판이 있었지만 당시까지는 왕실과 의회가 대체적으로 협조 관계를 맺고 있었다. 그러나 이런 상황은 스튜어트 왕조 이후 변화되기 시작했다. 후사 없이 서거한 여왕의 뒤를 이은 제임스 1세1603~1625재위는 스코틀랜드 출신으로 잉글랜드 의회를 충분히 이해하지 못한 데다 심지어 왕권신수설을 주창했다. "왕은 지상에서 신의 권력을 행사한다. 왕은 모든 신민을 심판하며 신 이외의 누구에게도 책임지지 않는다." 1609년 의회 자체를 부정한 제임스 1세의 선언

에 국왕들은 박수를 쳤고 교황이나 신성로마 제국 황제는 냉소했다.

왕권신수설은 16세기 말부터 유럽에 등장하기 시작한 절대주의의 상징적 표현이다. 로마 가톨릭체제를 무너뜨리며 독자적인 발전을 이루고 있던 서유럽 각국은 이를 받아들였고, 잉글랜드의 엘리자베스 1세와 프랑스의 앙리 4세가 대표적 군주였다. 절대왕정을 강력하게 지지한 계층은 신흥 상인을 대표로 한 시민들이었는데, 이는 절대군주가 영주나 귀족 등 봉건 계급을 억눌러 자신들의 자유로운 경제활동을 지지할 것이라고 기대했기 때문이다.

절대왕정은 중앙집권적 통일국가를 지향한다는 점에서는 중세 봉건주의와 다르지만, 군주가 절대 무無권리 상태인 국민을 지배한다는 점에서는 봉건적이었다. 그래서 학자들은 절대왕정을 봉건제에서 근대 국민국가로의 이행기인 16~18세기에 등장한 과도기적 정치 형태로 평가한다. 즉 절대왕정 자체가 쇠락해가는 봉건귀족과 대두하는 시민 사이의 세력균형의 결과로 탄생했다고 보는 것이다. 결국 자유를 지향하는 시민에 의해 서유럽의 절대왕정들은 무너질 운명이었다. 다만 그 과정에서 시민이 봉건귀족과 연합하는가 여부가 영국과 대륙의 차이를 만들었을 뿐이다. 이러한 절대왕정 붕괴사건은 '시민혁명'이라 불린다. 영국잉글랜드의 '청교도혁명'으로 찰스 1세의 처형은 시민혁명의 상징으로 남았다.

찰스 1세의 아버지 제임스 1세는 즉위 후 1611년에 '킹제임스 번역본KJV'이라고 불리는 『흠정역성서』를 간행19세기 말까지 영국국교회에서 사용된 유일한 공식 영어 성경으로 오늘날까지도 널리 사용하며 국교회 위치를 더욱 명확히 했다. 북아메리카 정착이 본격적으로 시작된 것도 그의 재위 기간에 일어난 일이다. 1607년 북아메리카에 영국인의 정착지가 처음으로 만들어졌고 그의 이름을 따서 제임스타운이라 했다. 제임스 1세가 청교도를 박해하자 '필그림 파더스Pilgrim Fathers'라고 불리는 청교도 분파가 1620년에 북아메리카로 집단 이주하기도 했다.

제임스 1세가 스코틀랜드왕으로 잉글랜드 왕위를 계승해 두 국가의 공동 왕이 되면서 잉글랜드와 스코틀랜드는 공통의 왕 아래에서 서로 다른 의회와 정부를 가진 동군연합同君聯合 관계가 되었다. 그러나 스스로를 '그레이트브리튼의 왕'이라고 부른 그는 잉글랜드 국기인 성 조지 십자가와 스코틀랜드의 성 앤드류 십자가를 합쳐 오늘날의 영국 국기 유니언 잭을 만들어 통일의 상징으로 사용하면서 스코틀랜드와 잉글랜드, 아일랜드까지 묶은 '대영제국' 건설을 꿈꿨다이는 1707년 앤 여왕 시기에 현실이 된다. 이를 위해 강력한 왕권이 필요하다고 생각해 왕권신수설을 주장했고 그런 국왕과 의회의 충돌은 불가피했다. 국왕은 의회의 관습적 권한을 무시하면서 독자적으로 세금을 걷고 상비군을 건설하려고 했다. 화이트홀 궁전 확장 등에 재정 지출을 늘리거나 가톨릭과 청교도를 억압하여 국교회로의 개종을 강요했던 그에 대한 의회의 반발은 심해졌고, 제임스 1세가 죽었을 때 암살당했다는 소문이 파다했다.

제임스 1세의 둘째 아들 찰스 1세는 즉위한 그 해에 앙리에타 마리아를 왕비로 맞았는데, 그녀는 절대주의 절정에 들어선 프랑스 부르봉 왕가 출신이었던 데다 독실한 가톨릭교도였다. 찰스 1세는 결혼을 통해 선언한 것처럼 절대주의를 한층 더 강화한다. 의회의 승인 없이 세금을 징수하고 병사를 민가에 무료로 숙박시키는가 하면 군법을 일반인에게까지 적용했다.

이에 의회에서는 '법의 우월'을 주장해왔던 법률가 코크 등이 중심이 되어 찰스 1세에게 「권리청원」을 제출1628하기에 이른다. '의회의 승인 없는 과세는 불가하다'는 원칙을 포함해 왕권도 침해할 수 없는 '자유권' 승인을 요구한 권리청원에 찰스 1세는 마지못해 서명했다. 이는 400년 전의 대헌장과 비슷하게 관습으로 내려오던 조항들을 재확인한 것이었다. 그럼에도 당시 절대왕정을 추구한 국왕이 의회에 굴복했다는 점에서, 또한 당시 의회에 청교도가 상당수 진출해 있었다는 점에서 대헌장에 비해 더 적극적인 의미를 지닌다.

그러나 찰스 1세가 이듬해 의회를 해산1629시킨 뒤 성실재판소와 고등종무관 재판소 등 특별재판소를 통해 청교도를 탄압하고 의회 승인 없이 과세하는 등 권력을 남용한 것은 권리청원이 무색할 지경이었다. 게다가 찰스 1세가 윌리엄 로드를 캔터베리 대주교로 임명하면서 충돌의 소지는 더 커졌다. 영국국교회의 틀을 지키되 가톨릭교회의 전통을 일부 회복하려는 입장이었던 로드는 매우 완고하고 전투적인 인물이었다. 세력이 커지는 청교도를 막기 위해 그들의 귀나 코를 자르는 악형을 남발하기까지 했을 정도였다. 마침내 윌리엄 로드는 1639년, 장로교칼뱅파 신교가 세력을 떨치는 스코틀랜드에서 국교회의 힘을 늘리기 위해 무리수를 두면서 전쟁의 위기를 자초했고, 찰스 1세는 전비를 얻기 위해 의회를 소집할 수밖에 없게 된다.

청교도혁명1640~1660의 시작

1640년 11년 만에 마침내 개원하게 된 의회는 그들의 요구를 관철시켰다. '국왕 독재'의 상징이던 특별재판소들을 폐지했고 윌리엄 로드를 체포했으며 왕이 의회 문을 닫지 못하도록 '의회는 최소한 3년에 한 번은 열려야 한다'는 규칙을 제정했다. '국왕이 아닌 의회에 국가 주권이 있다'는 이념이 대두되면서 왕과 의회의 첨예한 대립은 계속 이어졌고, 결국 이 의회는 1653년에야 폐회되는 '장기의회'가 된다.

상황은 아일랜드에서 반란이 일어나면서 격화되었다. 아일랜드 총독 출신으로 찰스 1세의 측근이었던 스트래퍼드 백작이 의회에 의해 처형되자 잉글랜드의 신교도들이 가톨릭교도들을 학살하려 한다는 소문이 돌면서 아일랜드에서 반란이 일어났다. 그리고 이는 다시 잉글랜드에서 왕과 왕비가 프랑스와 짜고 신교도들을 몰아내려 한다는 소문을 낳았다. 이에 의회는 국왕의 재가도 무시하고 아일랜드에 진압군을 파병하기로 결의한 뒤 200개 조항에 걸친 찰스 1세의 실정을 문책하는 「대간의서」를 통과시켰다1641. 찰스 1세는 결의문 통과를 주도한 의원들을 체포하기 위해 의사당에 난입했다. 그러나 의회는 의원을 내달라는 왕의 요구를 면전에서 무시하며 지방의 민병대를 의회의 통제 아래 둔다는 법안을 결의했고, 이에 맞선 찰스 1세는 요크에서 전쟁을 일으킨다. 잉글랜드 내전의 발발이었다.

내전이 시작되면서 잉글랜드는 국왕을 옹호하는 왕당파와 반대인 의회파로 나뉘었고 초기에는 왕당파가 우세했다. 의회파 군대는 대부분 실전 경험이 없는 지방 귀족들이 만든 집단이었던 데다, 대부분 자기 고향 밖으로 출정하기를 꺼려 했기 때문이다. 그러나 의회파의 영웅 올리버 크롬웰1599~1658이 1645년 네이즈비에서 철기대를 이끌고 국왕군을 대파하며 전세를 역전시킨다. 철기대는 엄격한 규율과 전문 직업군다운 훈련, 그리고 높은 사기를 갖춘 군대로 막강한 위력을 떨쳤다. 그들의 '높은 사기'는 종교적 열정의 힘이었다. 크롬웰 군대는 싸움터에서도 늘 기도서를 들고 다니며 틈만 나면 찬송가를 불렀다. 이들의 전공이 두드러짐에 따라 의회파 내에서 크롬웰의 입지도 커졌고, 그를 중심으로 하는 급진파가 주도권을 쥐게 되었다. 결국 1646년 4월, 찰스 1세가 항복하면서 1차 내전은 끝난다.

이후 전개는 정치 세력이 분화되면서 복잡한 양상을 띠게 된다. 내전 초기에는 왕과 의회의 대립으로 단순했으나, 의회 내 강경파가 국왕을 견제하는 데서 한발 나아가 '의회 주권'을 주장하자 일부 의원들은 국왕 편으로 가 왕당파가 되었다. 그리고 의회파 내부에서도 분열이 일어났다. 찰스 1세가 의회를 인정한다면 왕으로 복귀시킬 수 있다는 장로파, 찰스 1세의 복위는 혁명을 '무'로 돌린다는

📍청교도 혁명기 영국

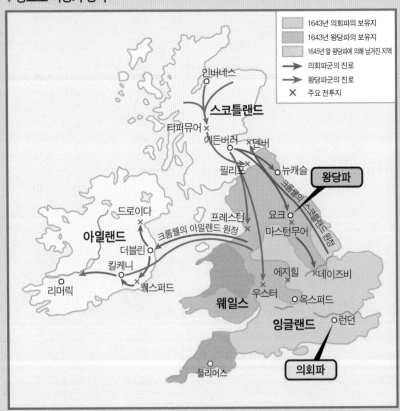

범례:
- 1643년 의회파의 보유지
- 1643년 왕당파의 보유지
- 1645년 말 왕당파에 의해 남겨진 지역
- → 의회파군의 진로
- → 왕당파군의 진로
- × 주요 전투지

인버네스
스코틀랜드
터퍼뮤어 ×
에든버러 ×덴버
필리포 ×
뉴캐슬
왕당파
크롬웰의 스코틀랜드 원정
드로이다 ×
프레스턴
아일랜드
크롬웰의 아일랜드 원정
요크
마스턴무어
더블린
킬케니
×
웩스퍼드
에지힐 ×네이즈비
리머릭
우스터
웨일스
옥스퍼드
잉글랜드
런던
플리머스
의회파

이유를 들어 이에 반대하는 독립파. 여기에 더해 의회 밖의 재야세력으로 만민평등을 외치는 수평파가 목소리를 내기 시작했다. 독립파의 영수 크롬웰은 장로파를 꺾기 위해 군주제 폐지와 공화제 수립을 주장하는 수평파와 제휴했다.

찰스 1세는 의회파의 세력 안에 있었으나 외부와 비밀 연락을 하며 국면 전환을 꾀했다. 의회파의 다수는 의회권이 보장되는 제한적 군주제를 추구했지만 찰스 1세가 의회의 분열을 부추긴 뒤 유배지에서 탈출해 다시 전쟁을 일으키자 분위기는 급변했다. 고향 스코틀랜드로 도망간 찰스 1세가 1647년 다시 잡혀 런던으로 압송된 후 크롬웰의 군대는 의회를 기습해 다수파였던 장로파 의원들을 체포하거나 추방1648.12했다. 그리고 크롬웰 지지파들만 남은 의회는 왕을 재판하기 위한 최고법원을 창설했다.

1649년 1월부터 시작된 국왕에 대한 재판에서 7년 동안 진행된 내전 과정이 논리와 법률용어로 재현되었다. 검찰 측에서는 왕권이 제한적임에도 찰스 1세가 월권을 하며 폭정을 자행했다고 고발했고, 찰스 1세는 주권자인 왕의 권한은 무한하며 그런 비판은 근거가 없다고 반박했다. 그리고 자신은 정당한 재판을 받는 것이 아닌 반역자들에게 희롱당하고 있을 뿐이라며 재판 자체를 인정하려 들지 않았다. 법정은 10일 만에, 이미 정해져 있던 판결을 내렸다. 바로 사형이었다. 이로써 영국은 역사상 유일무이한 '공화국 시대'를 맞으며, 호국경 크롬웰의 엄격한 도덕정치 시기라는 또 하나의 국면을 지나게 된다. 세계사록

아버님 댁에 사위 놔드려야겠어요

 장인 제임스　　자네...

 딸 메리　　아빠 미안ㅋ

 사위 빌럼　　죄송합니다

I

컴알못

난 얼마 전에 결혼한 새신랑, 빌럼

처가 식구들이랑 잘 지내고
사위 노릇도 잘하고 싶단 말이지ㅋ

그런데…

날 너무 찾으시는 것 같아;;;;;

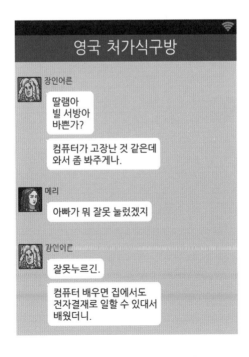

영 못 쓰겠구만.

빌럼
음...아버님

혹시 사진 찍어서
보내주실 수 있나요?

장인어른
잠깐만 기다리게.

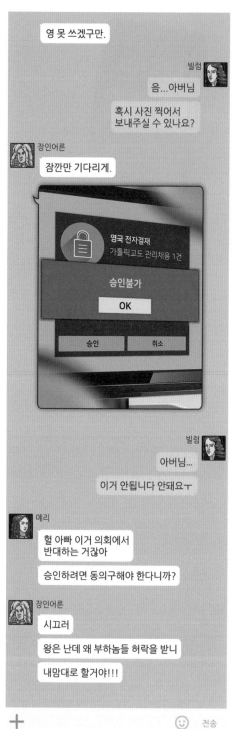

빌럼
아버님...

이거 안됩니다 안돼요ㅜ

메리
헐 아빠 이거 의회에서
반대하는 거잖아

승인하려면 동의구해야 한다니까?

장인어른
시끄러

왕은 난데 왜 부하놈들 허락을 받니

내맘대로 할거야!!!

전송

아… 아버님ㅜㅜ
자꾸 그러시면 아버님 따님이
저한테 따로 갠톡 날린다구요ㅜ

사이 안 좋은 부녀 사이에서
새우등 터지는
사위 생각도 해주시지ㅜㅜ

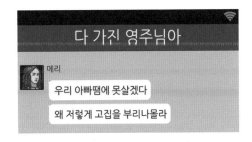

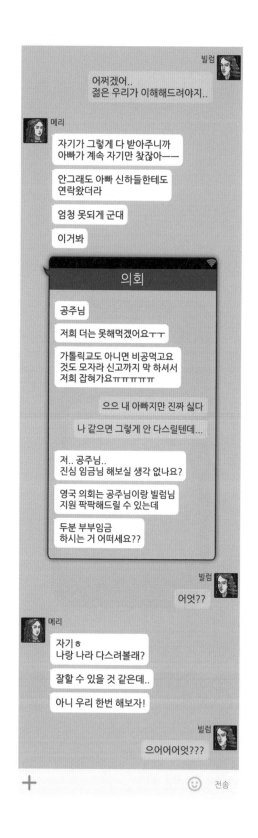

하긴… 아버님이 원래
좀 많이 독단적이셨으니까.
불만이 쌓일 만도 해.

이참에 정말 왕권교체해 봐??

장인어른한테 왕관 넘겨달라고 하면,
곱게 넘겨주시진 않겠지?

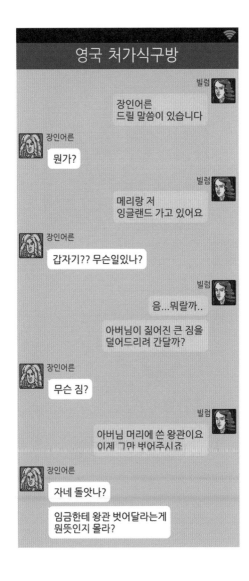

그랬다고 합니다.

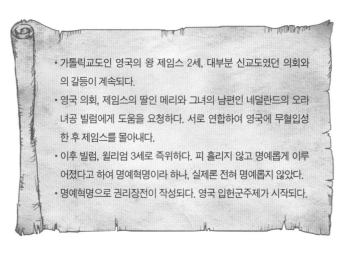

- 가톨릭교도인 영국의 왕 제임스 2세, 대부분 신교도였던 의회와
  의 갈등이 계속되다.
- 영국 의회, 제임스의 딸인 메리와 그녀의 남편인 네덜란드의 오라
  녀공 빌럼에게 도움을 요청하다. 서로 연합하여 영국에 무혈입성
  한 후 제임스를 몰아내다.
- 이후 빌럼, 윌리엄 3세로 즉위하다. 피 흘리지 않고 명예롭게 이루
  어졌다고 하여 명예혁명이라 하나, 실제론 전혀 명예롭지 않았다.
- 명예혁명으로 권리장전이 작성되다. 영국 입헌군주제가 시작되다.

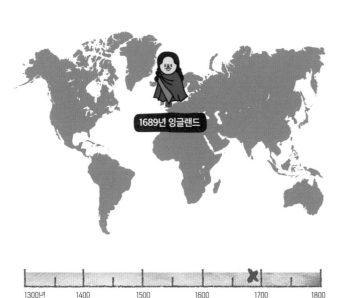

1689년 잉글랜드

1300년 1400 1500 1600 1700 1800

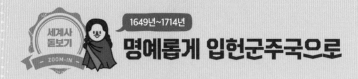
1649년~1714년

명예롭게 입헌군주국으로

크롬웰의 독재정치

영국은 공화국이 되었다. 하지만 140여 년 뒤의 프랑스와 다르게 영국에서는 찰스 1세의 처형이 모든 것을 뒤바꿀 정도의 변화는 가져오지 못했다.

올리버 크롬웰은 케임브리지 대학을 졸업하고 지주로서의 삶을 살다 회심을 경험했다. 청교도로 개종한 뒤 그는 의회에 진출, 내전이 발발하자 군사 전략가의 재능을 발휘했다. 특히 엄격한 규율을 갖춘 기병대를 편성하여 훈련시켰는데, 그의 부대는 여러 전투에서 뛰어난 전과를 거두며 '철기대'라는 명성을 얻었다. 1645년 의회파는 그의 부대를 본떠 신형군New Model Army을 조직했으며, 크롬웰은 이를 지휘해 네이즈비와 랭포트 전투에서 큰 승리를 거두고 옥스퍼드를 공격해 찰스 1세를 사로잡을 수 있었다. 이를 통해 의회파의 지도자가 된 크롬웰은 찰스 1세의 처형과 공화제 수립을 지휘했고 국무회의 의장이 되었다.

그러나 그는 곧 왕당파 중심지인 아일랜드와 스코틀랜드에서의 반反혁명 진압 1649~1651에 나서야 했다. 아일랜드는 찰스 1세 내전으로 잉글랜드 세력이 약화된 틈을 타 폭동을 일으켜 잉글랜드인들을 살해하고 신교 교회를 불태웠다. 찰스 1세는 가톨릭의 자유와 독립을 약속하고 이들로부터 병력을 지원받으려고도 했다.

아일랜드 정복을 시작한 초기 크롬웰은 농민이나 잉글랜드인 살해에 관계되지 않은 반란자들은 사면령을 내렸다. 그러나 사태가 여의치 않자 초토화로 방침을 바꾸었고 살인과 방화까지 동반하며 진압했다. 이때 희생당한 아일랜드인들은 20~30만 명가량이었다. 이는 가장 처절했던 드로이다 공성전에서 학살된 남녀노소 2000명신교도 포함되어 있었다의 민간인을 포함해 인구의 4분의 1에 해당하는 숫자다. 크롬웰이 행한 폭력은 아일랜드 역사에 깊은 상처를 안겼을 뿐 아니라 사회 모습까지 변화시켰다. 크롬웰은 아일랜드 정복 이후 핵심 정치세력인 가톨릭 귀족들과 켈트족 족장들을 완전히 무력화시키기 위해 토지를 강탈, 재분배했다. 아일랜드 전역은 불에 탔고 원래 주민은 척박한 서부 지방으로 쫓겨났으며 풍요한 토지는 크롬웰 부하들에게 분배되었다. 이로써 극소수의 신교 지배층이 대다수 가톨릭 소작농을 착취하는 아일랜드의 기형적인 사회경제적 구조가 만들어졌다. 이를 계기로 아일랜드인의 반反영국 정서가 뿌리 내리게 된다.

한편 스코틀랜드는 자신들의 왕으로 잉글랜드 국왕이 된 스튜어트 왕가에 대한 마음이 각별했다. 그랬기에 찰스 1세를 처형시킨 잉글랜드에 대한 감정이 좋지 않았고, 그 아들 찰스 2세를 새로운 왕으로 인정하고 있었다. 크롬웰은 1650년 스코틀랜드군에 승리했고 잉글랜드로 공격해오는 찰스 2세를 우스터에서 물리쳤다. 결국 찰스 2세가 프랑스로 탈출하면서 찰스 1세 때부터 10년 동안 계속된 내전은 끝을 맺는다1651.

이와 더불어 크롬웰은 네덜란드 중계무역 활동을 제한하는 항해조례항해법를 제정해 네덜란드와 전쟁을 벌인다. 이를 통해 당시 해상에서의 패권을 장악하고 있던 네덜란드에 도전하고, 영국이 제해권과 식민지 개척에 공격적으로 나설 수 있는 기반을 닦는다.

국내 사정은 여전히 어지러웠다. 크롬웰이 청교도법령에 입각한 엄격한 도덕정치를 시행한 것 또한 혼란의 요인으로 작용했다. 크롬웰과 청교도들은 '청교도 도덕성'을 지키는 법을 도입했는데 극장이나 운동경기, 춤 등 청교도 입장에서 죄악시될 수 있는 행동들을 폐지하는 내용이었다. 심지어 대중음악마저도 금지해서 영국인들은 노래라고는 오로지 찬송가만 부를 수 있었다. 성탄절도 금지되어 의회는 매년 12월 25일에 소집되었다.

상황이 이렇게 되자 국민들은 그나마 자유롭던 왕정 시대를 그리워하게 되었다. 찰스 2세를 지지하는 왕당파와 성인 남자의 보통선거권, 의석의 재분배, 법률상의 완전한 평등을 요구하는 등 보다 근본적인 민주주의를 요구하는 수평파 등의 반발도 계속되었다. 이에 크롬웰은 왕당파도 철저히 분쇄하고 공화주의의 기반인 수평파까지 숙청해버린다.

그리고 자기 손으로 장기의회의 문을 닫은 뒤1653 왕당파의 복귀를 두려워한 젠트리 계층의 지지를 바탕으로 「통치장전」을 제정하고, 잉글랜드, 스코틀랜드, 아일랜드 세 나라를 통치하는 호국경Lord Protector의 자리에 오른다. 호국경은 최고 행정관으로 입법권, 행정권, 관리임명권, 군사권, 외교권을 갖고 있는 사실상 독재직이었다. 심지어 의회에서는 그를 국왕으로 옹립하려는 움직임도 있었다. 이는 젠트리 계급이 그를 권좌에 앉히는 대가로 군부 통제권을 갖고자 한 시도였는데, 결국 군대의 반대로 실현되지 못했다. 대신 선거에 의해 선출되어야 할 후임 호국경을 크롬웰이 지명할 수 있다는 정도에서 타협이 이루어졌다.

크롬웰이 1658년 병으로 사망한 뒤 아들 리처드 크롬웰1626~1712이 호국경이 되었다. 하지만 왕당파 장군 멍크에 의해 네덜란드에서 망명 중이었던 찰스 2세가 즉위하며 결국 청교도혁명은 막을 내린다1660. 영국공화국을 이끌었던 지도자 크롬웰의 무덤은 왕정복고 후에 파헤쳐졌고 그의 시신은 많은 수난을 당했다.

왕정복고와 명예혁명

찰스 1세가 처형당하고 군주제가 폐지된 지 12년 만인 1660년, 국왕이 귀환했다. 왕정이 복고되면서 청교도혁명은 실패한 것처럼 보였다. 이미 사망한 크롬웰의 시신이 목과 사지가 잘린 채 광장에 걸려 수치를 당하게 된 상황을 보아도 그러했다. 그러나 왕정복고가 일어났다고 해서 혁명 전 절대왕정의 영국으로 돌아갈 수는 없었다. 이미 공화정을 경험했던 의회 세력은 왕정의 전횡을 내버려둘 수 없었고 이는 결국 명예혁명의 배경이 된다.

찰스 2세1660~1685재위는 프랑스와 네덜란드에서의 10여 년의 망명생활 끝에 영국 국왕의 권좌에 앉았다. 프랑스 부르봉 왕가 출신의 어머니를 두었기 때문에 가톨릭적 성향을 가졌지만 국왕이 되기 위해 국교도임을 내세웠던 그는 오랜 정치적 시련기 속에서 타협과 실리를 배웠고 관용적으로 통치해 영국을 안정시켜나갔다.

이 시기 북아메리카 동부 해안의 무역 중심 도시인 뉴암스테르담의 관할권이 영국에게 이양1664되었다. 기존 질서는 유지되었고 네덜란드인의 자유로운 상거래도 허용되었지만 이름은 동생 요크공 제임스의 이름을 따 새로운 요크, 뉴욕으로 바뀌었다.

런던에서 발생한 흑사병1665, 대화재1666 등 어려운 문제에 봉착하기도 했던 그는 과거 종교 갈등에서 비롯된 국난을 반복하지 않기 위해 종교에 대해 포용적 태도를 보이고자 했지만 의회는 미심쩍어했다. 왕정복고 이후에도 의회는 국교회가 중심세력이었고 크롬웰 시기를 주도했던 청교도파도 의회에서의 기반은 견고했다. 결국 의회는 국교도만이 영국 관리와 의원이 될 수 있다고 규정한 심사법1673과 인신보호법을 제정1679한다. 인신보호법은 불법으로 인민을 체포하지 못하게 하고 인민이 정식 재판을 요구할 권리가 있음을 규정한 법률이다. 때문에 이후 군주들은 단순히 자신에게 반대한다는 이유로 사람을 수감하거나 사형시키는 등 처벌을 할 수 없게 되었고, 권력행사에 제한을 받게 되었다.

1677년 찰스 2세는 동생 제임스 2세를 설득해 조카딸 메리와 네덜란드 왕가의 빌럼을 결혼시켰다. 그럼에도 종교적 정체성에 대한 의혹은 쉽게 해소되지 않았고 정식 왕위 후계자를 얻지 못하자비록 혼외자녀가 50명에 달했을지라도 분쟁의 소지는 점점 커져갔다. 신교 측은 독실한 가톨릭 신자인 요크공 제임스가 왕위에 오를 경우 종교 전쟁이나 국가 분열 사태가 벌어지지 않을까 우려했다. 제임스의 즉위 문제는 그를 지지한 토리당보수당과 즉위를 반대한 휘그당자유당이 탄생하는 계기가 되었다.

1685년 찰스 2세는 임종하기 직전 가톨릭으로 공식 개종했고, 왕실을 제외한 모두의 우려대로 동생 제임스 2세1685~1688재위가 왕권을 물려받았다. 제임스는 어려서부터 부친 찰스 1세를 모범삼아 경건한 신앙심을 키웠고, 성장할수록 종교적 신념에서는 쉽게 타협하지 않았다. 그리고 이는 재위에 오른 뒤 친가톨릭 정책으로 더욱 분명해졌다. 그는 심사법을 무시하면서 공직자를 가톨릭교도로 채웠다. 가톨릭 신앙 선서를 의무화하는 조치를 취하는 동시에 인권보장과 의회 정치의 성과들을 하나둘씩 무효화시켰다.

그 와중에 1688년 제임스 2세에게 아들이 태어나자 다음 치세에서 개혁을 희망했던 신교 측의 꿈이 사라지면서 의회는 결국 행동에 나서게 된다. 휘그당이 앞장서고 토리당도 적극 협력했다. 그들은 네덜란드 오라녀공 빌럼 3세와 결혼한 메리에게 구원을 요청했고, 프로테스탄트였던 그녀는 남편 빌럼과 함께 1만 5000명의 군대를 이끌고 런던으로 진격했다. 중앙의 의회뿐 아니라 지방 귀족들도 잇달아 이들 편에 합류하자 제임스 2세는 딸과 사위의 묵인 아래 국외 망명을 떠나게 된다.

1649년과 달리 무혈혁명으로 명예롭게 이루어졌다고 하여 '명예혁명1688'으로 불리는 이 사태 끝에 의회는 「권리장전」을 제정1689하고 공동 국왕 메리 2세와 윌리엄 3세영국에서는 오렌지공 윌리엄 3세로 불린다가 이를 승인함으로써 영국은 '입헌군주제'라는 새로운 의회권력 체제를 출범시켰다. 이 새로운 체제에서 국정의 실권은 의회에 있으며 왕위계승도 의회가 결정한다. 이에 따라 혁명을 주도한 '여당' 휘그당은 스스로 내각을 구성해 국정을 담당하기 시작했다.

윌리엄 3세는 즉위 후 군사 원정을 감행함으로써 루이 14세의 프랑스를 견제하기 위한 정책을 본격적으로 펼쳤다. 그러다 전쟁아우크스부르크동맹전쟁1689~1697이 장기화되면서 군비 마련을 위해 세계 최초로 국채를 발행1694했다. 또한 집의 창문 개수에 비례해 세금을 걷는 창문세를 걷기도1696 했는데, 이는 150년 가까이 유지된다.

윌리엄과 메리 사이엔 여러 명의 자녀가 있었지만 모두 어릴 때 죽었기 때문에 윌리엄 3세 사후, 처제인 앤 여왕이 즉위한다. 그레이트브리튼 왕국Kingdom of Great Britain으로 통일1707되어 하나의 국가를 이룬 앤 여왕 또한 자식들이 모두 요절했다. 당시 제정된 왕위계승법에 따라 가톨릭교도는 영국 국왕이 될 수 없었기 때문에 결국 스튜어트 왕조가 끝나면서 하노버 공국의 조지 1세가 즉위1714한다. 이로써 '왕은 군림하되 통치하지 않는다'라는 영국의 내각책임제의원내각제가 완성되며 영국이 자신들의 정치체제를 찾는 길고 긴 여정은 마무리된다. 세계사록

루이 14세와 돌팔이슨생

 루이 14세 　　　끄응,,

 의사 진료받으실께요ㅎㅎ

I 절대복종

나, 루이 14세.

내가 곧 프랑스며
프랑스가 나 자신인,

그 누구도 거역할 수 없는
절대적 존재지!

하지만 그런 나조차도
거부할 수 없는 사람이 있어…

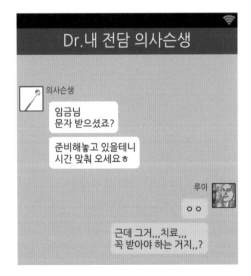

II

처방

의사슨생이 그러는데
만병의 근원이 '이'래.

치아에 세균 많다고
모조리다 뽑아버려야 된다.

그래서 나,
이 없이 잇몸으로 살려구!

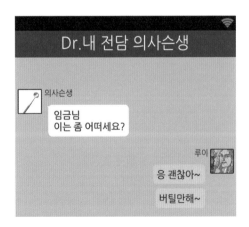

의사슴생

제가 드린 약은
꼬박꼬박 챙겨드시고 계시죠??

루이

ㅇㅇ근데 있잖아,,

이거 좀 이상해,,,,

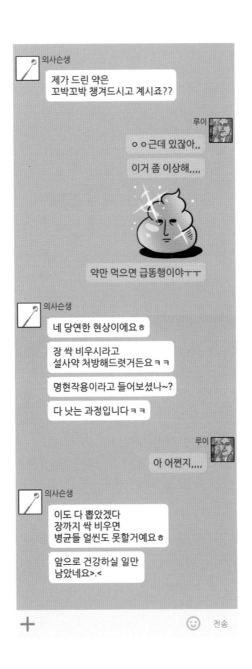

약만 먹으면 급똥행이야ㅜㅜ

의사슴생

네 당연한 현상이에요ㅎ

장 싹 비우시라고
설사약 처방해드렷거든요ㅋㅋ

명현작용이라고 들어보셨나~?

다 낫는 과정입니다ㅋㅋ

루이

아 어쩐지,,,,

의사슴생

이도 다 뽑았겠다
장까지 싹 비우면
병균들 얼씬도 못할거에요ㅎ

앞으로 건강하실 일만
남았네요>.<

＋ ☺ 전송

그래, 이게 다
내 건강을 위한 일이니까…

음, 근데 왜…
점점 더 몸이 안 좋아지는 것 같지?
기분탓인가??

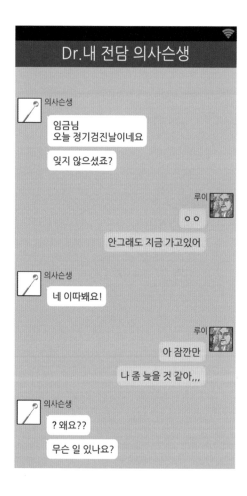

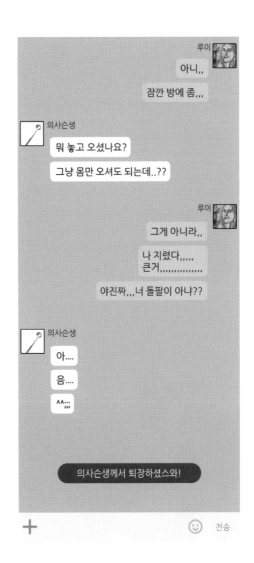

그랬다고 합니다.

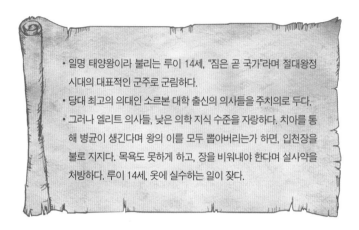

- 일명 태양왕이라 불리는 루이 14세, "짐은 곧 국가"라며 절대왕정 시대의 대표적인 군주로 군림하다.
- 당대 최고의 의대인 소르본 대학 출신의 의사들을 주치의로 두다.
- 그러나 엘리트 의사들, 낮은 의학 지식 수준을 자랑하다. 치아를 통해 병균이 생긴다며 왕의 이를 모두 뽑아버리는가 하면, 입천장을 불로 지지다. 목욕도 못하게 하고, 장을 비워내야 한다며 설사약을 처방하다. 루이 14세, 옷에 실수하는 일이 잦다.

17세기 후반 프랑스

1300년   1400   1500   1600   1700   1800

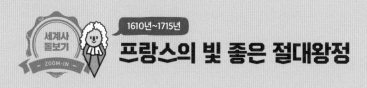

1610년~1715년

프랑스의 빛 좋은 절대왕정

프롱드의 난과 콜베르의 중상주의

77번째 생일을 나흘 앞둔 1715년 9월 1일, 태양왕 루이 14세1643~1715재위가 숨을 거두었다. 그의 마지막 말은 볼테르가 지어냈을 것으로 추측되고 그의 상징처럼 여겨지게 된 "짐은 국가다"라는 말이 아니라, "짐은 이제 죽는다. 그러나 국가는 영원하리라"였다고 한다.

루이 14세는 프랑스 부르봉 왕조의 군주로 절대왕정의 최고봉에 올라 화려한 궁정생활의 극치를 보여주었고 강국으로서 프랑스의 면모를 끊임없이 과시했다. 영토 소유권을 두고 영국과 대립하며 남부의 공국들로 분열되어 시끄러웠던 서유럽의 약소국이 부르봉 왕조를 거치며 유럽의 중심 국가 자리에 올랐음을 알린 것이다.

루이 14세는 30년전쟁으로 절대왕정의 초석을 닦은 루이 13세1610~1643재위와 안 도트리슈 왕비 사이에서 결혼 23년 만에 태어나 '신의 선물'로 불렸다. 여섯 살에 왕위를 계승하자 모후가 섭정을 맡았고 이탈리아 출신 재상 마자랭이 정국을 주도했는데, 그 시기 일어난 '프롱드의 난1648~1653'은 루이 14세에게 큰 영향을 미친다. 돌팔매 용구를 가리키는 '프롱드'가 왕권에 대한 도전을 상징한 것처럼 파리와 보르도 지역을 휩쓴 봉기는 절대왕정을 위협했다. 그 중심은 상업을 통해 쌓은 재력을 바탕으로 고등법원에 진출한 신흥 귀족과 시민 세력이었다. 이들이 절대군주 권력의 제한을 추진하자 마자랭이 이들 중 일부를 체포했고 파리 시민들이 이에 봉기했다. 봉기 세력은 한때 세력이 커져서 생제르맹으로 탈출한 모후가 목숨을 건지기 위해 천진하게 잠자는 어린 루이 14세의 모습을 보여주며 눈물로 호소하기도 하고, 마자랭이 국외로 망명할 정도였다. 그 세력은 1652년에 파리를 접수, 정권을 세우기도 했다. 그러나 결국 여러 세력 간의 알력을 극복하지 못했고 궁정군의 반격에 진압당했다.

이 사건은 루이 14세가 왕권 강화 의지를 굳히는 계기가 되었다. 왕권신수설을 주장한 보쉬에의 지지를 받으며, 루이 14세는 마자랭 사망1661 후 본격적으로 군림한다. 이미 에스파냐 왕실의 마리 테레즈와 결혼해 에스파냐의 지원도 얻게 된 그는 고등법원의 권한을 축소하고 왕족과 귀족의 정치 참여를 제한하며 왕권 강화에 박차를 가했다. 지방에 지사를 파견해 중앙집권을 꾀했고 상인과 시민들 중에서 비서관을 발탁해 철저히 자신의 명령에 복종하게 했는데, 그중 대표적인 인물이 콜베르1619~1683다.

상인 출신으로 재무장관의 지위에 오른 콜베르는 절대주의 경제정책인 중상주의를 완성시킨 인물이다. 모든 국가의 금 보유량이 한정적이므로 무역 흑자를 통해 금은의 보유량을 늘려야 프랑스를 선진국 대열에 올릴 수 있다고 생각한 그는 강력한 보호무역 정책을 펼쳤다. 이를 위해 먼저 탈세를 막고 인두세를 삭감하는 등 징세제도를 개혁해 농민의 부담을 줄여주었다. 그리고 탄탄해진 재정 위에서 수입을 억제하고 수출을 늘리는 정책을 펼친다. 수입품에 중세를 부과하고 상선을 건조했으며, 왕립 매뉴팩처를 창설해 공업을 보호 육성하는 등 국내 산업 진흥에 집중한다. 또한 귀금속의 유출을 막고 길드를 재편성하여 생산부문에 인력을 할당하면서 상품의 생산·품질·판매까지 감독했다. 이에 더해 동인도 회사를 세워 식민지의 획득에 집중했으며 해군력을 강화해 프랑스의 국력을 증대시키는 데 충실했다.

지나친 국가 규제는 상업 활동의 자유를 저해하고, 궁극적으로는 경제 발전에 장애가 된다는 비판이 나오기도 했다. 그러나 가시적인 국부가 늘어났기 때문에 일명 '콜베르티슴'으로 불린 중상주의 정책은 계속 시행되었다. 이에 더하여 과학과 예술을 사랑하고 '아카데미 프랑세즈'를 원조함으로써 많은 작가에게 장려금을 주기도 했던 그의 활동은 루이 14세 업적의 대부분으로 남았다.

베르사유 궁전 건설과 낭트칙령의 폐지

루이 14세는 행정개혁으로 권력을 강화한 것에 만족하지 않고 프랑스왕의 지위를 신에 비견할 상징으로 높이기를 원했다. 대외전쟁에서의 승리와 라신, 코르네유, 몰리에르 등 작가 및 예술가들을 후원하여 꽃핀 고전주의 예술은 그런 루이 14세의 욕망을 뒷받침해주었다. 무용에도 큰 관심을 보였던 루이 14세는 궁정이나 광장에서 열리는 발레 무대에 직접 출연해 태양신 아폴로로 분장하고 상당한 수준의 춤 솜씨를 선보였다. 이를 통해 수많은 관중을 사로잡으며 '태양왕'이라는 별칭을 얻게 된다.

1662년에 착공되어 20년 뒤에 완성된 화려하고 웅장한 베르사유 궁은 루이 14세의 무대라고 해도 과언이 아니었다. 그곳으로 거처를 옮긴 루이 14세는 머리가 아플 만큼 복잡하고 세밀한 에티켓, '세련된 궁정 예법'을 만든다. 만찬 진행 순서, 좌석 배치와 옷, 행동 등이 하나하나 지정되었을 뿐 아니라 왕의 옷을 입히는 일과 세수시키는 일, 코를 풀게 하는 일까지 모두 격식대로 행해졌다. 그 모든 일들은 담당자가 따로 있었으며 그 일을 맡기 위해 치열한 경쟁이 벌어졌다. 형식화된 에티켓 때문에 궁전에 들어가는 귀족들은 몸가짐을 조심하며 긴장 상태로 있어야 했고, 예식 참여 횟수로 표현되는 왕의 총애를 갈망했다. 루이 14세는 이를 통해 권력의 정점을 맛보고 있었다.

그러나 루이 14세를 태양왕으로 만들기 위한 사업들은 큰 비용이 문제였다. 관료제와 상비군을 유지하려면 많은 재원, 특히 전쟁 비용이 필요했다. 루이 13세 당시 10만 명에 못미쳤던 상비군은 루이 14세 때 60만 명을 돌파하여 유럽 최강의 군사력으로 거듭났다. 하지만 이는 영국, 오스트리아, 네덜란드 등 유럽 국가들의 경계심을 촉발시켜 '대프랑스동맹'을 결성하게 만들었다. 이로 인해 아우크스부르크동맹전쟁9년전쟁, 에스파냐스페인왕위계승전쟁1701~1714 등이 발생했는데, 프랑스는 원하는 만큼의 결과를 얻지 못했다.

루이 14세는 왕실 후원으로 조성한 매뉴팩처 산업에서 상비군과 전쟁 비용을 일부 충당하고 관직을 매매하기도 했지만당시에는 그것이 비리라고 여겨지지 않았다 늘 부족했다. 결국 재원을 세금으로 충당해야 했는데, 징수를 위탁받은 지방 귀족과 대상인이 세금의 대부분을 챙겼고 정부에는 30~40퍼센트만 상납했다. 전쟁을 비롯한 국가사업이 늘수록 지방 귀족과 대상인은 부유해졌고, 왕실의 재정과 농민의 삶은 피폐해졌다.

날마다 베르사유 궁이라는 무대에서 에티켓이라는 각본에 따라 연극처럼 살던 루이 14세의 건강도 왕실 재정 상태처럼 악화되었다. 만성적인 두통과 소화불량에 더해 40대 후반에는 충치로 이를 모두 뽑아야 했다. 50대부터는 잇몸 염증으로 가까이 있는 사람이 견디기 힘들 정도로 악취가 났고, 치질과 통풍도 그를 괴롭혔다. 병을 고치겠다는 의사들은 오히려 국왕의 병세를 악화시켰다.

이런 와중에 그는 가톨릭교도였던 맹트농 부인의 영향을 받게 되는데, 그 결과 '한 국가에 한 종교'를 선포하며 낭트칙령을 폐지1685하기에 이른다. 그동안 위그노들은 낭트칙령으로 자유롭게 상공업에 종사하며 프랑스의 부를 축적하는 데 기여했다. 그런데 낭트칙령의 폐지로 종교적·시민적 자유를 전면적으로 박탈당할 처지가 되면서 남부와 서부의 100만 위그노들은 크게 동요했다. 결국 그들은 영국, 네덜란드 등지로 망명길에 올랐고 이 같은 사태는 결과적으로 프랑스의 국력을 약화시키는 부메랑으로 작용했다.

18세기 절대왕정의 막바지, 베르사유의 국왕은 여전히 프랑스인들에게 절대적인 존재였지만 프랑스는 위태로웠다. 전쟁은 끊이지 않았고 과세는 더욱 무거워졌다. 기근과 전염병까지 덮치면서 1710년에만 30만 명 이상이 죽어갔고 당시 2000만 명에 달하던 프랑스의 민중은 지쳐가고 있었다. 게다가 후계자 문제는 루이 14세의 말년을 더욱 암울하게 했다. 오래 전에 세워두었던 왕세자가 1711년 갑자기 숨지고 다음 왕위계승권자인 부르고뉴 공작과 그 아들까지 이듬해에 사망했던 것이다. 독살되었다는 소문이 돌면서 루이 14세는 마지막 몇 년을 질병으로 인한 고통뿐 아니라 암살의 공포까지 느끼며 보내야만 했다.

루이 14세는 프랑스를 강국으로 수립함과 동시에 왕조의 역량을 자기 대에서 대부분 소모해버린 뒤 왕위를 증손자인 루이 15세에게 넘겼다. 뒤를 이은 루이 15세와 루이 15세의 손자 루이 16세는 태양왕이 남긴 과제들을 떠안은 채 허우적거렸고, 이미 생명을 갖고 스스로 해결을 모색해가기 시작한 프랑스라는 국가에 두 왕은 거추장스러운 존재였다. 외형적인 빛깔만 좋은 절대왕정을 걷어내고 '국민의 프랑스'가 되는 혁명이 발생하는 데에는 루이 14세 사망 이후 70여 년의 시간만이 필요했을 뿐이다. 세계사록

태양계 센터 논란 (feat. 갈릴레이)

	갈릴레이	할많하않
	지구	공전중
	태양	우주센터

I

지구가 돈다

아이들을 가르치는 일은
힘들어도 참 보람돼.

나, 갈릴레이.

학생이 뭐든 물어보면
바빠도 꼭 대답은 해준다고!

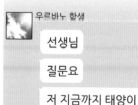

우르바노 학생

선생님

질문요

저 지금까지 태양이

지구 주위를 도는 걸로 배웠는데

지구가 태양을 돈다고 하셔가지구..

저 수업 제대로
들은 거 맞나요?

하지만 그날만큼은
정신 바짝 차릴 걸 그랬어…

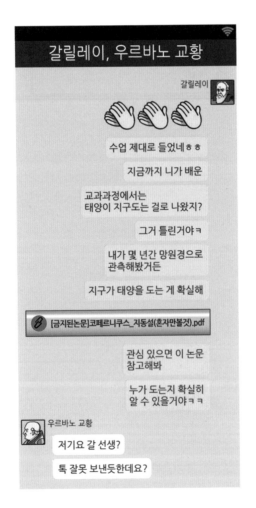

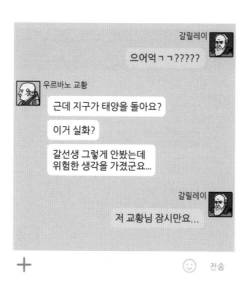

히이익!! 톡 잘못 보냈어,
잘못 보냈다구!!!!!

아무리 이름이 똑같아도 그렇지..
교황님께 보내다니ㅜㅜ

지구가 우주의 센터라고
철석같이 믿는 사람인데ㅠ

우르바노 교황

갈선생

선생이란 사람이
학생들에게 잘못된 지식을

전수해도 되는 겁니까?

모든 별과 행성은
지구를 중심으로 도는거라구요

갈릴레이

아니 제가 몇 년간
천체관측을 해봤는데요

연구결과가 전혀 달라서요

 우르바노 교황

어허!

지금 교리를 부정하는 겁니까?

갈교수 이단이에요??

갈릴레이

ㄴㄴㄴㄴ아니요!!!!

저는 그냥 과학자로서
오류를 바로 잡고자
말씀드린건데..

 우르바노 교황

오류???

쓰읍.. 안되겠네요

이거 공식적으로
문제 삼겠습니다

갈릴레이

전송

난 그냥 사실을 말한 건데ㅜㅜ

하아… 어쩌겠어.
무조건 잘못했다고 빌자ㅠㅠ
목숨 부지하려면 신념을 버려야지ㅜ

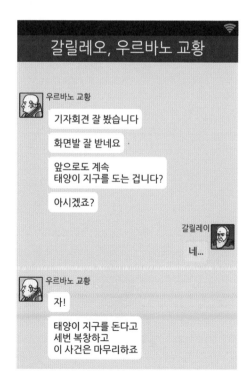

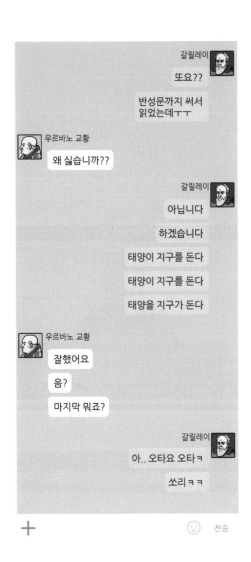

그랬다고 합니다.

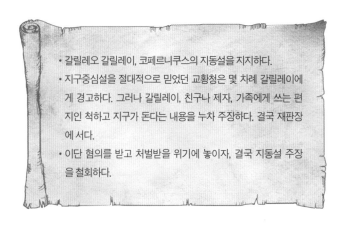

- 갈릴레오 갈릴레이, 코페르니쿠스의 지동설을 지지하다.
- 지구중심설을 절대적으로 믿었던 교황청은 몇 차례 갈릴레이에게 경고하다. 그러나 갈릴레이, 친구나 제자, 가족에게 쓰는 편지인 척하고 지구가 돈다는 내용을 누차 주장하다. 결국 재판장에 서다.
- 이단 혐의를 받고 처벌받을 위기에 놓이자, 결국 지동설 주장을 철회하다.

16세기~17세기 유럽

| 1300년 | 1400 | 1500 | 1600 | 1700 | 1800 |

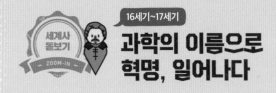

과학의 이름으로
혁명, 일어나다

17세기는 자연과 세계를 바라보는 인식의 틀이 다시 짜인 놀라운 시대였다. 그동안 신의 영역으로 인식되며 베일로 싸여 있던 우주가 기계적이고 예측 가능한 것이 되면서 천여 년에 걸쳐 구축된 종교와 가치관이 흔들렸던 것이다. 다양한 과학 분야에서 성과들이 쏟아졌고, 종교적 권위 대신 인간의 지성과 관찰, 실험 등을 통해 지식에 도달하려는 과학적 태도, 학문적 방법이 선을 보였다. '과학혁명'이 일어난 것이다.

최초의 혁명은 16세기에 이미 천문학 분야에서 시작되었다. 1543년 폴란드의 천문학자이자 신부인 코페르니쿠스1473~1543가 『천체의 회전에 관하여』라는 저서에서 '지구를 포함한 모든 행성이 태양 주위를 완전한 원형 곡선으로 돌고 있다'는 태양중심설, 일명 지동설을 주장했다. 이것이 발표되자 성직자 대부분은 "신의 은총을 입은 인간의 거처인 지구에 대한 모욕"이라며 분노했다. 그럼에도 르네상스가 확산되면서 유럽 사회가 인간 중심으로 변모하는 분위기에서 나온 코페르니쿠스의 획기적인 주장은 '코페르니쿠스적 전환'이라는 용어까지 낳으며 유럽뿐 아니라 세계를 뒤흔든 과학혁명의 선구가 되었다.

코페르니쿠스의 주장은 이후 꾸준한 관찰과 자료 축적, 수학적이고 정량적인 분석을 통해 확고해지면서 프톨레마이오스의 지구중심 우주관천동설을 붕괴시켰다. 덴마크의 괴짜 천문학자 튀코 브라헤1546~1601는 망원경 없이 천체를 연구하던 시대의 가장 뛰어난 관측자다. 그는 별들의 움직임을 꾸준히 관찰해 혜성과 신성을 발견했고, 방대한 양의 관측 자료를 남겼다. 그리고 그의 제자인 케플러1571~1630는 브라헤의 관측 결과를 정리했으며, 수학적 분석을 통해 행성이 태양을 중심으로 원형이 아닌 타원 궤도로 돈다는 '케플러의 법칙'을 발표했다.

특히 이탈리아의 천문학자이자 수학자 갈릴레오 갈릴레이1564~1642는 자신이 발명한 망원경으로 천체를 관찰, 연구함으로써 태양중심설을 확고히 굳혔다. 갈릴레이는 코페르니쿠스의 태양중심설을 지지해 1633년 '교회에 대한 불복종' 혐의로 재판에 회부되기도 했지만, 그가 교회 측의 선고에 복종함으로써 일단락되었다. 재판장은 "코페르니쿠스의 우주관이 그럴 듯하다는 것은 인정하나 그것이 진리로 논증될 때까지는 단지 가설로만 주장해야 할 것"이라며 갈릴레이에게 "더 이상 코페르니쿠스 학설을 진리라고 주장하지 말 것"을 선고했다. 이에 갈릴레이는 "맹세코 코페르니쿠스 이론을 포기할 뿐 아니라 저주하고 혐오한다"고 고백했다. 이를 보면 재판정을 나오면서 "그래도 지구는 돈다"라고 혼잣말을 했다는 유명한 일화는 정황상 일어날 수 없었던 일이다. 하지만 이는 실제 그런 일이 있었는지 여부를 떠나, 당시 우주관의 변화와 갈릴레이를 막고자 했던 로마가톨릭의 처절한 노력을 단적으로 표현하고 있는 상징적 일화가 되었다.

천문학에서의 성과는 '과학적 진리를 어떻게 찾아나갈 것인가'라는 학문적 방법론을 낳았다. 영국 국왕 제임스 1세와 친밀했던 프랜시스 베이컨1561~1626과 프랑스 출신이지만 종교와 사상의 자유가 넘친 네덜란드에서 주로 활동했던 르네 데카르트1596~1650. 이들은 서로 다른 방법을 주장했으나 과학을 더욱 합리적으로 만드는 기틀을 만든다. 베이컨은 1620년 그의 역작『노붐 오르가눔 Novom Organum 신기관』에서 '구체적 경험과 관찰, 실험을 통해 일반적인 진리를 도출해낸다'는 귀납적 방법론을 주장한다. 집단적이고 과학적인 연구와 관찰만이 유용한 지식을 낳는다는 그의 방법론은 영국 학계에 경험주의적 전통을 세워놓았다. 데카르트는 1637년 프랑스어로 쓴 최초의 철학서인『방법서설원제:이성을 인도하고 학문에 있어 진리를 탐구하기 위한 방법서설, 그리고 이 방법에 관한 에세이들인 굴절광학, 기상학 및 기하학』에서 '나는 생각한다. 고로 존재한다Cogito, Ergo Sum'는 철학의 출발점이 되는 제1원리를 제시했다. '오로지 자아라는 존재에서 출발해 합리적인 사고로 진리를 도출한다'는, 이성적 사고를 중시한 그의 연역적 방법론은 프랑스 학문의 기초가 되었다.

과학혁명은 유럽 각국의 과학자들이 협회를 설립하고 국가 차원에서도 '아카데미'를 창설하는 등 이를 지원하면서 더욱 촉진된다. 1657년 이탈리아에 설립된 '아카데미아 델 치멘토'는 9명의 회원으로 구성된 학사원이다. 갈릴레이의 직간접 제자들로 이루어졌으며 메디치가 등으로부터 지원을 받았다. 이곳은 '위험한 시도'라는 뜻의 '치멘토'로 이름 붙여진 것에서 알 수 있듯이 실험에 집중해 대기압계, 온도계를 만드는 등의 활약을 보였다. 영국에서는 '보이지 않는 학원'이란 이름의 학술단체가 1662년 찰스 2세의 특허장을 받아 '자연과학 진흥을 위한 런던왕립학회'로 개명하고 지원을 받았다. 이들은 특히 베이컨의 방법론을 받아들여 실험적 학문을 다지며 과학기술을 체계화하고자 했다. '아카데미 프랑세즈'를 통해 문학 연구를 지원해왔던 프랑스도 재상 콜베르의 적극적인 뒷받침 아래 자연학을 탐구하는 '파리 아카데미'를 개원했다.

서유럽의 이런 추세는 16세기 이래 진행되어온 과학혁명이 로마 가톨릭의 제재를 넘어 국가적 차원에서 승리했음을 의미하는 것이었다. 국가에서 조직적 추진력을 얻은 서유럽의 자연과학은 폭발적으로 발전했고, 이를 통해 유럽 사회의 각 부문은 이전에 없었던 상승효과를 타며 발전하기 시작한다.

과학혁명에 쐐기를 박은 결정적 사건은 1687년 영국의 과학자이자 왕립학회 회원인 아이작 뉴턴1642~1727에 의해 일어났다. 수학에서 미적분법을 창시1665~1669한 그가 모든 물체에 적용되는 운동법칙을 수식으로 확립함으로써 과학계에서 2000여 년 동안 고민거리였던 지상운동과 천체운동을 단번에 설명할 수 있게 된 것이다. 뉴턴은 대저서『자연철학의 수학적 원리프린키피아1687』를 통해 모든 물체 사이에는 서로 끌어당기는 힘, 즉 '만유인력'이 작용한다는 원리를 발표했다. 만유인력은 구체적으로 작용하는 관성의 법칙, 힘과 가속도의 법칙, 작용 반작용의 법칙 등 운동의 3법칙으로 설명될 수 있으며, 이들 운동법칙은 모두 간단한 수식으로 표현될 수 있었다.

이처럼 현대 물리학의 근간을 마련한 뉴턴은 의회의 의원으로「권리장전」마련에 일조하기도 했고 영국의 화폐개주1699를 맡기도 했다. 그는 금화 테두리를 빗

살처럼 깎아 당시 빈번했던 화폐 위조를 방지하고 위조범을 처벌해 영국을 통화 불안의 위기에서 구하기도 했다. 이후 근 30년 동안 영국의 조폐국장으로 일했던 그는 1720년 당시 남아메리카의 독점무역권을 가진 '남해South sea' 회사에 주식투자를 했는데 주식시장의 거품이 꺼지며 폭락해 거의 전 재산을 날렸다고 한다. 이 일을 계기로 "천체의 움직임은 (수학으로) 계산할 수 있지만 사람들의 광기까지 계산할 수는 없다"는 유명한 말을 남긴다.

'인류 최고의 천재'라는 찬사를 받는 뉴턴, 그의 법칙은 만물이 그들 사이의 인력에 의해 기계처럼 스스로 움직이는 것뿐이며 거기에는 수학적 관계만 있을 뿐 신과는 관계가 없다고 선언한 것이었다. 뉴턴을 포함한 많은 과학자들이 실제로는 독실한 기독교도였다는 사실과 별개로, 이것은 그동안 천체로 대표되는 모든 만물이 '신의 뜻'에 따라 운행한다고 보았던 중세적 관념을 벗어던진 유럽 지성계의 대혁명과도 같은 사건이었다. 그리고 이후 유럽은 하늘을 중심으로 자연에서 '신'을 제거해나갔다.

과학의 발전은 그때까지 자연에 순응해 살아왔고 또 그래야만 살 수 있었던 인간이 자연을 변형하고 조작하는 과학기술을 통해 진보할 수 있다는 사고의 전환으로까지 이어졌다. 이는 서유럽이 그 이전까지 앞서고 있던 이슬람권과 중국의 과학을 따라잡을 뿐 아니라, 오히려 그들을 추월하며 이후 세계 역사의 권력구도를 뒤바꿔버린 그야말로 역사적인 '혁명'이 되었다. 세계사록

커피 마시는 남자

Coffee   음~ 스멜~

I

젊은 영국 새댁의 슬픔

신혼이라고 하면
마냥 깨 볶을 것 같고
꽁냥꽁냥댈 것만 같지?

근데 아니다.

아무래도 우리 남편,
바람난 것 같애ㅜㅜ

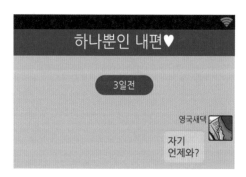

하나뿐인 내편♥

3일전

영국새댁
자기
언제와?

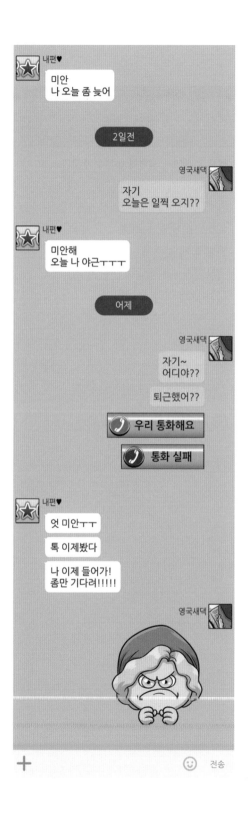

결혼 3개월차... 남편의 늦은 귀가 고민ㅠ.ㅠ

정회원 **영국새댁**

톡해봐도 답도 느리고
맨날 핑계만 대구,,
결혼한지 3개월밖에 안됐는데,,
다들 원래 이러나요??

댓글 (3)

 런던존씨 헐,,, 아침귀가는 심했다..

 메리맘 3개월이면 완전 신혼인데...
좀 수상하네요;;;

 앤드류마마 톡 뭐죠? 남편분 퇴근하고 딴데로
새시는듯

그치? 의심스럽지???
나만 이상하게
생각하는 거 아니지?

그래서
뒤를 좀 밟아봤는데…

귀가 늦은 남편(후기)

정회원 영국새댁

맘님들,,,
오늘 남편 퇴근시간 맞춰서
몰래 미행했어요,.

제 남편,,,
여기 다니더라구요,,

하아,,
저 이제 어쩌죠??

메리맘 헐;;; 결국 여기군요

 런던존씨 울남편도 맨날 카페가는데

 앤드류마마 아... 저긴 못 끊어요
한번도 안 가본 남자는 있어도
한번만 간 남자는 없댔어요ㅠㅠ

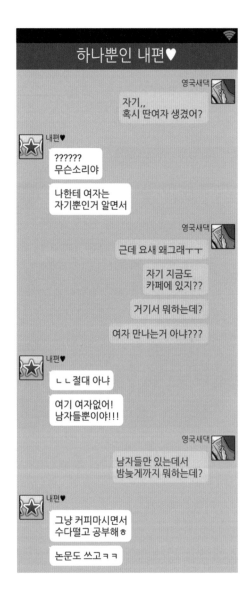

영국새댁

자기야...

그걸 지금 나보고
믿으라는 거야??

+ 　　　　　　　　　☺ 전송

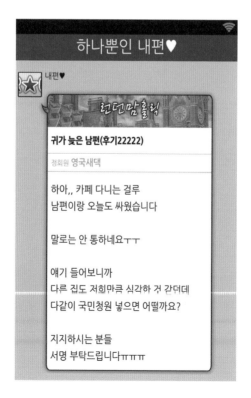

III

나야? 커피야?

남자들끼리
커피 마시면서 수다만 떤다고??

하! 진짜 말도 안 되지!!

📶

하나뿐인 내편♥

⭐ 내편♥

런던맘클럽

귀가 늦은 남편(후기22222)

정회원 영국새댁

하아,, 카페 다니는 걸루
남편이랑 오늘도 싸웠습니다

말로는 안 통하네요ㅜㅜ

얘기 들어보니까
다른 집도 저희만큼 심각한 것 같던데
다같이 국민청원 넣으면 어떨까요?

지지하시는 분들
서명 부탁드립니다ㅠㅠㅠ

📶

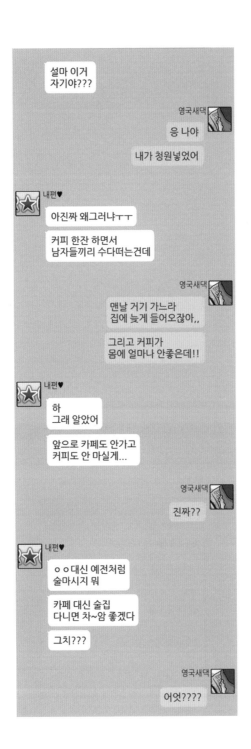

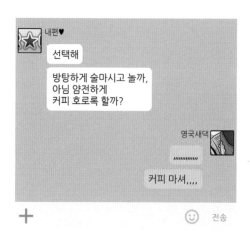

내편♥

선택해

방탕하게 술마시고 놀까,
아님 얌전하게
커피 호로록 할까?

영국새댁

,,,,,,,,,,,,

커피 마셔,,,,

그랬다고 합니다.

- 1650년, 옥스퍼드에 영국 최초 커피하우스가 생기다. 각 계층의 남자들이 모여 1페니의 커피 한 잔을 시켜놓고 수다를 떨다. 정치, 경제, 과학 등의 여러 주제를 두고 다양하게 토론하다.
- 커피하우스에 상주해 있는 남편들의 아내들이 커피는 건강에 안 좋다며 반대운동을 펼치다.
- 찰스 2세, 이를 빌미로 커피하우스 폐쇄령을 내려 사람들의 정치적 관심을 회피해보려 했으나 극심한 반대에 부딪혀 폐쇄령을 철회하다.

17세기 영국

1300년   1400   1500   1600   1700   1800

커피, 근대의 향기로 스며들다

1475년 세계 최초의 커피하우스 '키바한'이 오스만 제국의 수도 이스탄불에서 문을 열었다. "내 마음이 커피나 커피하우스를 원하는 것이 아니오. 내 마음이 진정으로 원하는 것은 우정이요, 커피는 구실에 불과하오." 키바한의 벽에는 이런 글귀가 있었다고 한다. 키바한 이후 16세기 중반까지 이스탄불에는 6000여 개의 카흐베하네카흐베:커피, 하네:집가 생겨났다.

아프리카 동부 에티오피아 고원지대가 원산지인 커피는 커피나무 열매를 건조시켜 볶은 뒤 곱게 빻아 작은 주전자에 넣고 끓인 일종의 차였다. 6세기 이슬람의 성직자 셰이크 샤달리에 의해 아라비아 반도로 전해져 이슬람의 수도사수피들이 졸음을 쫓는 약으로 마시기 시작했다. 이후 메카를 비롯한 여러 도시로 전파되었다. 13세기에는 아라비아의 수입 통로였던 모카지금의 예멘 등지에서도 콩을 볶기 시작했고, 15세기에 오스만 제국에 전해져 급속히 유행하며 기호식품으로 자리 잡게 된 것이다.

카흐베하네는 주로 사각형의 내부 구조에 웅장하며 화려한 장식, 정원 같은 분위기로 꾸며졌다. 지식인과 상인, 군인, 성직자들은 카흐베하네의 크고 안락한 소파에 앉아 중국에서 수입한 화려한 컵에 담긴 커피를 마셨다. 예술 공연들이 열리고 문학, 예술, 정치에 대한 이야기가 오갔던 카흐베하네는 '현자들의 학교'로 불리기도 했다. 수니파는 커피가 사람을 도취시키는 것이 율법에 어긋난다는 이유로 금지를 요청했지만, 술레이만은 오히려 커피를 공인해 궁중에 커피를 끓이는 40여 명의 관리를 두기까지 했다. 심지어 당시 부인들에겐 남편들이 매일 커피를 사오지 못하면 이혼을 요구할 권리도 있었다고 한다.

이런 카흐베하네의 번성은 서아시아를 드나들던 유럽인의 시선을 사로잡는다. 17세기 전반 베네치아 상인에 의해 커피가 전해지면서 유럽 최초의 커피하우스가 베네치아에 생겼다1645. 목재 조각, 화려하고 높은 거울, 아늑한 소파가 있었던 그곳은 오스만 제국의 카흐베하네와 비슷했다. 비즈니스, 토론의 공간으로 지식과 예술의 플랫폼이 된 것도 대동소이했는데, 현재 미술계의 올림픽이라고 불리는 '베네치아 비엔날레'의 최초 개최 장소도 커피하우스 '플로리안'이었다고 한다.

이후 유럽 각국에도 커피가 전파되는데 모두 이를 반긴 것은 아니었다. 가톨릭 사제들은 교황 클레멘스 8세에게 커피는 '이슬람 산물'이라며 금지를 요청하기도 했다. 그러나 커피를 맛본 교황이 그 맛에 반해 커피에게 세례를 줌으로써 기독교인의 음료로 만들어주었다. 이 일로 이후 유럽인들이 커피를 마실 수 있었다는 전설 같은 이야기가 전해진다.

1650년 영국 최초의 커피하우스가 옥스퍼드에 개점하고 런던에도 생긴1652 뒤 1700년경에는 런던에만 수천 개가 개점할 정도로 커피는 급속히 퍼져나갔다. 당시 커피하우스는 모든 계층의 남성들여성들의 출입은 금지되었다에게 문이 열려 있던 일종의 신사클럽이었다. '페니 대학Penny University'이라 불리기도 할 만큼 커피 값 1페니만 내면 누구나 장시간 지적 대화와 토론에 참여할 수 있었다. 가발을 착용한 채, 찻잔이 놓여 있는 테이블을 가운데 두고 정치에 대한 의견을 나누고 정보를 교환하며 잡지를 읽고 파이프를 즐기는 가운데 다양한 분야의 역사가 바뀌었다.

영국에서 가장 오래된 자연과학학회인 '런던왕립학회'도 커피하우스에서 탄생했다. '그레시안 커피하우스'는 화학자 로버트 보일, 물리학자 아이작 뉴턴, 로버트 훅 등 영국왕립학회 회원들의 모임 장소였다. 17세기 후반 수많은 과학자들이 커피하우스에서 만나 진행한 대화와 논쟁, 연구발표는 근대 과학의 기초가 되었다. 스위프트, 디포 등 작가들은 커피하우스에서 다양한 계층의 사람들과 접하고 이야기를 나누면서 영국 소설이라는 새로운 문학 장르를 탄생시킬 수 있었다. 에드워드 로이드의 커피하우스는 항해와 관련된 사람들의 모임 장소로 발전해 상업이나 선박업에 대한 정보를 교환하는 보험 회사 대리인들이 모여들었고, 18세기를 지나면서 세계 최대의 보험 회사인 런던 로이드 회사로 성장했다.

커피 외에도 차, 설탕, 담배 등 대양을 넘어온 새로운 기호품들로 이국적인 정취를 느낄 수 있었던 커피하우스는 주부, 청교도, 맥주 양조업자의 반발을 샀다. 특히 당시 남편들이 여성 금지구역인 커피하우스에서 그들만의 자유를 누리고자 했기 때문에 주부들은 커피하우스에 남편을 빼앗겼다고 여겼다. 결국 주부들은 지나친 커피 음용의 독성에 관한 「커피하우스에 반대하는 여성의 청원서」를 간행했으며, 동시에 커피하우스에 남편의 출입을 막아 달라는 탄원을 제출하기도 했다. 이에 대응해 남성들은 「여성들의 청원서에 대한 남성의 답변」이라는 성명을 냈고 주부들의 호소는 무위로 돌아갔다. 그 결과 남성들의 커피하우스 출입은 더욱 잦아졌다. 그 후 커피하우스의 여성 출입 금지령이 해제되면서 여성들을 위한 토머스 트와이닝의 두 번째 커피하우스 '골든 라이언'이 개점했다. 이를 시작으로 여성들도 남성들 못지않게 커피하우스를 이용하게 되면서 커피는 영국인의 일상으로 더욱 깊이 스며들어갔다.

영국의 뒤를 이어 1672년 파리에서 프랑스 최초 커피하우스가 개점했는데, 출입에 남녀 차별이 없었다. 프랑스에서는 특히 커피가 해롭다는 소문이 돌아 독성을 없애기 위해 우유를 섞어 마셨는데, 이것이 오늘날의 카페오레가 되었다.

네덜란드는 1616년 일찌감치 모카에서 커피나무를 밀수 형태로 반출해 나왔다. 그리고 커피를 실론과 식민지 자바에서 상업적으로 경작하는 최초의 국가가 되면서 인도네시아를 커피의 대표적인 생산지로 만들었다. 각 가정에서도 커피를 즐겼던 네덜란드에서는 17세기 중반 이후 주요 도시마다 커피하우스가 문을 열었다.

독일에서는 1721년 베를린에 처음으로 커피하우스가 문을 열었는데 정부의 규제로 보급이 더뎠다. 커피 생산지인 식민지를 보유하지 못했던 독일의 경우 중간 상인들을 거치며 가격이 치솟은 커피 수입을 외화 낭비로 여겼기 때문이다. 이런 와중에 라이프치히의 커피하우스 '짐머만'은 선전을 위한 일종의 CM송 작곡을 그곳에서 매주 연주를 하던 음악가에게 부탁했다. 이것이 1732년 요한 제바스티안 바흐1685~1750가 희극 오페라 「커피 칸타타Coffee Cantata」를 작곡하게 된 배경이다. 커피를 굉장히 좋아하는 딸과 이것을 못마땅하게 생각하는 아버지. 둘 사이에서 커피를 계속 마시면 시집을 안 보내겠다는 문제로 실랑이가 벌어진다. 똑똑한 딸은 커피를 마시지 않겠다고 약속한 뒤, 결혼계약서에 커피를 마실 자유에 대한 조항을 몰래 써넣으며 결혼한다는 내용의 노래다.

커피에 대한 반응과 그로 인해 벌어지는 현상은 국가마다 달랐다. 하지만 유럽에 있어 커피는 그들의 사회와 문화에서 근대를 누리는 데 필수가 되었고 커피하우스가 그 무대였다는 것은 공통적이다. 당시 커피하우스를 통해 유럽에 날리던 커피 향기는 근대의 향기 그 자체였을 것이다. 세계사톡

사랑했타지마할

 샤 자한　　영원히 사랑해

 뭄타즈 마할　　안녕......

I

소원

사랑에 빠지니까
그 사람이 원하는 건
뭐든지 다 해주고 싶어ㅎㅎ

황제인 나 샤 자한을
이렇게 만든 여자가 누구냐고?

후후… 내 아이들의 엄마이자,
사랑하는 나의 마눌님♥

난 진짜… 그녀를 위해서라면
뭐든지 다 해줄 수 있는데.

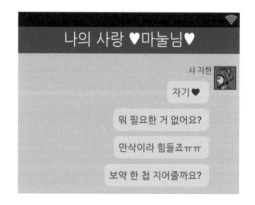

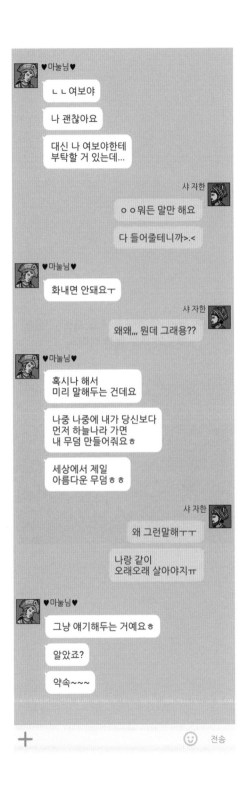

II

예쁜 거 다 해

아ㅜㅜ 그 소원만은
정말 들어주기 싫었는데

ㅠㅠㅠㅠㅠㅠㅠㅠ

무굴일보

뭄타즈 왕비, 열넷째 출산 후 사망… '충격'
애도의 추모 행렬 이어져...

그녀를 위해서
마지막으로 해줄 수 있는 게
무덤짓기라면,

세상에서 제일 아름다운
완전 예쁜 무덤으로 지어줄 거야ㅠ

로하리

폐하!

설계도 나왔습니다

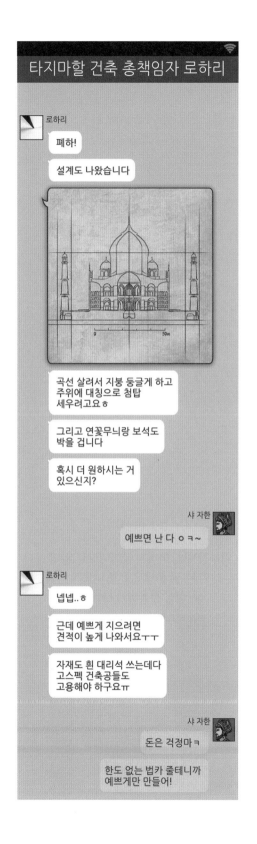

곡선 살려서 지붕 둥글게 하고
주위에 대칭으로 첨탑
세우려고요ㅎ

그리고 연꽃무늬랑 보석도
박을 겁니다

혹시 더 원하시는 거
있으신지?

샤 자한

예쁘면 난 다 ㅇㅋ~

로하리

넵넵..ㅎ

근데 예쁘게 지으려면
견적이 높게 나와서요ㅜㅜ

자재도 흰 대리석 쓰는데다
고스펙 건축공들도
고용해야 하구요ㅠ

샤 자한

돈은 걱정마ㅋ

한도 없는 법카 줄테니까
예쁘게만 만들어!

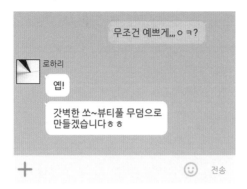

무조건 예쁘게,,,ㅇㅋ?

로하리
옙!

갓벽한 쏘~뷰티풀 무덤으로
만들겠습니다ㅎㅎ

➕ 🙂 전송

III

예쁜 무덤

그렇게 신경 써서
예쁘게 만들어놨는데ㅜㅜ
난 가지도 못해ㅠ

심지어 아들램 때문에!

무굴일보

아우랑제브, 아버지 끌어내리고 '황제' 등극
샤 자한, 궁궐 밖으로 못 나오게 가둬…
사실상 감옥이나 다름없어…

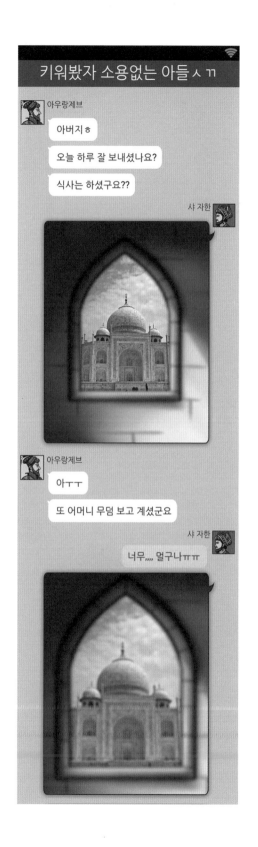

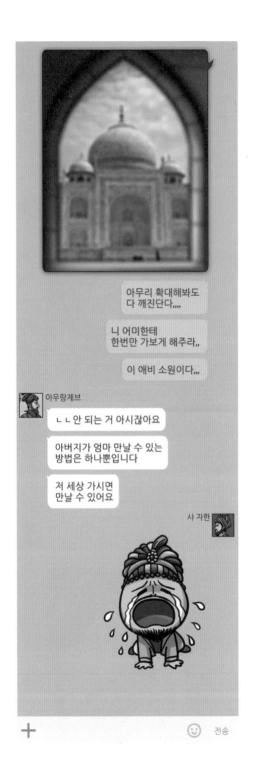

그랬다고 합니다.

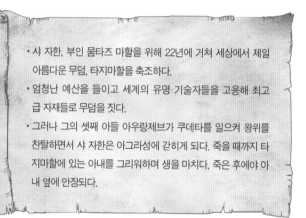

- 샤 자한, 부인 뭄타즈 마할을 위해 22년에 거쳐 세상에서 제일 아름다운 무덤, 타지마할을 축조하다.
- 엄청난 예산을 들이고 세계의 유명 기술자들을 고용해 최고급 자재들로 무덤을 짓다.
- 그러나 그의 셋째 아들 아우랑제브가 쿠데타를 일으켜 왕위를 찬탈하면서 샤 자한은 아그라성에 갇히게 되다. 죽을 때까지 타지마할에 있는 아내를 그리워하며 생을 마치다. 죽은 후에야 아내 옆에 안장되다.

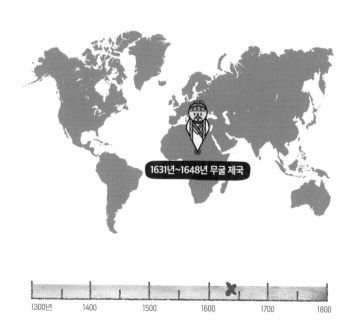

1631년~1648년 무굴 제국

| 1300년 | 1400 | 1500 | 1600 | 1700 | 1800 |

무굴 제국의 번영과
그에 대한 도전

아크바르에서 아우랑제브까지

인도에 세워진 다섯 번째 이슬람 왕국인 무굴 제국. 3대 파드샤황제인 <u>아크바르</u>
악바르1556~ 1605재위는 '위대한 인물'이란 뜻의 이름에 걸맞게 13세라는 어린 나
이에 황위에 올랐음에도 강력한 군사력을 바탕으로 영토를 확장하고 <u>인도 이슬</u>
<u>람 왕조 사상 최대의 제국 시대</u>를 열었다. 그는 아프가니스탄 중심지인 카불과 간
다라, 북서부의 로디 왕조를 무너뜨리고 무굴 제국을 세우며 칭기즈칸과 티무르
의 후예임을 선포했던 바부르의 손자였다.

아크바르는 대제라고 불릴 만큼 남부 지역 일부를 제외한 전 인도를 통일했고,
관료제와 지방 행정 기구를 정비하며 <u>집권체제를 확립</u>했다. 특히 그는 소수의 지
배자인 이슬람교도와 다수의 피지배자인 힌두교도 간의 갈등을 해소하는 데 역점
을 두어 성공한다. 북인도의 유력한 힌두 세력인 라지푸트족과의 혼인을 권장해 자
신도 라지푸트족 공주와 결혼했고, 왕자도 같은 족의 힌두 여성과 혼인시켰다. 라
지푸트족 족장들을 지사나 군 지휘관, 정부 요직에 기용하는 등 이슬람교도와 힌두
교도들을 모두 관료로 임명하는 정책도 폈다. 거기에 세금 수입이 감소할 것을 예
상하면서도 그동안 비이슬람교도에게 부과했던 <u>성지순례세와 인두세인 지즈야</u>
를 폐지해 무슬림과 힌두 간의 화해를 이루어냈다.

또한 그 자신이 다재다능한 예술가이자 장인이었던 아크바르는 예술 진흥에
도 신경 썼다. 이에 페르시아의 세밀화에 인도 양식이 결합된 <u>무굴회화가 발달</u>
하기도 했다. 이슬람 왕조가 시작된 이후 인도에는 아랍의 전통과 페르시아 문

화, 튀르크인의 풍습이 전해졌다. 또한 언어, 종교, 건축 등에서 이슬람 문화와 힌두가 융합된 힌두이슬람 문화가 발전했는데, 이것이 아크바르 시대를 거치며 한층 더 발전한 것이다. 공식 문서나 외교에서는 페르시아어가 사용되었지만 일상에서는 힌두어에 페르시아어, 아랍어가 합쳐진 우르두어가 널리 사용되었는데, 이는 당시의 특징을 보여준다.

아크바르 이후 우여곡절 끝에 황위에 오른 자한기르1605~1627재위, 그 뒤를 이은 샤 자한과 아우랑제브를 거치는 150여 년 간 무굴 제국은 전성기를 누린다. 샤 자한1628~1657재위 시기에 제국의 영토는 더욱 확장되었고, 세련된 미술 감각으로 델리성, 자마 마스지드, 아그라성과 같은 위대한 건축물들이 건설되었다. 특히 그가 왕비 뭄타즈 마할1593~1631을 열렬히 사랑해 영토 순회까지도 동반했던 일은 유명하다. 14세에 결혼해 14명의 자녀를 두고 38세의 나이에 사망한 그녀를 위해 샤 자한은 뭄타즈 마할의 묘지, 일명 '타지마할'을 조성해 그 사랑을 표현했다. 타지마할은 무굴 및 이탈리아, 프랑스 등 건축 기술자를 초청하고 2만 명 이상의 노동자 동원해 22년의 건설 끝에 완공1648한 궁전 형식의 묘지다. 인도, 페르시아, 튀르크, 이슬람 문명권의 건축 양식과 기술이 조화를 이룬 흰색 대리석 건물로 당시 조형미의 극치를 보여준다. 샤 자한은 타지마할 완공 10년 뒤 아들에 의해 아그라성에 유폐되었다. 그곳에서 타지마할의 그림자가 줌나천川변에 어리는 것을 보며 남은 생을 보낸 샤 자한도 사망 후 타지마할에 잠들었다.

샤 자한과 뭄타즈 마할의 셋째 아들인 아우랑제브1658~1707재위는 아버지를 유폐시키고, 형제들을 제압하는 내전으로 40세에 파드샤가 되었다. 남인도 대부분을 정복하여 최대 영토를 확보하며 대제국을 건설한 그는 아크바르와 마찬가지로 장기 통치했는데, 88세로 죽을 때까지 권력을 쥐었던 유능한 행정가였다.

그러나 아우랑제브의 정복 활동은 제국에 재정난을 불러왔다. 더구나 그는 아버지 샤 자한 이상의 엄한 정통 수니파 교도로 '살아 있는 성자'라고 불리면서 국민들에게도 엄격한 종교 생활을 강요했다. 이슬람 제일주의를 내세워 1679년부터 비이슬람교도에게 지즈야를 다시 부과했고 힌두교 사원, 우상, 성지를 파괴한 뒤 모스크를 세웠다. 무굴의 최고 관직은 이슬람교도가 독점하게 했고 신하들에게 힌두식 인사법을 금지하는 등 힌두에 대한 박해는 종교적 차원만이 아닌 정치 및 사회의 현실적인 정책으로까지 확대되었다.

이는 각지에서 많은 저항을 불러일으켰는데, 펀자브 지방의 시크교도와 인도 서부 마라타 왕국의 반란은 가장 위협적이었다. 특히 마라타 왕국은 마라타동맹으로 이어지며 무굴제국에 대한 저항을 계속해 제국의 재원을 고갈시켰다. 결국 49년간의 아우랑제브 통치 이후 무굴 제국은 후계 계승 분쟁과 각 지방 토호의 저항이 겹치며 빈사 상태에 빠지고 만다.

시크교와 마라타 왕국

16세기경 하급 카스트 출신의 구루 나나크1469~1539는 새로운 종교를 창시하는데, 바로 힌두와 이슬람을 결합시킨 시크교다. 시크는 문하생을 뜻하는 '시카'에서 온 말로 스승을 뜻하는 '구루'의 제자들이라는 의미다. 이들이 자한기르 파드샤의 적을 지지하면서 시크에 대한 무굴 제국 파드샤들의 탄압은 시작되었다. 특히 전면적인 충돌은 아우랑제브가 구루 테그 바하두르를 처형1675하면서부터였다. 이후 시크는 군사적 종교집단으로 변화했는데, '아칼리스아칼, 복수로 아칼리스'라는 성스러운 전사는 머리카락과 수염을 길러 터번을 두르고 단검을 찼으며 이는 이후 시크교도의 특징이 되었다. 그리고 남자들에게 '싱수사자', 여자들에게 '카우르암사자'라는 이름이 붙은 후부터는 이름을 통해서도 구별할 수 있게 됐다.

시크는 이슬람으로부터 일신론과 형제애를 가져왔고, 우상 숭배와 카스트를 반대했다. 담배를 금한 대신 육식은 허용했다. 쿠란과 같은 경전, 지하드에 필적할 만한 전쟁에서의 순교 등으로 무장된 시크는 이후 거의 3세기 동안 펀자브를 정복하고 지배했다. 현재 시크교도는 인도 전체 인구의 2퍼센트에 불과하지만 군사 방면 등에서 활약하고 있으며 총리를 배출하기도 했다.

무굴에 도전한 또 하나의 세력은 데칸반도 서부 마하라슈트라 지방의 마라타인들이었다. 이들은 험준한 지형을 누비는 강인한 전사들로 알려졌는데, 특히 민족의식과 힌두교로 무장되어 있었으며 지적이고 배타적인 소수의 브라만과 다수의 농노인 수드라들로 구성되어 있었다.

마라타가 인도 역사에 등장하는 것은 '마라타의 영웅'으로 불리는 시바지1627, 1630~1680에 의해서다. 17세기 당시 마라트의 족장들은 지방의 무슬림 정부 밑에서 공무를 수행했다. 그중에서 시바지의 부친 샤지는 비자푸르에서 영토와 부를 확장했고 그 세력은 시바지 대에 더욱 확장되었다. 이에 무굴은 아프잘 칸을 보내 제압하려 했으나 오히려 패배하고 만다.

시바지가 이끄는 마라타인들은 독립을 주장하며 무굴의 항구 수라트를 공격 1664해 수중에 넣는 등 남북으로 세력을 확장하는 데 성공했다. 시바지의 위대함은 무굴군을 효과적으로 궤멸시킨 게릴라 전술뿐만 아니라, 계층 간의 융합에 성공했다는 점에 있다. 그는 카스트 의식이 강한 브라만과 독립적으로 행동하는 수드라를 화합하여 조화를 이뤘다. 아우랑제브는 시바지를 아그라 궁전에서 만나 타협을 모색했지만 상호 불신으로 협상은 결렬되었다.

시바지는 사망할 때까지 서인도에 강건하고 잘 정비된 힌두 왕국을 건설했다. 이들의 종교와 민족을 수호하려는 함성은 마라타 민족의식, 마라타 힌두이즘으로 불리며 이후 영국 식민세력에 최후까지 저항하는 울림이 된다. 세계사록

📍 무굴 제국의 영토확장

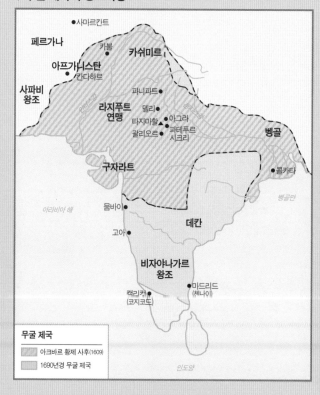

무굴 제국
▨ 아크바르 황제 사후(1609)
▢ 1690년경 무굴 제국

 마테오 리치　　씨뇨레~

본조르노~~
나, 이탈리아 쌰람 마테오ㅎ

하나님 말씀 전하러
멀리 #명나라까지 왔다구~

여행 온 것 같아
넘넘 설렌다아~~

음~선교하러 다니려면
현지맵부터 겟하는 게 좋겠지??

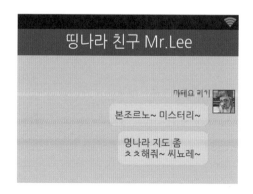

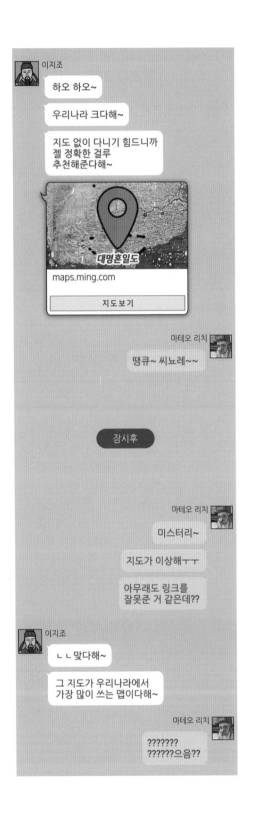

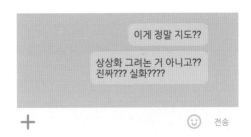

이게 정말 지도??

상상화 그려논 거 아니고??
진짜??? 실화????

\+   ☺ 전송

둘이요
중화맵

아 ….
이게 대체 웬일??
이거 명나라가 너무 크잖아??

대명혼일도

maps.ming.com

주변 나라들을
곁가지 반찬으로 만들다니~

안 돼~ 이거 아냐~

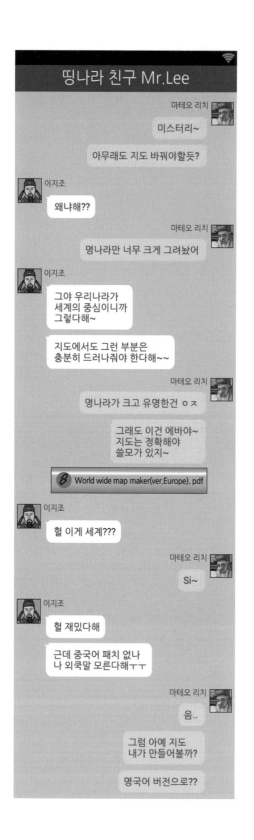

이지조

Xiè Xiè

전송

셋이요

갓띵맵

이런이런~

선교하러 왔다가
졸지에 지도앱 개발하게 생겼네?
ㅋㅋㅋㅋㅋㅋ

곤여만국맵
Matteo Ricci

곤여만국맵

추가정보   설치

<곤여만국맵>
버전 1.6.02
새로운 기능 :
-명국어 패치 완료
-새로운 나라들 업데이트 완료

ㅋㅋ 나중에 해외여행 가서도

곤여만국맵을 이용하라해~

유럽에서도 쓸 수 있다해~

이지조

셰셰! 마슌생!!

갓마테오 ❤

갓곤여만국맵 ❤ ❤

그랬다고 합니다.

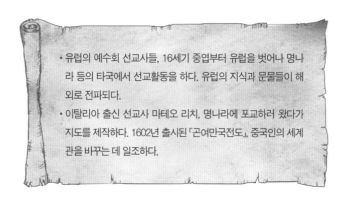

- 유럽의 예수회 선교사들, 16세기 중엽부터 유럽을 벗어나 명나라 등의 타국에서 선교활동을 하다. 유럽의 지식과 문물들이 해외로 전파되다.
- 이탈리아 출신 선교사 마테오 리치, 명나라에 포교하러 왔다가 지도를 제작하다. 1602년 출시된 「곤여만국전도」, 중국인의 세계관을 바꾸는 데 일조하다.

1602년 명나라

1300년 1400 1500 1600 1700 1800

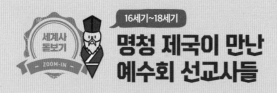

마스타그램

마테오 리치 @limadou

이미두

♥ 이지조님이 좋아하오

마테오 리치 #자금성 #발도장 #꾹꾹기념으로
명국식 이름 #이마두로 살거라해~

예수회의 탄생

16세기 종교개혁으로 루터파, 칼뱅파, 영국국
교회 등의 신교가 로마 가톨릭에서 분리되었
다. 위기의식을 느낀 가톨릭은 이들을 탄압하
는 한편 자체적으로도 '반反종교개혁'인 '대항
종교개혁'을 실시했다. 아빌라의 테레사가 벌
인 가르멜 수도회 부흥운동, 교회 전체를 감독
하기 위한 종교재판소 설치, 트리엔트공의회
1545~1563를 통한 가톨릭 체제 정비 등이 그 내
용이었다. 그리고 이러한 개혁을 내부에서 지지하고 추진한 것이 예수회였다.

예수회는 1534년 에스파냐 바스크족의 귀족 출신 이그나티우스 데로욜라
1491~1556를 중심으로 프란시스코 자비에르1506~1552 등 7명이 파리 생드니 성
당에서 결성한 남성 수도회다. 이들은 교육과 선교를 통해 당시 유럽에서 쇠퇴
하고 있던 가톨릭을 부흥시키고자 했다. 교황청의 허가를 받은1540 로욜라는 유
럽 각지에 회원을 파견하여 학교를 설립했고, 그곳에서 르네상스의 영향을 받
은 고전 연구와 가톨릭 신학을 융합한 교육을 실시했다. 폭넓은 교양을 지닌 회원
들이 환영을 받으면서 신교가 번성했던 남독일이나 폴란드에서도 가톨릭이 되살
아나기에 이른다.

이그나티우스가 사망할 즈음 예수회원은 거의 1000여 명에 이르렀고 선교사들

은 각 대륙으로 파견되었다. 이들은 남아메리카의 브라질, 멕시코 등지에서 선교와 교육을 하면서 시가지 조성을 추진했다. 또한 가톨릭으로 개종한 원주민을 노예상인으로부터 지키기 위해 브라질과 파라과이에서 보호통치령을 열기도 했던 예수회는 이후 19세기 중남아메리카 독립운동의 중심에 서기도 한다.

1542년 포르투갈 국왕의 의뢰로 자비에르 일행은 포르투갈령인 인도의 고아에 파견된다. 믈라카에서 일본인과 만난 자비에르는 가톨릭 선교를 위해 가고시마에 상륙1549했다. 그리고 덴노나 쇼군에게서 포교 허가를 받는 것에는 실패했지만 야마구치에 교회를 세우는 데는 성공한다. 고아로 돌아갔다가 1552년 중국 선교를 위해 가던 도중 광둥항이 바라다 보이는 섬에서 열병에 걸려 사망했다. 그는 일본에 가톨릭을 전파한 인물로 남았고, 중국 선교의 꿈은 그 후대 선교사들에게 이어졌다.

명청과 유럽 문화에 발자취를 남기다

명대에는 목판 인쇄를 이용한 출판이 활발해 많은 서적이 보급되었다. 당시 사람들은 『삼국지연의』, 『서유기』, 『수호전』, 『금병매』 등의 소설과 강담이나 극 등을 즐겼다. 특히 과학기술에 관심이 높아졌던 당시에 이시진의 『본초강목』, 송응성의 『천공개물』, 서광계의 『농정전서』 등의 과학실용서가 저술되었고 이는 조선이나 일본에도 영향을 주었다. 명 말기부터 청 초기에는 고염무에 의해 유학의 한 종류로 고증학考證學이 발전한 가운데 유교 경전 등이 정밀하게 연구되기도 했다. 소설 『홍루몽』이나 『유림외사』 등은 세밀한 문체로 상류 계급 사람들의 생활을 그려 서민들에게 인기가 많았다.

이처럼 명청대에 실용적이고 서민적인 문화가 유행한 것은 당시 서민들의 교육 수준과 경제적 능력이 전반적으로 높아졌기 때문이다. 여기에 16세기 중반 이후 중국을 찾은 예수회 선교사들이 황제와 신사명청대의 지배층에 끼친 영향도 또 하나의 배경이 되었다. 이는 원대 마르코폴로가 중국에서 오랜 기간 활동했음에도 그 자체는 중국 역사에 영향을 크게 미치지 못했던 것과 비교되는 결과였다.

중국에서의 예수회 선교사 활동은 마테오 리치이마두1552~1610로부터 시작된다. 이탈리아 출신의 예수회 신부이자 선교사인 그는 로마에서 법학을 공부한 뒤 예수회 학교에서 천문, 역법, 수학, 과학, 기계 제작을 배웠고 자비에르가 이루지 못한 중국 선교의 꿈을 품었다. 1577년 중국 광둥에 도착한 마테오 리치는 그곳에서 6년 동안 중국어와 중국 문화, 유교와 불교의 경전들을 공부해 해박한 지식과 중국에 대한 깊은 이해를 쌓았다. 1601년 명의 만력제를 접견한 뒤 신사들과 교류를 시작했는데, 이는 그의 큰 장점이 되었다.

또한 마테오 리치가 가진 천문학, 수학, 역법 등 지식은 황제의 호의를 끌어냈으며 신사에게도 마찬가지였다. 그는 이를 기반으로 가톨릭 교리를 요약 정리한『천주실의1603』를 펴냈고 북경 최초의 교회인 일명 남당난탕으로 불리는 선무문 성당쉬안우먼 자오탕을 세울 수 있었다1605. 마테오 리치는 기독교에서의 여호와를 한자로 번역하는 데 많은 고민을 했다고 한다. 그에 적합한 단어를 찾을 수 없었기 때문에 가졌던 긴 고민의 시간 끝에 결국 유교 경전에 나오는 '천주'와 '상제'라는 단어를 선택했고 이를 기초로『천주실의』를 저술했다. 이는 조선에도 상당한 영향을 끼쳐 '천주교'라는 이름으로 가톨릭이 전해지는 가교가 되었다.

유럽 과학기술에 흥미를 느낀 신사들은 이지조의 요청으로 마테오 리치가 제작1602한 세계지도인「곤여만국전도」를 보고 그 정확성에 감탄했다. 또한 마테오 리치가『기하학원론』을 펴놓고 풀어내는 고차원적 수학에 더 이상 그를 오랑캐로 볼 수 없었다. 특히 서광계1562~1633는 마테오 리치를 도와『기하학원론』을 번역1605했으며 상해상하이 지구 최초의 가톨릭 신자가 되어1606 이후에도 예수회 선교사들을 지원하게 된다.

당시 신사층의 존경은 마테오 리치를 서양 학자로는 유일하게 공자나 맹자와 같은 '자' 칭호 붙여 '이자'라는 존칭으로 부르는 것으로 표현되었다. 마테오 리치가 중국 땅에 발을 디딘 지 28년째인 1610년 사망하자 신사들의 요청을 받은 만력제는 베이징 성문 밖의 땅을 장지로 하사했다. 다음 해 그곳에 성당을 신축하고 지하에 유해를 안치했다.

독일 출신 선교사 아담 샬탕약망1591~1666은 중국에서 역법이 차지하는 위치를 깨달은 마테오 리치가 예수회에 천문과 역법에 정통한 선교사를 보내달라고 한 요청으로 파견1622되었다. 그는 서광계의 후원을 받아 천문학서인『숭정역서』135권의 편찬에 참여하면서 명 황실의 호의를 얻었다. 명에 이어 청 또한 예수회 선교사를 기술자로 중시했기 때문에 아담 샬은 청대 흠천감을 맡으며1645 활약하게 된다. 『숭정역서』의 정리 개편을 명령받은 뒤 서양천문학의 백과전서격인 『서양신법역서』 100권을 편찬했는데, 이것이 다음 해 「시헌력」이라는 이름으로1646 시행된다. 태음력에 태양력의 원리를 적용해 24절기, 하루 시각을 정확하게 계산한 시헌력은 조선에도 도입1653되어 1910년까지 사용되었다. 당시 청에 볼모로 와 있던 조선의 소현세자는 아담 샬과 친분을 맺어 천문서적, 과학서적, 천구의 등을 선물받았으며 서신을 주고받고, 선무문 성당에서 만나기도 했다고 한다.

페르디난트 페르비스트남회인1623~1688는 벨기에 출신 선교사로 청에 들어가1659 아담 샬과 함께 활약하며 천문 서적을 편찬하거나 대포 제작에 기여했다. 러시아와의 회담에서는 통역자로 활동했는데, 시베리아를 통한 러시아 육로 횡단 정부를 얻어 이후 예수회 선교사들은 이 길을 이용하게 된다. 이밖에도 프랑스의 선교사 조아킴 부베백진1656~1730는 루이 14세의 선교사절로 강희제를 회견1688했고 의학, 화학, 약학 등을 강의하기도 했다. 네르친스크 조약 체결1689 과정에서 정확한 지도의 필요성을 인식한 강희제의 명령으로 삼각점을 이용한 중국 최초의 실측 지도이자 과학적 지도인 「황여전람도」를 제작1708~1717했으며, 강희제에 대한 기록인 『강희제전』을 남기기도 했다.

이렇듯 명과 청은 예수회 선교사들이 가진 과학기술을 통치에 유용하다고 판단해 받아들였다. 또한 그들이 가톨릭을 포교함에 있어 중국 문화를 존중하고 신자가 공자 숭배나 조상제례 등의 의례전례를 행하는 것도 허용했기 때문에 포교도 일정 정도 허용했다. 이로 인해 명에 이어 청대에도 가톨릭 신자는 늘어나고 있었다. 하지만 포교에 뒤처진 도미니크회나 프란체스코회 등이 이들의 활동에 대해 '공자의 선조 숭배라는 이교의 습관을 인정한다'고 로마 교황청에 고발하면서 논쟁이 벌어졌다. 그 결과 교황은 전례 금지를 명령1715한다.

이에 강희제는 선교사들의 포교활동에 대한 금지령을 내려, 기예에 특기가 있거나 늙고 병들어 귀국할 수 없는 선교사를 제외하고는 모두 귀국하거나 마카오로 이주해야 했다. 청이 유럽과 통하는 문을 서서히 닫아걸고 있었던 것이다. 그런 와중에 이탈리아 출신의 화가이자 선교사였던 주세페 카스틸리오네낭세녕 1688~1766는 강희제를 알현1715한 후 뛰어난 그림 솜씨 덕분에 교회에 남을 수 있었고 이후 전통 중국화를 배우며 그림을 그렸다. 옹정제 원년1723에 궁내에 상주하게 되면서 청의 궁정화가가 된 그는 1724년 가톨릭 포교가 전면 금지된 이후에도 건륭제 때까지 활동한다. 중국화법과 서양화법을 절충한 뛰어난 작품들을 남겼고, 원명원 내에 서구식 건물들의 공예미술 부분을 설계하며 시공을 지휘 감독해 그 탁월함으로 관직을 받기도 했다. 78세로 병사할 때까지 북경에 머물렀다.

전례 문제 분쟁은 또 다른 결과를 가져왔는데, 이 무렵 귀국한 예수회 선교사들에 의해 유럽에 중국 문화가 전해져 중국에 대한 관심이 높아진 것이다. 특히 루이 14세가 극동에 관심이 많았기 때문에 청에서 활동한 선교사는 프랑스인이 다수였다. 그래서 유럽의 중국 연구는 주로 프랑스를 중심으로 이루어졌다. 당시 유럽에 전해진 중국의 하늘天에 대한 관념이나 성리학은 볼테르나 몽테스키외 등 계몽사상가들의 반反기독교 사상에 영향을 미쳤던 한편 과거제도는 영국의 고등문관 시험제도의 근간이 되었다. 중국의 사상, 제도뿐 아니라 역사, 지리도 소개되었고 이와 함께 미술, 공예, 가구, 건축, 정원 등에도 중국풍이 나타나는 시누아즈리가 유행하기도 했다.

명청 제국이 만났던 예수회 선교사들의 활동 기간은 짧았다. 그럼에도 의미 있는 결과들이 역사 속에 깊은 자취를 남겼다. 만일 그들이 활동을 중단하지 않고 청과 유럽을 잇는 창구 역할을 계속 담당했더라면 중국, 더 나아가 동아시아와 유럽 근대 역사는 그 향방이 달라졌을지도 모를 일이다. 세계사록

talk 35

자를래? 죽을래?

왕모발 교무실로
— 학후 —

강희제		컷
왕모발		그긴쯔르즈 므르그흐쓰튼드

하나요 두발검사

황금 같은 방학이 끝날 때쯤,
꼭 들러야 하는 곳이 있잖아.

#미용실 혹은 #이발소

근데 난 안 갈려구!
개학해도 이 머리 이대로
학교 다닐거야!

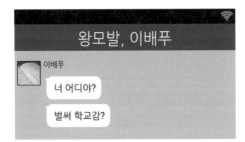

세
계
사
록

436

교문에서 지금
두발검사하던데ㄷㄷ

왕모발

ㅇㅇ

학주한테 안 걸리려고
새벽같이 등교함ㅋ

이배푸

ㅋㅋ학주 제대로
벼르고 있던데

왕모발

그래서
나 당분간 새벽등교한다

이배푸

야 그냥
미용실가서 잘라

왕모발

ㄴㄴ

절대 안 돼!

방학동안
어떻게 지킨 머린데ㅜ

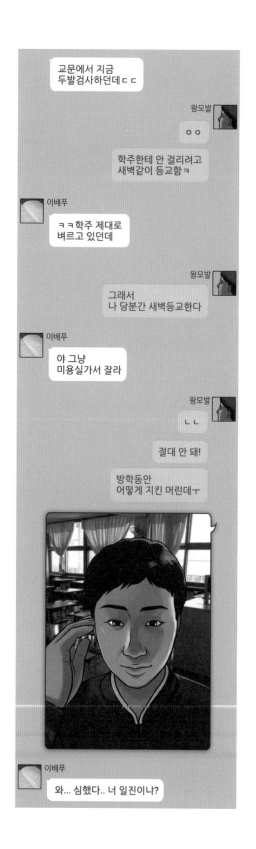

이배푸

와... 심했다.. 너 일진이나?

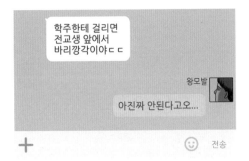

때가 어느 땐데 두발규제냐ㅠㅠ
신체발부수지부모라 했거늘…

이게 다 우리 한족 출신만
차별하는 거라구ㅜㅜ

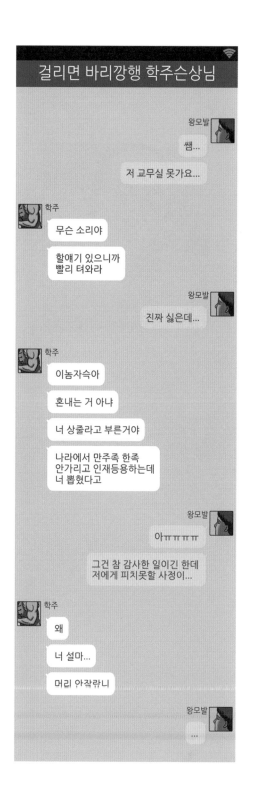

셋이요

변발의 정석

아ㅜㅜ 걸렸다ㅠㅠㅠㅠ
이번 생은 망했어ㅜㅜㅜㅜ

그랬다고 합니다.

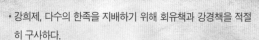

- 강희제, 다수의 한족을 지배하기 위해 회유책과 강경책을 적절히 구사하다.
- 회유책의 일환으로 과거제 유지, 관직의 경우 무조건 만주족만 뽑지 않고 한족도 동등하게 임명하다.
- 강경책을 통해 문자옥과 변발, 청나라에 반하는 내용의 글을 쓴 사람들, 옛 몽골 풍습인 변발을 거부하는 이들을 대거 학살하다.

청나라 전반

1300년 1400 1500 1600 1700 1800

두 황제의 나이스 협상

표트르	쓰바씨바b
강희제	하오하오b

하나요
바다

으으… 영하 30도까지 내려갔쓰바ㅜ
이런 시베리아!!(※욕 아님 주의)

내 조국이지만 러시아
날씨 정말 극혐이다ㅜㅜ

발 시려서 잠도 못 자겠네!
주문한 수면양말은 왜 이리 안 와??

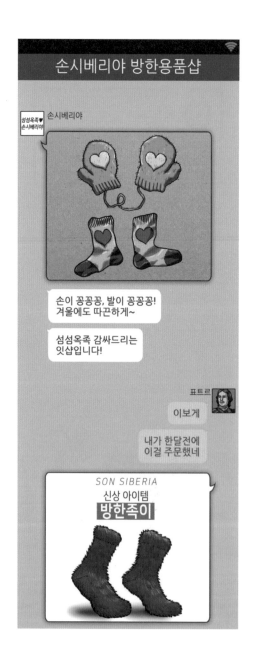

어째서 여태 안 오는가?

성성옥족♥
손시베리야

손시베리야

아 고객님ㅠㅠ
배송 늦어져서
정말 죄송합니다

다름 아니라 요즘 너무
추운거 아시죠

표트르

ㅇㅇ

성성옥족♥
손시베리야

손시베리야

저희가 상품을
해외에서 받아와
파는데요

바다가 얼어서 상품을
못받고 있어요

저희도 너무
당황스럽습니다ㅠㅠ

표트르

아니ㅠㅠ 그럼
내 수족냉증은??

성성옥족♥
손시베리야

손시베리야

죄송해요
환불해드릴게요ㅠㅠ

전송

으아아ㅜㅜㅜ 얼마나 추우면
바다가 다 얼어붙냐고오!!

겨울만 되면 이러니
우리 러시아한테 어쩌란 거???

서쪽으로 가자니
유럽애들이 존버 중이고…

신하스키그램

신하스키 @shinhaski   📍바다에서

♡ 67명이 좋아합니다.

해수욕의 참맛은 겨울 해수욕ㅋㅋ #참방참방
#겨울엔바다수영 #러친님들 #여기로오세요

어억????

표트르

님

그대 인스타 실화???

신하스키

아 보셨나요

천국이네요 여기 ㅋㅋㅋㅋ

표트르

연해주 앞바다라니
그런데도 있었나???

겨울인데
왜 바다가 안얼어??

신하스키

ㅋㅋㅋ여기 남쪽지방이라서요

한겨울에도 훈훈합니다~

표트르

대박적이다

나 왜 몰랐지

앞으로 부동항 건설을 위해
네르친스크를 얻자

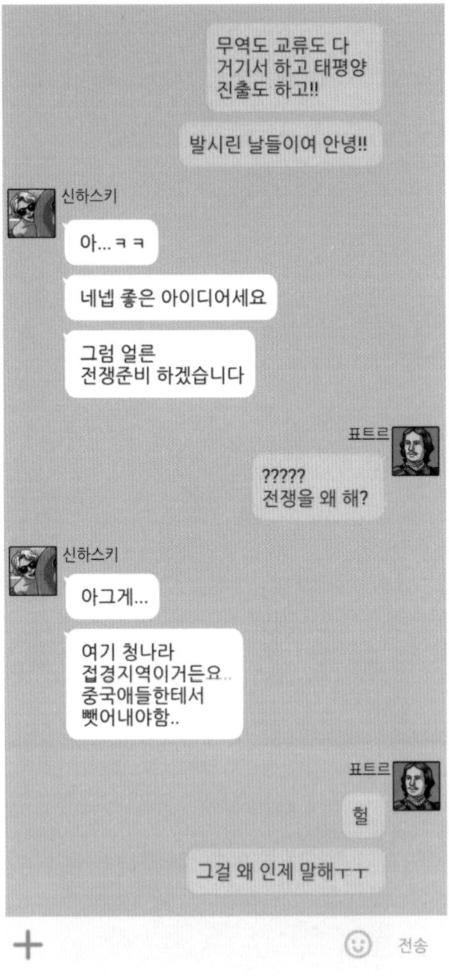

무역도 교류도 다 거기서 하고 태평양 진출도 하고!!

발시린 날들이여 안녕!!

신하스키

아...ㅋㅋ

네넵 좋은 아이디어세요

그럼 얼른 전쟁준비 하겠습니다

표트르

?????
전쟁을 왜 해?

신하스키

아그게...

여기 청나라 접경지역이거든요.. 중국애들한테서 뺏어내야함..

표트르

헐

그걸 왜 인제 말해ㅜㅜ

+   ☺ 전송

네르친스크 조약

아니… 휴가 갈 줄 알았더니
전쟁하게 생겼어!!!

씨이… 저 핫한 바다가
청나라 거라니…

에이 쫄지 마! 쫄지 마!
까짓것 맞장 함 붙어보지 뭐!!

어랏?

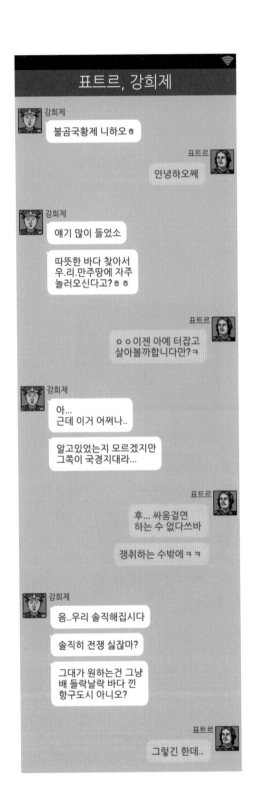

강희제

참고로 우리는
당신네 땅 1도 탐 안나오

위쪽 너무 추워

추운 거 짱 싫하오

표트르

그럼...?

강희제

싸우지말고 펜으로
타협해봅시다!

지도에 선긋기 어떻소?

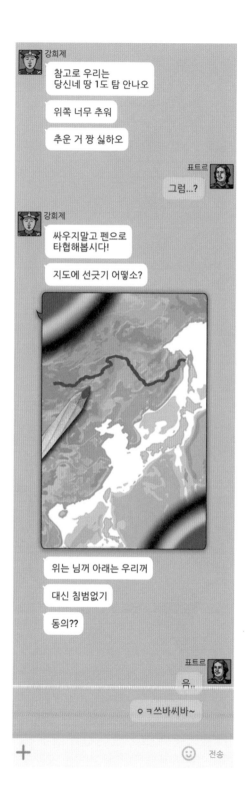

위는 님꺼 아래는 우리꺼

대신 침범없기

동의??

표트르

음..

ㅇㅋ 쓰바씨바~

그랬다고 합니다.

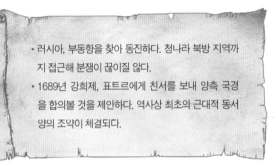

• 러시아, 부동항을 찾아 동진하다. 청나라 북방 지역까지 접근해 분쟁이 끊이질 않다.
• 1689년 강희제, 표트르에게 친서를 보내 양측 국경을 합의볼 것을 제안하다. 역사상 최초의 근대적 동서양의 조약이 체결되다.

1689년 러·청

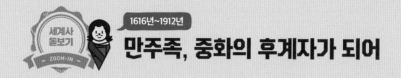
만주족, 중화의 후계자가 되어

청의 건국과 명의 멸망

1644년 황도 북경이 이자성이 이끄는 농민반란군에 의해 함락되었다. 포위된 지 이틀 만에 숭정제의 환관이 몰래 성문을 열어 반란군의 진입을 도왔다. 40만 반란군은 외성에 진입한 다음 날 자금성을 점령했다. 수색 결과 숭정제는 궁궐 뒤편 산에서 황후와 후비들, 공주들과 함께 시신으로 발견되었다. 황제는 옷깃에 '나는 죽어 지하에 가도 선왕들을 뵐 면목이 없어 머리털로 얼굴을 가리고 죽는다'는 유서를 남겼다. 300년 가까이 중화를 누렸던 한족 왕조 명이 임진왜란 이후 위기를 극복하지 못하고 멸망하는 순간이었다.

당시 명의 주력군은 청 방비를 위해 국경에 전진배치되어 있었기 때문에 속수무책이었다. 북경 포위 소식에 국경 산해관산하이관에서 50만 군대를 통솔하던 오삼계가 출병했으나 도착 전에 함락 소식을 들어 회군할 수밖에 없었다. 오삼계는 결국 이자성의 농민군을 진압하기 위해 산해관의 문을 열어 청을 불러들였다.

팔기군을 앞세워 중국 동북 방면을 점령한 여진족이 후금을 건국한 것은 1616년이었다. 숙신, 말갈 등 다양한 이름으로 불리던 여진족은 12세기 건국되었던 금의 왕통을 잇는다는 의미에서 후금이라고 명했다. 초대 황제로 즉위한 건주여진의 누르하치1559~1626는 명이 임진왜란에 출병한 틈을 타 만주의 주도권을 잡았고, 상업과 농업의 발달로 풍요로운 지역 경제를 자랑하던 심양선양으로 천도했다1625.

누르하치의 여덟째 아들로 2대 황제가 된 태종 홍타이지1626~1643재위는 1636년 국호를 '대청大淸'으로 바꾸고 민족명을 만주족으로 변경했다. 이는 단지 개명 차원이 아닌 새로운 건국을 의미했다. 여진족의 나라 후금은 사라지는 대신 만주족과 한족, 몽골족의 세 종족을 다스리는 다민족국가가 세워진 것을 나타내고자 한 것이다. 여기에 중국식 이름 '대청'을 선택하고 '숭덕'이라는 새로운 연호를 발표해, 명으로 진군하여 중화의 전통을 잇겠다는 의지를 보여주었다. 홍타이지는 이미 내몽골과 끝까지 명에 충성해 자신을 황제로 인정하지 않았던 조선을 정벌정묘호란, 병자호란했고 내몽골에서는 병력과 말을, 조선에서는 식량과 재정을 공급받아 국력을 키우며 명 정벌을 준비한다.

이후 명으로의 진군은 생각지도 못한 과정으로 청에게 유리하게 전개되었다. 태종의 아홉 번째 아들 세조 순치제1643~1661재위는 이자성의 반란으로 명이 멸망하자 오삼계의 안내로 중원에 발을 딛게 된다입관. 그리고 북경연경을 황도로 선포한 뒤 화남으로 진격해 강남에서 남명정권을 세워 저항하던 명의 왕족과 유신들, 그리고 미얀마에 도피해 있던 영명왕 세력까지 완전히 멸망1659시켰다. 만주족이 한족을 대신해 중화를 계승하며 300여 년간의 중국 통치에 돌입한 것이다.

청의 통치 정책

청 왕조가 당면한 가장 큰 문제는 한족과 만주족, 몽골족 간의 화이사상을 극복하는 것이었다. 그동안 오랑캐로 천시되어왔던 만주족의 통치를 받는 데 대한 한족의 민족적 저항을 꺾어야 했다. 청은 강경책과 회유책을 병행하며 반발을 무마시키고자 했고, 이는 이전 북방민족이 세웠던 다른 정복왕조와 달리 청이 오랜 기간 통치에 성공하는 결정적 배경이 되었다.

명 황제의 장례식을 성대히 치르고 공자의 묘를 수리하고 자손을 제후로 대우하는 등 신사층의 마음을 얻고자 노력했다. 관리 선발 시 한인들에게도 과거 응시 자격을 주어 만주족과 함께 관리로 등용하는 '만한병용' 정책을 펼쳤다. 과거의 실시도 명의 형식을 이어 치러졌다. 또한 지식인들을 『강희자전』『고금도서집성』『사고전서』와 같은 대규모의 편찬사업에 참여시켜 만주족에 대한 저항심을 갖지 못하게 했다. 만주족과 한족 사이에 통혼을 권장했고 관청 문서는 만주어와 한문을 병용하게 하는 등 다양한 정책들로 한족을 회유했다.

반면 청의 통치에 저항하는 세력에 대해서는 강경함을 보였다. 그 대표적인 사례가 체두변발령치발령의 강력한 시행이었다. 당시 성인 남자들을 대상으로 머리 중앙을 남기고 주변을 깨끗이 미는 만주족 고유의 변발이 시행되었는데, '머리카락을 남겨놓는 자는 머리를 없애버리겠다'고 할 정도로 변발령은 엄격하게 집행되었다. 이에 따라 머리를 길러 뒤에서 묶는 한족식 헤어스타일은 사라져갔다. 한족식의 나풀거리는 소매나 풍만한 옷차림 또한 사라지고 몸의 윤곽이 드러날 정도로 통이 좁은 옷이 유행하기도 한다. 말 타고 초원을 달리면서 형성된 만주족의 풍습이 북경을 비롯한 중국 전역에 퍼지게 된 것이다. 이에 더해 황제들은 '문자의 옥'을 일으켜 청에 비판적인 학문적 태도는 철저하게 금했다. 도서를 편찬한다는 명목으로 반反만주적 성격의 책이나 글자를 찾아내 고쳤고, 고칠 수 없는 것은 불태운 뒤 금서령을 내렸으며 이와 관련된 사람들은 무자비하게 학살했다.

이와 같은 청의 통치는 성조 강희제1661~1722재위에 의해 완전히 자리를 잡으며 이후 세종 옹정제1722~1735재위, 고종 건륭제1736~1796재위 시대까지 130년 강건성세 청의 전성기를 탄생시킨다. 한족 왕조였던 한과 당의 전성시대를 능가한다 해도 과언이 아닐 만큼 빛나는 치세의 등장이었다.

강희제, '평안하고 빛나는' 전성기를 시작하다

1661년 8세의 어린 나이로 황제에 즉위한 강희제는 '몸을 아끼지 않고 최선을 다해 죽기까지 힘쓴다鞠躬盡瘁死而後已'를 평상시 자신의 마음가짐으로 밝히곤 했다. 이에 대해 신하가, 제갈량의 「후출사표」에 나오는 이 말은 신하가 임금을 섬기는 자세이지 임금이 가질 자세로는 어울리지 않는다고 지적했다. 그러자 강희제는 "짐은 하늘을 섬기는 신하다"라고 조용히 대답했다고 한다. 이런 마음가짐이 62년을 재위해 중국 역사상 가장 오래 다스린 기록을 가졌음에도, 마지막까지 초심을 잃지 않은 황제로서 그를 존경받게 하는 이유일 것이다.

강희제는 15세에 섭정을 물리치고 친정에 돌입, 정무에 임했다. 그가 제위에 올랐을 당시 청의 실제 지배 영역은 화북과 창장강 하류 쪽에 국한되어 있었고 화남의 대부분에서는 오삼계, 상지신상가희, 경정충 이른바 삼번을 비롯한 지방 세력들이 할거하고 있었다. 특히 오삼계는 남방무역을 독점하고 티베트와도 연계해 세력이 막강했다. 본래 청이 번을 만든 것은 명의 유신들을 회유해 전국 통일을 앞

당기기 위해서였다. 그러나 강희제는 더 이상 협조를 구하지 않아도 될 만큼 왕권이 안정되었다고 판단해 이들을 제거하기로 결정한 뒤 1673년 삭번 체제에 돌입한다. 이에 오삼계는 반청복명을 내세우며 다른 번국과 티베트의 달라이라마, 대만의 정성공을 비롯한 복명회 세력과 합세해 대규모 반란삼번의 난에 나섰다. 강희제는 친히 최전선에서 반군과 부딪혔고 8년간의 치열한 전쟁 끝에 결국 진압에 성공한다.

이를 통해 정권의 안정성을 확보한 강희제는 이후 민생 안정에 전념했다. 오래도록 방치되어온 황하강의 제방을 정비해 침수를 예방하고 창장강과 황하강을 잇는 대운하를 개수해 물류 이동을 원활하게 만들었다. 관리등용에서 본격적으로 만한병용제를 실시한 것도 강희제 시기였다.

또한 1689년 3년간의 공방전 끝에 러시아와 네르친스크 조약을 체결했는데, 이 조약으로 두 나라는 오랜 국경선 분쟁을 매듭짓고 스타노보이산맥과 흑룡강 러시아에서는 아무르강을 따라 국경을 정하는 데 합의하게 된다. 이 조약은 그동안 중화를 자부해 조공 책봉 체제 이외의 외교를 고려한 적 없는 중국이 러시아를 대등한 관계로 인정하며 체결한 것이다. 이는 중국 역사상 외교관계의 새로운 전형이 되었다는 점에서 큰 의미를 갖는다. 학자들은 강희제가 한족 출신이 아닌 만주족 출신이었기 때문에 가능했던 일이라고 보기도 한다. 러시아 입장에서는 무역상이 북경에 출입할 수 있는 권리를 얻은 대신 어렵사리 개척한 동방 진출의 기지는 잃은 셈이었다. 하지만 부동항을 얻기 위해 남하한 러시아의 시도는 19세기 청의 쇠락과 함께 베이징조약1860으로 연해주를 얻으며 결실을 맺는다.

이민족에게 지배당한다는 민족적 반감을 잠재우기 위해 한인 관료들과 신사들의 존경을 얻어야 했던 강희제는 명대에도 잘 실시되지 않았던 경연제도를 실시해 신하들과 유교 경전을 읽고 토론했다. 자금성에 남서방이라는 독서실을 열어 학자들과 철학과 역사에 관해 토론하기도 했다. 너무 열심히 책을 읽어 피를 토할 정도로 공부벌레였던 그는 동양 문화를 넓고 깊게 이해했다. 또한 예수회 선교사들에게서 기하학을 비롯한 수학, 천문학, 라틴어 등 서양 학문 역시 두루 익혀 한족 관료들의 기세를 누르기도 했다. 서양 과학기술로 개량된 대포를 삼번의 난을 진압하는 데 이용하기도 했으며, 서양인들이 조공을 바치고 도자기와 비단을 사가는 것에 대한 이량으로 가톨릭 포교를 허락하기도 했다.

신하들로부터 '하루 300~400건의 결재 서류를 처리하며 전투 중에도 정무를 손에서 놓지 않을 정도'로 '제출되는 모든 보고서와 비망록을 읽고 사소한 오자 하나까지 짚어낼 정도의 부지런한 황제'라며 칭송받았다. 그는 시중드는 궁녀도 환관도 별로 없었고, 사치나 낭비, 나태를 하지 않았다. 선교사 부베는 그런 그를 『강희제전』에서 '가톨릭만 믿으면 부족함이 없는 완전무결한 군주, 천하를 통치한 황제 가운데 가장 명철한 군주'라고 칭찬했다.

만주족이 세운 청나라를 중화의 손색없는 후계자로 키워낸 강희제. 균형 잡히고 부지런한 통치로 만주족 출신 황제라 비웃는 소리를 무색하게 만든 그의 시대는 초반의 큰 반란이 진정된 후 오랫동안 태평성대를 누렸다. 그리고 만주족 왕조가 한족 사이에 뿌리를 내리며 300년 가까이 이어질 수 있는 기반을 닦음으로써 18세기 옹정제와 건륭제를 비롯한 많은 군주들에게 통치의 모범으로 남았다. 세계사록

📍 청 영토와 네르친스크 조약

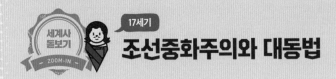

조선중화주의와 대동법

현대 한국 사회의 '전통'으로 자리잡은 유교 문화는 대체로 17세기 이후에 뿌리를 내린 것이다. 그 과정은 <u>유교식 예법의 정착</u>으로 조선인 개인의 출생, 성장, 혼인, 재산 상속, 제사 등 일상에 모두 영향을 미쳤다. 족보에 부계 혈연이 강화되어 출생 순서가 아닌 남녀 순서로 기재되었고 외손에 대한 기록이 축소되었다. 남귀여가혼<u>장가 들기:신랑이 장인 집에 들어가 살던 혼인 형태</u>에서 친영제<u>시집가기:신부 집에서 혼례를 치르고 신랑 집으로 돌아오는 혼인 형태</u>로 변화, 자녀균분상속에서 장자상속으로의 변화, 이에 따른 제사 중시로 인한 남녀 및 적서차별 등은 16세기까지 조선의 풍습과는 사뭇 다른 모습이었다.

명을 잇는 중화의 탄생

17세기 조선에 유교 문화가 고착화된 이유 중 <u>명청 교체</u>라는 국제정세도 있었다. 조선은 명과 청 사이에서 외교적 시험대에 올랐고, 그 와중에 자신의 입장에 대한 독특한 인식을 갖게 된다. 후금과 명이 전쟁을 시작하자 명은 임진왜란의 재조지은망하게 된 것을 구원하여 도와준 은혜를 운운하며 조선에 원병을 요청했다. 광해군1608~1623재위은 명의 군사적 요청을 들어주면서도 강성해진 후금을 자극하지 않으려 했다<u>중립외교</u>. 밀명을 받은 강홍립은 후금과의 적극적 전투를 피하면서 부차 전투에서 후금에 투항한다. 후금은 조명 연합군을 물리치고 요동을 차지했지만 조선은 후금과 우호관계를 유지할 수 있었다.

    <u>인조반정</u>1623으로 광해군이 축출된 후, 명은 인조1623~1649재위를 왕으로 인정

하는 대가로 친명배금 외교노선을 요구했다. 후금의 홍타이지는 가도평북 칠산 앞 바다에 위치한 섬으로 명의 모문룡은 1622년 이곳에 군사기지를 세우고 조선에 지원을 요구하고 있었다에 주둔 중인 모문룡을 제거하고 경제적 이득을 얻기 위해 조선을 침략한다정묘호란1627. 명의 위협을 의식한 후금이 조선과 형제의 맹약을 맺고 철수하면서 전쟁은 2개월 만에 끝났지만 평화는 한시적이었다.

이후 국호를 청으로 바꾸고 황제라 칭한 홍타이지는 조선이 자신을 황제로 인정해주기를 바랐다. 그러나 인조는 거부하며 명에 대한 충성을 보였다. 홍타이지는 직접 군대를 이끌고 조선을 침략한다병자호란1636. 인조는 남한산성에서 항전했지만 결국 삼전도에서 항복함으로써 소현세자를 비롯한 왕자와 신하 등 50만 명의 포로들이 청으로 끌려갔고 많은 세폐를 바치게 된다. 청에 굴복해 군신 관계를 수용한 조선은 명과의 외교관계도 단절해야 했다. 조선의 항복은 청에게 중요한 의미였다. 조선은 명을 중화로 여기고 마지막까지 충성을 바쳤다. 그래서 조선을 굴복시킨 것은 명을 완전히 제압하면서 청의 통치 체제를 굳건히 하는 데 큰 역할을 한다. 청은 통치가 안정되자 명에 대한 조선의 충절을 높이 평가할 정도였다.

조선에게는 한족 왕조가 무너지고 이민족이 중화의 자리에 선 것 자체가 큰 충격이었다. 이 때문에 멸망한 명을 이어 '중화의 정통 계승자'로서 조선의 위상을 세운 '조선중화주의'가 나타나고 자리를 잡게 되었다. 청이 중원을 지배하는 상황에서도 조선은 국내 기록에서 청의 연호 '숭덕' 대신 명의 마지막 황제 연호인 '숭정'을 계속 사용했는데, 이는 청을 인정하지 않고 명을 중화의 모범으로 계승한다는 의미가 있었다. 또 만동묘1704와 대보단1704 등의 사당을 세워 임진왜란 시기 도와준 명의 만력제와 마지막 황제인 숭정제를 섬기는 제사를 지내기도 했다.

16세기 이후 중앙 정계에 자리 잡은 사림은 조선이 중화라는 지위에 더욱 걸맞도록 확고한 이론으로 성리학을 발전시켰다. 성리학의 발달은 정치에도 영향을 주어 붕당정치로 표출되었고 일상에서도 예법을 통해 더욱 강화되어갔다. 효종1649~1659재위과 현종1659~1674재위 대 북벌론과 예송논쟁을 중심으로 견제와 균형을 이루었던 붕당은 왕권 강화를 추진한 숙종1674~1720재위 대에 세 차례에 걸친 환국을 통과하고, 18세기 영정조라는 탕평군주의 출현을 예비하게 된다.

청 통치 초기 그에 대한 조선의 반감은 청과의 외교적 통로를 맡아 우호적이었던 인조의 장자 소현세자1612~1645의 급작스러운 사망으로 불이 붙는다. 이는 효종 시기 청에서 받은 수치를 씻기 위해 청을 정벌하자며 제기된 북벌론으로 표출된다. 특히 현종년간 발생했던 경신대기근의 해결 방법을 둘러싼 논쟁은 청에 대한 조선의 불편함을 여실히 보여주는 것이었다. 경술년1670에서 신해년1671까지 2년 동안 발생한 지진, 우박, 가뭄, 폭설, 홍수 등으로 인해 흉작과 전염병이 발생했는데, 이것이 공식 집계로만 조선 인구 500만 명 중 100만 명의 사망자를 낸 경신대기근이다. 조선 역사상 최악의 대기근에 청에서 쌀을 수입하자는 의견이 제안되었으나, 청의 조선에 대한 하대와 침략을 우려해 실행에 옮기지 못했다. 그러다 을병1695~1696대기근이 한 차례 또 몰아닥쳤고 이때에는 결국 청에서 쌀을 수입하게 된다. 음식을 도둑질하고 노약자를 버리거나 무덤을 파 사망자의 옷을 훔쳐 입기까지 했던, 심지어 인육까지 먹어도 처벌할 수 없을 만큼 참담한 상황 속에서도 쌀 수입을 반대할 정도로 당시 청에 대한 조선의 감정과 평가는 부정적이었다.

그러나 시간이 흘러 청 통치가 안정되고 문화가 발달하면서 점차 조선의 시각에도 변화가 찾아온다. 청에 파견되었던 연행사청의 수도 연경에 간 사신들로, 1637년에서 1893년까지 조선이 청에 외교사절을 보낸 것은 총 507회에 달했다들을 통해 청의 발달된 문물을 접했기 때문이다. 이는 18세기에 들어 점차 청을 배우자는 북학론으로 표현되었고 '실학'이라는 이름으로 조선에 대한 개혁을 내걸기 시작했다.

대동법, 근대로의 길을 내다

한편 조선은 임진왜란 이후 피폐해진 백성들의 삶을 안정시킴으로써 통치 질서를 강화하기 위해 세금 제도를 개편해나갔다. 대동법은 그중 가장 혁신적인 제도로, 국가에 특산품을 납부하던 공납공물제도를 개혁한 것이다. 16세기 이후 공납은 심각한 상황이었다. 관리방납인와 상인들이 백성을 대신해 물품을 바치고 그 대가로 백성들에게서 몇 배씩 가중한 값을 받는 '방납'의 폐단 때문이었다. 이로 인해 국가의 징수액은 늘지 않고 백성은 점차 피폐해졌던 반면, 중간의 관리와 상인들은 막대한 이익을 얻고 있었던 것이다.

대동법은 이를 개혁, 호 단위로 부과되었던 현물 대신 토지 1결당 미곡쌀 12두

씩을 납부하게 했다. 이에 따르면 토지를 소유하지 못한 농민들은 세금을 감면받는 대신 토지 소유자들은 부담이 늘어난다. 결국 피해를 볼 양반과 지주의 반대에 부딪혀, 대동법이 전국적으로 실시되는 데 1608년 이후 무려 100년이 필요했다. 그러나 그들의 저항이 컸던 만큼 국가적으로는 긍정적 변화를 낳았다.

대동법 시행 이후 왕실과 관청의 수요품을 구입·납품하는 공인의 등장은 조선 경제에 큰 변화를 몰고 왔다. 이들은 현지에서 많은 상품들을 구매하면서 특정 물품에 대한 독점권을 확보해 점차 독점적 도매상인인 도고로 성장하게 된다. 이러한 상인들의 활동은 상품 수요를 증가시켜서 수공업과 상업 발달을 촉진

📍 정묘병자호란

정묘호란(1627)
병자호란(1636)
병자호란 때 조선군의 반격로
조선군의 활약

청

두만강

백두산

1636.12

임경업 백마산성항쟁

압록강

1627.1

이립의 의병

의주

함흥

용천

안주

맹산

모문룡의 명군

평양

도원수 장만

동해

신계

토산

평산

김화

개성

한성

강화

수원

남한산성

시켰고 장시의 발달도 가져왔다. 숙종 4년1678 이후 조선 유일한 법화인 상평통보가 전국적으로 유통되고, 심지어 환과 어음 등의 신용 화폐도 사용되었던 것은 상품 화폐 경제가 발달하고 있었음을 보여주는 단적인 예다. 조선 경제가 근대로의 길로 접어들고 있었던 것이다.

이외에도 농업과 수공업 발달, 높아진 교육 수준 등을 통해 근대라는 새로운 사회로 나아가는 과정에 들어선 조선. 그런 조선에서 성리학은 더더욱 그 성격을 공고히 해가고 있었다. 조선은 이후 18세기 강력하고 능력 있는 군주들의 출현과 더불어 어느 정도의 발전을 이루며 앞으로 나아갔다. 그러나 근대 경제로의 완전하고 지속적인 이행과 발전은 정치 부문에서도 그를 담보할 만한 제도가 병행되어야 가능한 것이었다. 결국 19세기에 이르러 그동안 변화하고 있었던 조선 사회와 경제는 세도정치의 문란이라는 최악의 정치 상황하에서 역동성을 잃게 된다. 청을 통해 '서학'이라는 학문으로 서구에 관심을 가졌던 실학자들의 '천주교' 신앙을 통치 질서에 대한 도전으로 간주하고 탄압을 가했던 세도정치 시기. 조선 밖에서 닥쳐오고 있던 근대사적 상황에 대해 관심도 근심도 없는 시대가 된 것은 당연했다. 세계사록

검을 잡았더니 한 번도 진 적 없는 사무라이가 되었습니다

 미야모토 무사시　다 덤벼ㅋ

 사사키 고지로　　　ㅜㅜ

하나요

싸우자

나님으로 말할 거 같으면
펜보다 검을 먼저 잡은
사무라이, 미야모토 무사시.

급식이 때부터
나랑 붙어서 이긴 애들이
1도 없다구ㅎㅎ

하아~ 귀찮아~~
어차피 이기지도 못할 거면서
왜 다들 덤비는데~?

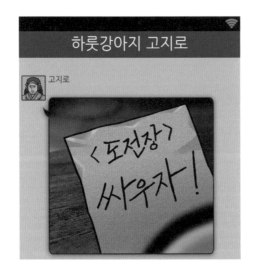

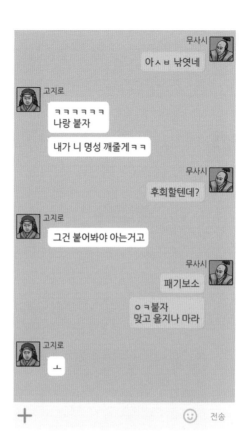

ㅉㅉ하룻강아지
범 무서운 줄 모른다더니

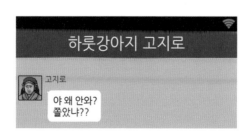

이런 놈들은 목검으로도
충분히 때려눕힐 수 있다고!

근데 이것도 지친다…
다 무슨 소용이야.
이제 그만해야지.

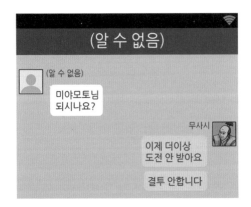

헐 왜요?

대결하려고
그동안 실력 갈고 닦았는데

무사시

싸우는 거
의미 없어요~

그리고 현재
다른 작업중입니다~

(알 수 없음)

ㅜㅜㅜㅜ
꼭 겨뤄보고 싶었는데
실력체크도 하고ㅠ

무사시

[센고쿠문고] 검을 잡았더니
한번도 진 적 없는 사무라이가 되었습니다
저자 : 미야모토 무사시

구매하러가기

이거 읽어보세요

실력 향상에
도움될 겁니다

(알 수 없음)

이게 뭐죠?

무사시

내 자서전ㅋ
많이 팔아줘욧>.<

전송

그랬다고 합니다.

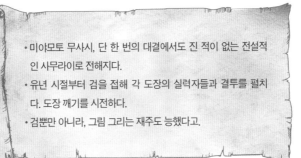

- 미야모토 무사시, 단 한 번의 대결에서도 진 적이 없는 전설적인 사무라이로 전해지다.
- 유년 시절부터 검을 접해 각 도장의 실력자들과 결투를 펼치다. 도장 깨기를 시전하다.
- 검뿐만 아니라, 그림 그리는 재주도 능했다고.

17세기 초 일본

1300년   1400   1500   1600   1700   1800

기러기 오또상의 슬픔

쇼군	반항하지마ㅋㅋ	
다이묘		하잇ㅠㅠ

하나요

패밀리

사회생활해본 사람들은 알 거야.

웬만하면 트러블 안 만들고
윗사람 말에 고분고분 따라주는 게
자신한테 이롭다는 걸…

하지만 가끔씩
무리한 요구를 해올 때가 있어서
참 난감해지곤 해ㅜ

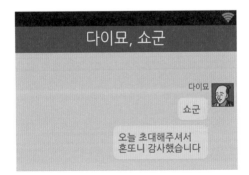

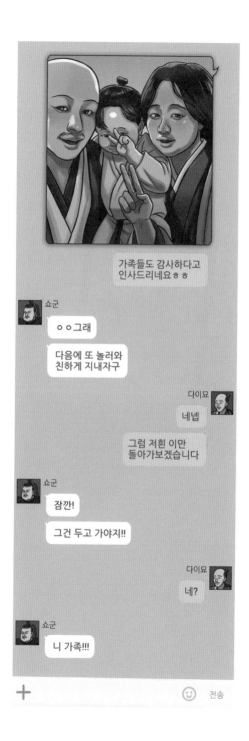

가족들도 감사하다고
인사드리네요ㅎㅎ

쇼군

ㅇㅇ그래

다음에 또 놀러와
친하게 지내자구

다이묘

네넵

그럼 저흰 이만
돌아가보겠습니다

쇼군

잠깐!

그건 두고 가야지!!

다이묘

네?

쇼군

니 가족!!!

전송

내가 딴맘먹고
역모라도 꾸밀까 봐ㅠ
인질로 잡겠다 이거지???

벌써부터 보고 싶다ㅜㅜ

에잇! 지방에서 올라가느라
돈도 많이 썼는데
돌려받을 건 받아내야지!!

다이묘

쇼군

경비 처리 부탁드립니다

에도렌트카

에도르기니 렌트	1	50냥
합계수량/금액	**1**	**50냥**
할인금액	0	0냥
합 계	**0**	**50냥**

이용해주셔서 감사합니다.

도쿠가와소바

소바 정식 (런치세트	3	33냥
합계수량/금액	**3**	**33냥**
할인금액	1	3냥
합 계	**0**	**30냥**

- 고 객 용- ※맛과 정성을 다해 모시게습니다.

에도비앤비

풀빌라 (2박3일)	1	120냥
합계수량/금액	**1**	**120냥**
할인금액	1	20냥
합 계	**0**	**100냥**

즐겁고 행복한 하루 되세요 *^^*

 쇼군

윙?

난다 고뤠??

다이묘

지난번에 쇼군댁 왔다갔다하며
썼던 경비입니다

쇼군

그러니까 이걸 내가
왜 주냐고?ㅋ

다이묘

에엣?

쇼군께서 부르셔서 간거라
당연히 경비처리 해주실줄
알았는데요...?

쇼군

ㄴㄴ 내가 널 부르긴 했지만
니가 먹고자고한 비용이자나??

당연히 니가 내야지!

다이묘

아.......

😊 전송

셋이요

어쩌겠니

와… 너무하네ㅠㅠ
이건 아니지!

자기가 오라고 해놓고
고맙다고 선물은 못해줄망정
밥값도 안 내주냬!!!

헐… 또??

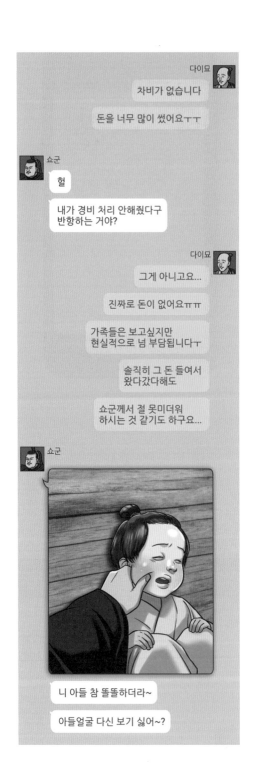

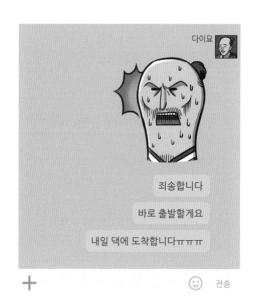

그랬다고 합니다.

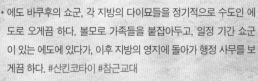

- 에도 바쿠후의 쇼군, 각 지방의 다이묘들을 정기적으로 수도인 에도로 오게끔 하다. 볼모로 가족들을 붙잡아두고, 일정 기간 쇼군이 있는 에도에 있다가, 이후 지방의 영지에 돌아가 행정 사무를 보게끔 하다. #산킨코타이 #참근교대
- 쇼군에 불만이 있거나 반역을 일으키려고 해도 가족들 때문에 쉽사리 시도할 수 없다.
- 영지에서 에도까지 가는 데 드는 여행경비는 물론, 에도에서 머무르는 동안 들어가는 비용 모두 다이묘 개인 경비에서 지출하다. 다이묘들의 왕래로 중앙과 지방의 문물 교류가 활발해지다.
- 이 제도를 통해 에도 바쿠후는 정치적으로나 경제적으로나 비교적 오랫동안 안정적인 정권을 유지하다.

에도 바쿠후 전반

1300년　1400　1500　1600　1700　1800

17세기

에도 바쿠후의 성립과 통치

쇼스타그램

👤 다이묘 @Daimyo 📍쇼군과 함께

♡ 53명이 좋아합니다.
언제나 가족처럼 생각해주시는 쇼군과 함께
#쇼군 #아리가또

조선을 침략한 도요토미 히데요시가 사망한 후 권력은 **도쿠가와 이에야스1542~1616**에게 넘어갔다. 그가 연1603 에도 바쿠후막부는 **덴노** 천황중심 정치가 부활하는 메이지유신1868까지 지속된다. 쇼군이 있는 에도가 정치, 경제의 중심지가 되었으며 덴노는 정치에서 배제된 채 허울뿐인 수도 교토에 머물렀다. 일본 바쿠후 중에서 가장 오랜 260여 년간 지속된 에도 바쿠후 시기다. 초기에는 미야모토 무사시 1582~1645 같은 무사들의 활동이 전설로 남을 만큼 무사들의 능력이 만개했다. 그리고 농업 기술의 발달과 개간지의 확대로 생산량이 증가하고 생활수준이 향상되면서 사망률이 감소해 인구 대폭발의 시기를 맞기도 했다. 이처럼 다른 바쿠후 대에 비해 비교적 안정된 시기가 도래할 수 있었던 이유 중 하나는 에도 바쿠후가 실시한 기본적인 통치 정책에서 찾을 수 있다.

중앙집권적 봉건체제를 세우다

에도 바쿠후 시대 쇼군은 중앙과 직할지를 지배했고 지방의 다이묘들은 영지에 대한 지배권을 인정받았다. 다이묘가 바쿠후로부터 지배권을 부여받은 영지와 지배 기구를 '번'이라 하고, 바쿠후와 번으로 구성된 이 시기 일본의 지배체제를 '막번

체제'라고 부른다. 쇼군과 주종관계를 맺은 무사들인 다이묘는 막번체제하에서 전쟁 등 위기 상황이 발생하면 영지 크기에 따라 정해진 병마를 준비해 싸움터에 나가고 평상시에는 에도성 수리나 하천 공사 등에 동원될 의무가 있었다.

에도 바쿠후는 전국의 크고 작은 260~270개의 다이묘를 통제하는 데 집중해 다이묘가 세력을 키워 바쿠후 권력에 도전하는 것을 차단했다. 거주하는 성을 제외한 모든 성을 파괴하여 그들의 군사력을 약화시켰고 「무가제법도」라는 법령을 통해 다이묘가 성을 신축하는 것을 금지했다. 또 성의 수리나 다이묘끼리의 혼인 관계가 성립될 때에는 사전에 바쿠후의 허락을 받도록 했다. 이를 지키지 않으면 다이묘의 영지를 몰수하거나 삭감했다.

특히 '산킨코타이참근교대'의 실시는 다이묘의 경제력을 약화시켜 통제하는 데 가장 효과적인 제도였다. 산킨코타이에 따라 다이묘의 가족은 에도에 인질로 머물렀고 다이묘는 1년을 주기로 자신의 영지와 에도에서 번갈아 생활해야 했다. 산킨코타이 행렬 규모는 다이묘의 세력 크기에 따라 달랐지만 대체로 수백 명에 이르렀다. 다이묘들은 행렬을 이끌고 에도와 영지를 왕복하는 데 들어가는 경비와 에도와 영지에서 드는 이중 생활비로 재정이 약화되어갔다. 현재 시마네현에 위치했던 마쓰에번의 1768년 재정 명세는 당시 산킨코타이 비용 때문에 재정의 3분의 1이 소비되고 있었음을 보여주기도 한다. 이처럼 봉건체제이면서도 동시에 바쿠후가 강한 권력을 갖고 다이묘를 통제한 막번체제는 '중앙집권적 봉건체제'로 평가된다. 이는 에도 바쿠후가 비교적 안정적인 권력구조를 형성하고 유지하는 데 큰 역할을 했다.

에도 시대 무사들은 '병농분리'로 농촌을 떠나 다이묘의 성을 중심으로 건설된 조카마치성 아래 도시라는 뜻에 거주했다. 병농분리는 도요토미 히데요시가 전국적으로 토지를 조사하고 무기를 몰수하면서 무사와 농민, 조닌의 신분을 고정한 정책이다. 이에 따라 직업과 신분 이동이 금지되었을 뿐 아니라 각 신분의 거주 공간도 분리되어, 농민은 성안에서 무사와 거주할 수 없었다. 이는 하급 신분에서 무사로 상승하는 통로를 막고 무사 또한 농민을 이끌고 반란을 일으키지 못하도록 하기 위해서였다.

조카마치에 조닌이 거주할 수 있었던 것은 무사의 군사 및 일상생활에 필요

한 물품의 수요를 채우기 위해서였다. 그러나 이들의 거주지역도 무사와 분리되어 있었고, 그들끼리도 직종별로 명확히 구분되는 거주 지역을 이루고 살았다. 이들은 동업 조합을 조직하여 자신들을 보호하고 이익을 도모했는데, 상공업이 발전함에 따라 경제력을 갖춘 대도시의 조닌은 가부키, 우키요에 등 특유의 조닌 문화를 발전시키고 향유하는 주역이 되어갔다. |세계사록|

에도 바쿠후

무적민트(박은아)

『세계사톡』을 하는 내내 늘 할 얘기가 많았지만, 3권은 특히나 다루고 싶었던 얘기가 많았던 것 같습니다. 상상력 뿜뿜 오게 해주는 에피소드들로 꾹꾹 눌러 담았으니, 독자분들께서도 유잼이길 바랍니다:D

무적퍼플(한애라)

『세계사톡 3권』이 벌써 끝나다니 정말 시간 가는 줄 모르고 함께 작업했습니다. 역사는 젬병이라 무지 상태에 가까웠고 어려움도 많았지만, 작가님들이 많은 도움을 주셔서 세계사에 대해 더 잘 알게 되고 즐겁게 콘티를 짤 수 있었던 것 같아요. 『세계사톡』 작가님들, 독자님들 감사합니다!

무적그린(강세윤)

『세계사톡』이 드디어 근대편을 맞는군요! 석기 시대의 뗀석기부터 시작해서 근대의 이야기를 그려내기까지, 짧다면 짧고 길다면 긴 시간이 흘렀는데요. 이야기가 흐름을 잃지 않고 항상 꾸준하게 나아갈 수 있었던 것은 독자 여러분들께서 열심히 읽어주신 덕이 아닐까 합니다. 언제나 감사드립니다.

무적블랙(임민지)

어느새 『세계사톡』 세 번째 이야기가 나왔네요. 『세계사톡』은 마무리되어도 역사는 흐른다는 사실을 생각하면 마지막이라도 아쉽지도 않은 것 같아요. 『세계사톡』의 모두가 잘 흘러가길 바라겠습니다!

웹툰 〈세계사톡〉 크레딧

STAFF		YLAB		JUSTOON	
기획 /총괄 프로듀서	무적핑크	제작총괄	오세정 김소연	책임총괄	박동훈
글	무적민트	책임편집	성빛나	담당편집	김형준
콘티	무적퍼플	디자인편집	한태준	온라인 배급	JUSTOON
삽화	무적그린	도움	정윤하	제작	핑크잼
편집	무적블랙				

＋ ☺ 세상의 모든 잼없는 것들에 잼을 바르는 핑크잼!